诸葛亮全传

[修订本]

杨益 赵嫣 ◎ 著

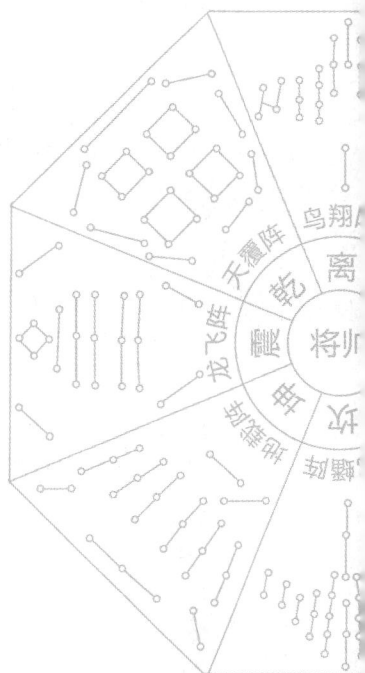

华中科技大学出版社

http://press.hust.edu.cn

中国·武汉

图书在版编目（CIP）数据

诸葛亮全传 / 杨益，赵嫣著 . —2版（修订本）. —武汉：华中科技大学出版社，2017.7（2025.5重印）

ISBN 978-7-5680-2269-9

Ⅰ.①诸… Ⅱ.①杨… ②赵… Ⅲ.①诸葛亮(181—234)—传记 Ⅳ.①K827＝362

中国版本图书馆CIP数据核字(2016)第243470号

诸葛亮全传
Zhuge Liang Quanzhuan

杨益　赵嫣　著

策划编辑：孙　倩
责任编辑：孙　念
封面设计：刘红刚
责任校对：张会军
责任监印：朱　玢
出版发行：华中科技大学出版社（中国·武汉）　　电话：(027)81321913
　　　　　武汉市东湖新技术开发区华工科技园　　邮编：430223
录　　排：孙雅丽
印　　刷：武汉科源印刷设计有限公司
开　　本：710mm×1000mm　1/16
印　　张：16
字　　数：287千字
版　　次：2025年5月第2版第9次印刷
定　　价：36.00元

修订版前言

《诸葛亮全传》这本书，初稿写于2012年，首次出版是2013年。第二版写于2015年，出版于2017年。繁体版于2020年在台湾出版。

我本人固然非常敬佩和喜爱诸葛丞相，但《诸葛亮全传》能成为我所著历史书中迄今为止再版次数最多的，也实在有些出乎意料。主要原因，或许并非我这本书写得多么出色，而是和我一样喜爱诸葛丞相的人比较多吧。尽管在网络上和现有历史文化圈子里，"揭批诸葛亮"依然是常见的博出位手段，但这本身已经足以说明他的地位了。

本次修订在内容上与之前的两版并无太大的差别。主要是进行了少数文字上的修改和精炼。最末一章《老酒村言话短长》，增加了两个常见的关于诸葛亮的争议话题的讨论，即诸葛亮和魏延的关系，以及诸葛亮的用人。笔者本意是想稍微深入地探讨一下与诸葛丞相相关的热门话题（毕竟本书主要是人物传记）。出于这种深入讨论的需要，导致这两节和全书风格可能存在一定出入，先向诸位读友表示歉意。

不觉间，从第一次写就《诸葛亮全传》至今，已近十年光阴。彼时我方新婚不久，此时不仅儿女成双，且每日为其功课、成长焦虑不已，多少体会到一点丞相当年殚精竭虑的苦闷。逝者如斯，书与人同。而今年又恰逢诸葛亮就任丞相1800周年。便以这二十余万字，做一个小小的致敬吧。

　　本书在三度写作与修订的过程中，得到出版社老师和诸多读友的支持，也得到了奉节县旅游局和李远、刘希平、蒋吃货等诸位师友的帮助，在此一并感谢。

　　本书也献给豆和桃。

　　作者本人微信为penereyy，邮箱为peneryangyi@163.com。欢迎各位三国爱好者联系，共同交流、学习、进步。

杨益　2021年4月

　　罗贯中一部《三国演义》，让不到百年的三国时代成为中华数千年历史中引人注目的一段。而《三国演义》之中，论起最引人注目的人物，纵然不敢说诸葛亮是"独占鳌头"，说他"数一数二"，总是没问题的。

　　诸葛亮何许人也？《三国演义》中的曹魏众将，骂他是"村夫"，这大抵并不错。他虽然出身于琅琊世家的豪门，但连遭丧乱，颠沛流离，躬耕于异乡；二十七岁时依旧无一官半职，确实只是一个"村夫"。这一年，他一无所有地出山；辅佐的刘备，亦是一个一文不名的潦倒军阀：空顶着不值钱的汉室宗亲头衔，年近半百，仅有立锥之地。

　　然而，就是这样一个村夫，却又在历史上留下堪称光辉的一页。自出山之后，诸葛亮与刘备君臣相佐，短短数年，夺取荆州、益州，三分天下。在刘备死后，诸葛亮更担任蜀相十余年，成为蜀汉实际上的"一把手"。

　　诸葛亮执政十余年，并未给蜀汉扩充多少土地；他死后约三十年，蜀汉就被曹魏所灭。诸葛亮守护的政权，谈不上"进步""强盛"，甚至可以说是昙花一现。从这个角度来说，诸葛亮也不过是某个偏安势力的不成功执政者罢了。以中国历史之悠久，在功业上能与诸葛亮并肩或者凌驾其之上的，岂不车载斗量？

　　然而，稀奇的是，随着诸葛亮之死，以及蜀汉之亡，他的历史地位反而节节攀升，以至于被捧为集中华民族智慧、忠诚、军事艺术和多种美德于一身的典型人物。

　　这到底是怎么一回事呢？

　　诸葛亮所处的时代，正是汉室将亡，群雄并起之时。有力者为王，将江山和百姓都当作筹码，彼此征伐不休。然而，在这样的一个铁血时代里，道德、正统的力量依然存在。不管今人如何看待，始终有那么一批人，为自己的信仰奋斗到最后一息。

　　诸葛亮便是这样一批人中的代表。匡复汉室是他的旗号，也是他的信念。

诸葛亮与刘备的搭档，并非当世无敌的组合，但却是君臣同心同德的典范。在刘备死后，诸葛亮为蜀相十余年，以地狭兵寡的蜀汉抵抗地广人多的曹魏，而频繁进取；担任蜀国的丞相，而家无余财；辅佐幼主独揽大权，而生无异心，死无流言。

在人类文明史上，这也是少有的了。

也因此，这样一位单以生前成败而论，确实称不上显赫的诸葛丞相，在死后，竟被历史和人民推崇、美化，进而神化，成为中国历代宰相中最具有贤名的一位。

诸葛亮当然不是神仙，也不是完人，历数他的缺点，可以抓出很多，然而这却无损其历史地位。

因此，在我们这本书中，既不准备重复塑造诸葛亮的辉煌，也不准备拆除那早已片瓦不存的"神坛"，我们只是把诸葛亮当作一个普通的历史人物，讲述他一生中的故事，讲述他如何从高卧隆中的村头，一步一步地成长为乱世中的贤臣名相；如何按自己的模式继承和发展刘备的事业，并为之鞠躬尽瘁一生。

他的成败得失，不能离开当时的历史环境。他的功勋过错，也与其他历史人物发生着激烈的互动。很多时候，历史只是事实，没有绝对的优劣之分。有的时候，甚至事实也隐匿在彼此矛盾冲突的记载之中。这种情况下，我们只能用自己并不聪敏的头脑，尽可能从迷雾中画出一个轮廓，然后宣称：

这就是我的看法，与您分享吧。请多指正。

在本书中，笔者插入了几幅与诸葛亮生平大事相关的历史地图，包括行军路线图。这些图是笔者手绘之后，由美编老师后期处理完成的，当然称不上精致，只是大致标明各要地位置，希望能为读者的理解给予些许直观的帮助。

全书共十四章，将各章的大标题连起来，则是一首七言排律。这属于雕虫小技，聊博读者一乐。

同时，以本书送给在我幼时引我进入三国门槛的父亲。

杨益　于2012年秋

目录

第一章 卧龙乱世枕高岗

公元181年的两个"老二"

公元181年，农历辛酉年，东汉灵帝光和四年。

这一年，趋于没落的东汉朝廷，继续不死不活地苟延残喘着。尽管各种天灾和外族入侵不断，但都是些小打小闹，尚不足以动摇帝国的基础。

著名的昏君汉灵帝，这一年继续坐在龙椅上混日子。亲生老妈董太后和彪悍老婆何皇后之间的婆媳斗争，把他折腾得有气无力。在一帮太监的唆使下，他玩命地吃喝玩乐，还在后宫开办了一个市场让宫女们做生意。他自己也穿着商人的衣服参与交易，乐在其中。他又在花园里给狗穿上官服，亲自驾着驴车往来奔驰。

这个纵欲享受的皇帝还有八九年阳寿。他油尽灯枯后，将把帝国终结的悲剧留给他的儿子们。

而之后数十年间纵横天下的英雄们，也在这一年默默耕耘着自己的一亩三分地。

黄巾道领袖张角，用治病祈福的方式吸收着信徒。他已经拥有数十万拥趸，遍布天下大半的州郡。再有三年，他将发起震撼东汉帝国的黄巾起义。这次起义最终会被镇压，却给之后的豪强并起、军阀割据提供了空间。

27岁的曹操，在首都洛阳冷眼旁观天下大势。这位"太监的孙子"前几年因为亲戚犯罪遭到牵连而被罢官，180年才刚刚被重新提拔为议郎。好色的曹操，带着自己两年前新纳的宠妾——娼妓出身的卞氏入朝上任，不顾及在老家的正妻丁夫人投来的哀怨目光。

与曹操同岁的孙坚，这时候正意气风发。他在十年前就自行募兵参加了讨伐会稽"妖贼"许昌的战役，获得朝廷嘉奖，被授予官职。孙坚前后担任了几个县的官职，得到当地士绅和百姓的一致拥戴，江东孙氏的名望正在累积。更让人高兴的是，年仅7岁的儿子孙策聪明可爱，颇有将门虎子的英武之气。而且这一年，夫人吴氏又怀上了，据算命的说，这个孩子，比他哥哥的福气更大！

河北，21岁的刘备正壮怀激烈。他虽顶着"汉室宗亲"的虚名，却家境贫寒，少年孤苦，以编织草鞋和草席为生。现在的刘备今非昔比，已经成为大名士卢植的得意门生。他喜欢喝酒，听音乐，纵情玩乐，更喜欢结交豪杰之士。当地的年轻人都尊奉他为大哥，其中有两个很能打架的人，一个叫关羽，一个叫张飞。

这一年里，全中国大地上有上百万的婴孩呱呱坠地。其中很大一部分将在幼年夭折。剩下的长大成人后，绝大多数将作为平民或士兵，在未来的乱世中正常死亡，或者非正常死亡，从而浓缩为历史书上的几个数字。

但其中也有几声啼哭，具有不同的意味。号哭的婴孩将对未来产生影响。他们的名字和事迹，也将被记载在史书上。

其中一声啼哭，来自洛阳的皇宫高墙之中。

汉灵帝的妃子王美人生下一个儿子。当时的后宫，屠户出身的何皇后专横霸道，不允许其他妃嫔怀孕。王美人发现自己怀孕后吓得发抖，生怕招致灾祸，选择服药堕胎。谁知堕胎药服下去，竟然无效，最终孩子还是生了下来。随后，可怜的王美人便被何皇后毒死。男孩得到祖母董太后的保护，被她抚养长大。

这个自幼失去亲妈的孩子，名字叫刘协，字伯和。在历史上他有个更广为人知和耻辱的名号：汉献帝。

汉献帝排行老二，在他上面有个年长几岁的同父异母哥哥刘辩，就是何皇后生的长子，史称少帝。

据史书记载，汉献帝本是个聪明果断的人。但形势比人强，他接替哥哥刘辩当了三十年皇帝，受尽了委屈，最后被曹丕篡汉，因此在各种文学作品中，他又被刻画得分外窝囊和无用。

另一声啼哭，则来自山东省的琅琊郡阳都县，泰山郡丞诸葛珪的家中。诸葛珪的妻子生下一个眉清目秀的儿子。郡丞家中的亲情，远胜皇帝后宫的杀机。孩子的出生，让全家老少其乐融融。

这个山东孩子叫诸葛亮，字孔明。他同样排行老二，同样有个年长几岁的哥哥诸葛瑾。数十年后，他将名动天下。而在他死后，这种名声将继续远扬，直到把他捧上所谓的"神坛"。

汉献帝和诸葛亮，同一年生，同样排行老二，而且都在年幼时失去了母亲，在少儿时期失去了父亲。他们后来也同样为了"中兴汉室"这个目标，进行了长达数十年的斗争（虽然手段完全不同）。最奇妙的是，他们的死也在同一年。

只不过千年之后，前者被看作"窝囊""无能"的代名词，后者则升华为"智慧""忠诚"的象征。

颠沛天涯

诸葛亮的幼年时代，同那个时代的绝大多数历史人物一样，没留下什么记载。能确定的，只是他的童年很不幸。在很小的时候，他的母亲去世，随后没几年父亲也病死了。诸葛亮和他的大哥诸葛瑾、三弟诸葛均以及两位姐姐，就成为相依为命的孤儿。

好在琅琊诸葛氏本是名门望族，亲戚不少，诸葛亮他们几个就投靠叔父诸葛玄，混口饭吃。诸葛玄后来被任命为豫章郡（今江西南昌一带）的太守，南下上任，把诸葛亮、诸葛均他们姐弟几个也一起带去了。再后来，诸葛玄被免官后病逝，诸葛亮、诸葛均又搬到荆州襄阳隆中一带居住。

他们的大哥诸葛瑾则留在故乡琅琊侍奉继母，后来为了躲避战乱，辗转到江东，被孙权录用，成为孙吴政权的重要大臣。

琅琊诸葛氏迁徙路线图

诸葛玄之死

诸葛家族在这几年的经历，不同的史书有不同的记载。《三国志》记载，诸葛玄被免官后，因为和荆州牧刘表有交情，就去投奔他，诸葛亮兄弟也被带去。后来诸葛玄病故，诸葛亮只好自立门户。而《献帝春秋》中记载，诸葛玄是在军阀混战中被杀，之后诸葛亮兄弟自己去荆州。诸葛亮躬耕地的具体地点，襄阳、南阳两地多次争夺，双方各有依据，至今未有定论。

短短十多年中，年少的诸葛亮已经吃尽了世间的疾苦。与他一同吃苦的，则是整个大汉帝国属下的千百万子民。

就在诸葛亮四岁时，爆发了席卷半个中国的黄巾大起义，上百万农民揭竿而起，向欺凌压榨他们的贪官污吏发动起义。

起义被镇压之后，朝廷更加腐败，外戚和宦官又玩了一轮同归于尽的斗争，最终造成西凉土霸王董卓入朝，武力把持朝政。随后，以袁绍为首的各地诸侯起兵，打着讨伐董卓的旗号，趁机割据州郡，正式揭开了乱世混战的序幕。

此后十余年间，大半个中国陷入战乱。黄河以北，袁绍抢占了韩馥的冀州，公孙瓒杀了上级刘虞，独霸幽州，两家又彼此征战数年。中原地带，曹操、袁术、吕布、刘备、张绣等大小割据势力混战不休。之后，统一北方的袁绍和统一中原的曹操又展开了官渡之战。关西凉州地区的马腾、韩遂、宋建等大小割据者也是争战不断。

南方战乱稍微少一点。孙策征服江东地区，战争强度相对较小。自刘表主政荆州后，虽然也发生过南部各郡反抗的战争，以及与江东孙氏在江夏郡一带拉锯，但其统治核心的襄阳、江陵地区维持了十余年的太平岁月。另一个战火较少的地方是益州。

伴随着"英雄"们征战的，是下层民众的受苦受难。曹操曾有诗作"白骨露于野，千里无鸡鸣。生民百遗一，念之断人肠"，怜悯那个时代军民的惨景。当然，曹操的怜悯是仅仅停留在文学作品层面上的。到实际操作的时候，屠城、坑降，一个也不会少。

诸葛亮的故乡琅琊郡属徐州，原本遭受战祸相对较少，是中原民众避难的安乐窝。曹操的父亲曹嵩也曾在琅琊避祸。但到公元193年，这一切改变了。

这一年，曹操的父亲曹嵩被徐州牧陶谦的部将杀害。曹操化悲痛为力量，出兵徐州复仇，所到之处屠戮十余城。次年，曹军再入徐州，一路杀到琅琊、东海。曾经的避难桃源，成为新的修罗血海。诸葛亮的故乡，也被淹没在死亡恐怖之中。

诸葛亮此时是否还在琅琊，史料缺乏记载，我们不得而知，但至少他哥哥诸葛瑾应该经历了这惨祸。诸葛瑾最终离家避难，远走江东，这次战祸即使不是全部原因，也起到了重要的推动作用。

定居荆州之后，诸葛亮姐弟总算是得到了安宁。荆州在刘表的统治下，受到战火荼毒相对较少。诸葛亮也就在这块土地上，度过了人生中最悠闲快活的十年时间。

> **小贴士**
>
> ### 诸葛亮隐居地之争论
>
> 关于诸葛亮在荆州的隐居地，一说今南阳，一说今襄阳。有专家介绍，南阳说的主要依据是诸葛亮曾在《前出师表》中自言："臣本布衣，躬耕于南阳。"襄阳说的主要依据是《汉晋春秋》记载："亮家于南阳之邓县，在襄阳城西二十里，号曰隆中。"

据现有史料记载，诸葛亮大致是在公元197年开始在荆州生活的，直到公元207年成为刘备的部下。稍微逃脱了长辈丧亡的悲痛和战火的威胁，而尚未被军政大事所累，确实算最轻松快活的日子。

那么这十年诸葛亮是怎样度过的呢？按照史书记载和诸葛亮的自称，是"躬耕陇亩"，就是埋头种地。

当然，这里的种地，绝不是说诸葛亮跟老农一样，成天起早贪黑，面朝黄土背朝天，汗滴禾下土，累得筋骨酸痛。真要是生活艰难到这种程度，那诸葛亮只能做一个合格的农夫，是不大可能有工夫去钻研学问、成就大业的。

诸葛氏毕竟是名士家族，虽然逃难来此，却也能像模像样地置些田地，雇些佃户，吃穿是不愁的。至于诸葛亮的躬耕，也是那时名士们的风雅之一，走到田间地头进行农业劳动，作为生活的调剂而已。

更多的时间，诸葛亮在"修身养性"。一是读书学习，二是与当地的其他名士交流。所谓物以类聚，名士们正是靠彼此的这种交往，相互提携扶持，既增长知识，又积累人脉和名声，有了人脉和名声，才能出头当官，从而光耀门楣，报效主公，或者实现其他志向。

南阳卧龙岗诸葛草庐，李远提供

诸葛亮和他的伙伴

天下大乱，而荆州一带相对安宁。对当地的名士集团而言，简直是一个最好的环境。要是天下太平，谈资太少，未免无趣；要是大乱及身，大家忙着奔命，也顾不上潇洒激扬。就是要这样隔岸观火，畅谈天下大事，评论世间豪杰，名士风流也表现得淋漓尽致。

年轻的诸葛亮很快融入这个圈子，并且靠着自己的学问和出色的外貌（身高八尺，姿容甚伟），在其中崭露头角。

当时荆襄地区名士中的一位带头大哥姓庞，人尊称庞德公。他是个标准的隐逸之士，带着家人住在襄阳郊外，从不进城，过着怡然自得的田园生活。

小贴士

庞德公和刘表

荆州牧刘表曾经亲自拜访庞德公，请他出山做官，说："您这么大的才能，应该出来帮助天下老百姓啊，而且您粗茶淡饭不要紧，总要挣点俸禄给您的子孙吧!"庞德公笑道:"只要大家各安其位,哪里需要谁来帮助呢?至于说到子孙,上古尧、舜两位君主都把君位传给其他人,所以他们的后人作为老百姓平安度过一生;而大禹、商汤夺取了江山,他们的后代夏桀、商纣王却不得好死,所以留俸禄给儿孙没什么好处啊。"刘表只好叹息而去。

庞德公不愿意做官,却非常喜欢和名士们往来,而且热衷于给人取外号。他有几位很要好的朋友,庞德公都给取了外号。

一位叫司马徽,字德操。此人也是位恬淡退隐的贤士,素有知人评人的名声。不过在很多时候,别人问他什么事,他都是一句话:"很对,很好!"时间一长,得了个"好好先生"的名号。某一天他的妻子忍不住了,对他说:"别人是有疑问才求您解答,您怎么能什么都说好呢?这样不负责任啊!"司马徽回答:"娘子您说得很对,很好!"把妻子气得半死。但这种敷衍只是对部分人。真正的好友和明君,司马徽还是能给予真正帮助的。

庞德公给司马徽取的绰号是"水镜",称其"水镜先生"。这俩字颇有嚼头。镜子是至明的,可以反映面貌,为人借鉴;水是至平的,可以用于参取平准。可水做的镜子,又难免模糊不清,可遇而不可求。

司马徽和庞德公关系非常铁,好得跟一家人似的。有一次庞德公出门办事,司马徽忽然到庞家,说有客人要来。他大摇大摆进入庞德公家中,指挥庞德公的家人一阵忙碌准备饭菜,自己则坐在堂屋里准备接待客人。过了一会儿,庞德公回来,简直闹不清这是谁的家了。

这位水镜先生年龄其实不大,只比诸葛亮大7岁,后来35岁就死了。后世民间传说把他写成半仙,说他有经天纬地之才,懂奇门遁甲之术,收了庞统、徐庶、诸葛亮三个徒弟,这是讹传。当然,诸葛亮和庞统、徐庶等人确实都相当佩服水镜先生。

第二位叫庞统,字士元,是庞德公的侄儿。《三国演义》和民间故事都说庞统相貌极为丑陋。历史上的庞统,小时候确实其貌不扬,大家都不拿他当回事。只有庞德公很欣赏这个侄子,打发他去司马徽那里蹭个评语。司马徽和庞统谈了一番话后,惊呼:"庞德公真有眼力!你果然是个天才!"

那时候,被名气大的人一点评,就跟现在微博被明星转发一样,人气迅速往上蹿。在庞德公和水镜先生的联合背书下,庞统声名鹊起。

庞统自己有了名气，也开始评点其他士人。《三国演义》里的庞统脾气倔强，嘴巴很刁，但历史上庞统恰好相反。他学习"好好先生"司马德操的风格，评点别人时总是满口好听的，夸大别人的才德，有五分说十分。有人质疑：你这不是胡吹吗？庞统回答："乱世人心不古，我把人说得好一些，至少可以让被夸的人自信自强，让其他人对他仰慕，这样也可以鼓励进步，引人向善嘛！"庞统后来声名远播，连东吴的很多名士都对他仰慕不已。庞德公给这位侄子的绰号是"凤雏"，就是小凤凰——前途无量的神鸟。

第三位就是诸葛亮了。诸葛亮的年龄比司马徽和庞统都小，当时他的名气和地位也不如他们。而庞德公对诸葛亮同样给予很高评价。他给诸葛亮取的绰号是"卧龙"（又叫伏龙）。趴在地上的龙，看上去不起眼，一旦腾飞起来，那可了不得。

除此之外，诸葛亮还有一帮朋友。比如崔钧（崔州平）、石韬（石广元）、孟建（孟公威）和徐庶（徐元直）等人。按历史地位，这几位朋友都不如诸葛亮。但年轻的诸葛亮从他们那里还是得到了不少收获。

隆中诸葛亮隐居处

河北人崔州平是太尉崔烈的儿子，豪门出身，家学深厚，本人经历丰富，在交往中曾多次指出诸葛亮的不足。河南人徐庶曾经当过"剑侠"，后来才弃武从文，身上有股子江湖的沧桑感。从他身上，诸葛亮自认学到了很多东西。大概，徐庶作为剑侠的果决霸气，正是行事谨慎的诸葛亮较为缺乏的吧！

诸葛亮的豪门亲戚

　　除了这些隐士，荆州地区还有一帮权贵大佬。

　　最大的霸王，自然是荆州牧刘表。不过，刘表虽然贵为汉室宗亲，但毕竟是"外来户"。荆州真正的地头蛇，是当地的豪门，其中以蔡氏、蒯氏最为霸道。

　　当初刘表接受任命，只身到荆州上任，就是在蔡瑁、蒯越、蒯良这些人的帮助下镇压了不肯服从的豪强，一举拿下荆州。用现在的话说，蔡氏、蒯氏是和刘表一同扛过枪的战友。刘表发达了，他们自然也权势在握，作威作福。

　　蔡家的当家人蔡瑁，小时候和曹操是哥们儿。他的姑姑嫁给了太尉张温，妹妹则是刘表的后妻蔡夫人，蔡瑁也就成了州牧的大舅子。后来，蔡瑁的侄女又嫁给刘表的次子刘琮，亲上加亲。蔡瑁本人又和刘表的外甥张允往来密切。这么内外勾结，加上刘表年老多病，蔡瑁俨然是荆州地区不折不扣的"二大王"。就连刘表的长子刘琦，都在蔡瑁、蔡夫人的陷害下吃了不少亏。蒯氏的当家人蒯越，据说祖上是韩信的谋士蒯通。他的地位不如蔡瑁那样显赫，但也是名权颇重。

诸葛亮一家子从山东搬到荆州一带，当然要与这些豪门、名士搞好关系。怎么搞好？结婚。门当户对的婚姻，是连接家族关系的一条很实在的路径。于是，诸葛亮的大姐嫁给了实权派蒯越的侄儿蒯祺。诸葛亮的二姐，则嫁给了隐林领袖庞德公的儿子庞山民。和这两家攀上亲，诸葛亮家的日子就好过了许多。

接下来，第三桩婚姻来了。

名士圈子里的一位长者黄承彦，直截了当地对诸葛亮说："老弟，听说你准备找老婆了。我有个女儿，黑脸膛，黄头发，很丑陋，但是学问很好，跟你正般配，不知你意下如何？"

诸葛亮一口答应，旋即把这位丑媳妇娶回了家。黄夫人的名字史书无记载，民间通常叫她黄月英。

此事在当地顿时成为人们茶余饭后的谈资。人们纷纷嘲笑娶了丑妻的诸葛亮，还编了歌谣来传唱。诸葛亮却怡然自得。

关于这桩婚事，后世大致有两个说法。

一说诸葛亮娶丑女，主要是为了攀高枝。因为黄承彦的老婆就是蔡瑁和蔡夫人的姐姐，换言之，刘表是黄月英的姨父。诸葛亮娶了丑女，就和蔡瑁、刘表搭上亲戚关系，对个人地位和发展大有好处。诸葛亮为了功名权位娶了丑妻，苦水只能往肚里咽。

一说诸葛亮娶妻就是"娶贤不娶色"，看重的就是黄夫人的才德兼备。他本人既有远大志向，得到黄月英这位贤内助自然大有裨益，并不是贪慕权势，他后来也并未借助与刘表、蔡瑁的亲戚关系在荆州谋个一官半职。

两种说法真伪如何，后人已不得而知。按诸葛亮在隆中乃至一生的表现看，他自然不是趋炎附势之徒；但他与黄月英的婚姻，客观上必然能为他带来人脉上的好处，这也无可否认。

其实，今人在谈婚论嫁时，也必然要综合考虑对方相貌、能力、性格以及家庭背景等，若是因此就把别人的婚姻定性为"色相婚姻""政治婚姻""金钱婚姻"，怕是要挨揍的。古人结婚，就是娶一个门当户对的妻子，完成繁衍家族的使命，顺便求色得色，求贤得贤。"诸葛亮到底图什么"云云的争议，其实是今人试图把诸葛亮贴上高尚或者卑鄙的标签。诸葛亮自己呢？无非娶一个自己能接受的媳妇，然后和她一起过幸福的日子，足矣。

哀乐中的壮志

稳定的生活有了，朋友有了，老婆也有了。诸葛亮继续开心地在卧龙岗过他的小日子。读书，学习，走访四方，思考天下大事。

诸葛亮那会儿最喜欢唱的一首歌是《梁甫吟》。这首歌最初是在齐地（就是诸葛亮老家山东一带）流行的，据说是一首送葬的哀歌。歌词如下：

"走出齐国的城门，远望城南的荡阴里。那里有三座坟墓，并列着很相像。是谁的坟墓呢？是勇士田开疆、古冶子等人。他们力大能推倒南山，兼有文才。然而有一天遭遇了诡计陷害，为两个桃子就杀死了三位勇士。谁出的这个诡计呢？是齐国丞相晏子！"

（原文是："步出齐城门，遥望荡阴里。里中有三坟，累累正相似。问是谁家墓？田疆古冶子。力能排南山，文能绝地纪。一朝被谗言，二桃杀三士。谁能为此谋？国相齐晏子！"）

歌词里讲的，是春秋时期的故事。当时齐国有三位勇士田开疆、古冶子和公孙接，都是勇武绝伦，广闻博识，战功赫赫。丞相晏婴（就是"晏子使楚"里面的晏子）担心他们为害国家，于是用了一条计策，即让齐景公赏赐给三位勇士两个桃子，让他们说自己的功劳，功劳大的才有资格享用。结果三人相继弃桃自刎而死。这就是"二桃杀三士"的典故。

长期以来，"二桃杀三士"往往被作为晏子"智谋过人"的正面事迹之一，但想想用这种手段对付三个古道热肠而且为国家立下大功的勇士，其实是很损阴德的。这首《梁甫吟》的格调，应是充满悲愤哀怨，最后一句设问作答，愤慨之意掷地有声。

诸葛亮为何独爱这一首哀歌？他自己日后成为蜀汉丞相，对这位数百年前的同乡丞相晏婴，又是怎样的评价？这一点颇耐人寻味。当然，他也可能只是简单地喜欢哼一首流行歌曲罢了。

小贴士

《三国演义》中的《梁甫吟》

罗贯中所著《三国演义》中，借诸葛亮岳父黄承彦之口，吟出了另一首《梁甫吟》，并说是诸葛亮所做："一夜北风寒，万里彤云厚。

长空雪乱飘，改尽江山旧。仰面观太虚，疑是玉龙斗。纷纷鳞甲飞，顷刻遍宇宙。骑驴过小桥，独叹梅花瘦！"这一首就纯是咏风景的名士气派，文辞华美，但后劲比叙事那一首少了许多。

后来，诸葛亮在《出师表》中说，他当时"苟全性命于乱世，不求闻达于诸侯"，意思是老老实实在荆州做个隐士就成了。这只怕未必是实话。庞德公这样的人是真心当隐士，但诸葛亮和他的朋友们，最后纷纷都出来当官了。二三十岁的年轻人，要说一开始就打定了终老林泉不问世事的念头，或许符合那时候流行的"隐逸恬淡"之风，却未免消极了些。

暴露诸葛亮内心的另一个旁证，是他当时自比为管仲、乐毅。这俩是什么人？管仲是春秋时齐国的贤相，辅佐齐桓公九霸诸侯；乐毅是战国时燕国的名帅，带领五国联军，差点灭掉强齐。诸葛亮自比这两位，那口气是很大的。史书记载"时人莫之许也"，就是说大家都不信他这么有能耐。唯有他的好朋友崔州平、徐元直等把他这话当真。也难怪，一个二十多岁的年轻人说出这般大话，怎么让人信服？但诸葛亮自己既然把大话说得尽人皆知，那么他当然是不打算真的当一辈子隐士了。

据《魏略》记载，有一次诸葛亮和徐庶、石韬、孟建聊天，评价说："你们几位老兄，当官大概可以当到州、郡这个级别。"三人问诸葛亮，那你呢？诸葛亮"笑而不语"。这是在装酷，也说明诸葛亮心中，实在有自己的长远打算。

当时的中国"群雄割据，战乱不止"。究其本源，是作为天下政治中心的东汉朝廷本身处于混乱之中，所谓"朝纲失振，民不聊生"，天下赖以安定的统治秩序和社会制度遭到破坏，老百姓也就在这种唯暴力是尊的新环境下苦苦挣扎。要想消除这深重的灾难，只能寄希望于"重振朝纲，兴复汉室"，恢复中央政权的地位和权力，重建政治、军事和社会秩序。

诸葛亮本人幼时屡经丧乱，颠沛流离，来到荆州后才得十年安居。他切身体会着乱世给民众带来的惨痛命运，并从中磨砺出自己的志向。那便是：辅佐一位明君，安定天下，在乱世之中再造太平。

这样宏伟的志向，或许很多人都曾立下过。但要实现这个志向，不仅需要自身的才能和不懈努力，还需要很多外在条件。比如，有力的合作者、良好的机遇。

　　不知不觉间，诸葛亮已经27岁了。这个年龄在古代其实已经不小了。孔子云"三十而立"。单说东汉末年的几位著名英雄，孙坚17岁就起兵讨叛，曹操20岁便当上洛阳北部尉，刘备20多岁就带兵镇压黄巾军，30岁以前当上县令。更别提孙策、周瑜在20多岁就已率兵打下整个江东地区了。

　　诸葛亮呢？作为蔡瑁的外甥女婿、蒯家和庞家的舅子，他依然没有一官半职，以平民之身，隐居在茅庐之中。他的长远志向，似乎看不到实现的希望。

　　然而，诸葛亮是不在乎的。他在前半生已经经历了这许多波折，又受到庞德公、司马徽他们的熏陶。尽管胸怀大志，但他并不急于一时，赶着去立下功名、光宗耀祖。他只是静静地等待、积累，考察山川河流，体察民情，默默打造自己的知识储备和人脉储备。

　　他后来在《诫子书》中说："静以修身，俭以养德，非淡泊无以明志，非宁静无以致远。"在荆州的诸葛亮，确实有这样的条件。草庐攻读，陇亩躬耕，这是修身养德。而他的满腹学问和满腔志向，也就在这不紧不慢的淡泊与宁静中，积淀得愈加深厚，直到遇上命中的真主。

第二章 英主相携比翼翔

诸葛亮的投档清单

东汉建安十二年（公元207年），诸葛亮27岁。他没有军队，没有地盘，不可能靠自己白手起家打天下。要实现抱负，就得选择一镇诸侯投奔。

当时，曹操已消灭袁绍家的残余势力，平定北方，汉末战乱最酷烈的时候已经过去。割据天下的军阀，数量比十余年前大大减少。

诸葛亮要出山，选择还是不少的。

首先的近水楼台，是荆州老大刘表。刘表作为汉室宗亲，当年也是孤胆取荆

曹操像

州的英雄人物，他占据的荆州，包括今天湖南、湖北两省和广东、广西、贵州、河南等省的一部分，好大一块地方，多年来战乱较少，户口充实。而且刘表还是诸葛亮之妻黄月英的姨父。诸葛亮如果想在刘表手下混个一官半职，可谓易如反掌。

但诸葛亮恰好没有去登这个近水楼台。现在看来，大致有两个原因。

其一，刘表虽然本事不错，可到那会儿已经年老多病，进取心不足，只想守住荆州这一亩三分地。曹操往北面征讨袁氏残余势力时，刘备曾劝他趁机偷袭许昌，刘表却犹豫不决，坐失良机，回头又来后悔。

其二，刘表自己的家务事都扯不清楚。他的两个儿子，本来老大刘琦得宠，可是老二刘琮娶了蔡家表妹后，得到继母蔡夫人和舅舅蔡瑁的全力支持（历史上蔡夫人并非刘琮的生母），有后来居上之势。刘表自己举断不明，刘琦、刘琮各有一帮势力，荆州大权又掌握在蔡瑁等豪门手中，这样的人际环境，年轻的诸葛亮是相当讨厌的。

这样一位暮气沉沉的老牌军阀，自己内部一团糟，诸葛亮要是到他手下，混口饭吃容易，要实现自己的大志基本是别想了。

第二个选择，自然便是威名远扬的曹操了。东汉末年的头号枭雄曹操在

过去10多年中，先后灭了吕布、袁术、袁绍等势力，已经完全占有汉江、长江北，长安以东的广大区域，号称"三分天下有其二"。他麾下军队众多，文武如云，与诸葛亮同年的皇帝——汉献帝刘协也是曹操手中的傀儡。毫无疑问，这是当时最强力、最有希望统一全国的一家。

关于"诸葛亮该投刘备还是该投曹操"的辩论会，恐怕在全国的大学生里面没打十万场也打了八万场。按反方观点，曹操兵足将广，诸葛亮投了他可以很快一统天下，那不是能够更快解除人民所受的战争苦难吗？为什么诸葛亮偏要逆历史潮流而动呢？

主要原因也有两方面。

其一，曹操这人，才能是第一流的，但品行令人不敢恭维。自从公元196年他把汉献帝迎接到许昌之后，便飞扬跋扈，不但朝政一手把持，甚至对不听话的大臣也想杀就杀，想免就免，把汉献帝欺负得够呛。到公元200年矛盾就来了个总爆发，汉献帝密下"衣带诏"，叫岳父董承带着密诏，联合刘备等人除掉曹操，结果事情败露，董承被杀，曹操还带兵进宫把董承的女儿董贵妃杀了，汉献帝苦苦求情都没用。

可能有人会觉得这叫个性，认为曹操立下那么大功劳，专横一下怎么啦？杀董贵妃那是自卫反击加正当报复！但至少在当时的天下人看来，这就是欺君罔上，所谓"托名汉相，其实汉贼"。诸葛亮目睹了秩序破坏下的民生惨剧，他的志向是要恢复这个秩序。曹操这种"颠覆式的重建"，他是无法接受的。

其二，曹操太过残忍。他创作的诗里面表现得悲天悯人，打起仗来屠城杀降眼都不眨一下。最出名的自然是为报父仇攻打徐州时的暴行。今天的人坐在办公室里研究，自然可以替曹操辩解，比如被愤怒冲昏头脑，比如那时候屠城杀降是惯例，是威慑手段什么的。但对当时被杀的那些老百姓，以及害怕被杀的其他老百姓，这些辩解是没法化解他们的恐惧和哀怨的。诸葛亮本身就是琅琊人，故乡也曾被曹军蹂躏，曹操在他心中一定有一个负面的印象。

所以，诸葛亮也就不会投奔曹操了。在诸葛亮看来，曹操的强势是对秩序的破坏而非修复。在他的战略规划里，曹操被定性为需要击败的"终极大魔王"。至于有人说诸葛亮嫌曹操手下人才已经很多，锦上添花不如雪中送炭，这个顶多算次要原因。

第三个可选择的，是江东孙权。孙权比诸葛亮还小一岁，手下人才不少，尤其有周瑜、鲁肃这样锐意进取的文武双全之士。而且，诸葛亮的哥哥诸葛瑾就在孙权手下效力。诸葛亮若去了孙权那里，想必能和周瑜、鲁肃默契配合，甚至可能更早实现南北对峙的格局。

诸葛亮为何没投孙权？据某书记载，张昭曾经向孙权推荐诸葛亮，诸葛亮拒绝了，理由是他在孙权手下不能完全发挥出才干。这个记载未必属实，却也有些道理。孙权是少年英雄，血气方刚，但对待部下的气量还不够大。这个缺点在上了年纪后越发明显，连功勋卓著的名将陆逊最后都给孙权逼死了。而孙吴政权也不够正派，曾多次向曹操方面示好、称臣。诸葛亮最终没去东吴，是东吴的一个遗憾，对他自己倒挺幸运的。

除了这三家之外，其他诸侯就更不必说了。益州（四川）的刘璋懦弱无能，连自己的手下都管不好，手下一帮人伸长脖子等着吃里爬外换主子；凉州（甘肃）的马超、韩遂有勇无谋，残暴短视；至于辽东的公孙氏、汉中的张鲁、岭南的士燮等，更是成不了气候。

数了一圈，天下诸侯适合诸葛亮的，也就只剩下大家熟知的那位"大耳贼"刘备了。

"大耳贼"简历

刘备在《三国演义》里面，是个被严重丑化的角色。罗贯中及其之前的民间艺人们试图塑造他们心目中的"仁君"，却弄出一个昏庸无能、装腔作势的小丑来。《三国演义》中的刘备，文不成武不就，几十年只知道顶着一个"大汉皇叔"的金字招牌到处招摇撞骗，一遇上危险就只会哭。就连唯一的特长"仁义"，也被"显刘备之长厚而似伪"，携民渡江时心中悲痛，竟然要投江自杀。

刘备像

而历史上的刘备，比这个艺术形象要厉害得多。

刘备才能出众，文武双全。他的毕生对手曹操在"煮酒论英雄"时曾对刘备说，天下英雄就你我二人，袁绍这种人根本不算什么。后来，曹、刘翻脸，曹操又评价说，刘备水平和我差不多，就是智谋方面稍微迟钝一点。

刘备的性格也相当果决，敢作敢当，绝非《三国演义》中所写的"鼻涕虫"。当初参加镇压黄巾起义时，刘备有一次全军覆没，躺在尸体堆里面装死人才逃过一劫，算是从鬼门关上爬过来的。刘备当安喜县尉时，就敢绑架、毒打上级派来的督邮，哪里有半点优柔寡断的作风？刘备很能打仗，从20多岁参加镇压黄巾军，戎马生涯半辈子，称得上是经验丰富的老兵。他曾先后被吕布、袁术打败，更曾多次输给曹操，但依然不屈不挠，抗争到底，曹操的部将蔡阳、车胄、刘岱、王忠都曾败在他手上。（而《三国演义》中把刘备的这些事迹全放到了关羽、张飞等人头上，这是出于艺术加工的需要。）

刘备最为人称道的是他的人格魅力。无论是有权有势的军政官员、普通士人、草莽豪杰，还是一般平民，刘备都能与他们坦然相交。早年有仇人派刺客到刘备身边卧底，准备刺杀刘备，结果那刺客被刘备一番真诚接待，推心置腹，顿时感动得眼泪鼻涕哗哗直流，当场把对方的计划和盘托出。靠着这种人格魅力，刘备前半生虽然经常被打得跟丧家之犬一样，但走到哪里都能得到很好的接待，镇守哪里也能得到老百姓的支持。这种能耐不是一般人学得来的。

"皇叔"的头衔是文学家送给刘备的。历史上的刘备，只是一个拥有汉朝皇室血统的穷光蛋。有这种血统的人，在当时天下没有几万也有几千，没有什么用的。刘备能崛起成为一路诸侯，靠的是他自己的非凡才干和非凡毅力。

这就是真实的刘备。相比霸气盖世而又率性而为的曹操，刘备才能略逊，却更有亲和力，尤其待下宽厚，基本不杀戮百姓，在士人中间也有更"仁义"的名声。相比老迈的刘表或年轻的孙权，刘备表现出的进取心和英雄气概更强。至于其他歪瓜裂枣的军阀，就更是无法与刘备相比了。

刘备来荆州，其实也就比诸葛亮晚几年。在公元201年左右，他被曹操打败，南下投奔刘表。只不过长期以来，刘表让刘备驻扎在荆州北部新野一带，作为抵抗曹操的排头兵。而当时的诸葛亮还年轻，"卧龙"的名号还没有被庞德公和司马徽"炒作"起来，他的名字也传不到刘备的耳中。

刘备和诸葛亮就这样咫尺天涯，六年来未曾相识。

在这六年中，诸葛亮继续他淡泊明志、宁静致远的生活，逐渐成为荆襄士林的一颗新星。而刘备则在新野积极训练军队，准备实现他那遥不可及的梦想——打败国贼曹操，兴复汉室。流落到荆州的各地士人，还有一些刘表的手下，被刘备的个人魅力所征服，纷纷投奔到刘备那里，或者与他暗中有了往来。这一切，甚至都引起了刘表的猜疑。那么胸怀大志的诸葛亮，一定不会对刘备毫无所知。说不定在他心中，早已圈定了刘备作为自己未来君主的第一候选人。

只不过，出于名士的矜持，诸葛亮并没有急匆匆去面见刘备表忠心。世人口口相传的刘皇叔，到底是不是如传言中那么好？诸葛亮爱惜自己的羽毛，不会轻易上任何一个人的船。

该来的终究会来。某一天，刘备拜访了襄阳名士司马徽。"好好先生"司马徽对刘备说："你要找真正的贤才，那么卧龙诸葛亮、凤雏庞统，这两位是本地最出色的了！"

几乎与此同时，诸葛亮的好朋友徐庶也投到了刘备麾下，得到刘备的器重。徐庶不失时机地推荐："卧龙诸葛亮，是人中的俊杰，您不想见见吗？"

这一点古代和现代社会基本没什么区别，熟人推荐是比海投简历有效得多的方法。刘备顿时来了兴趣："请您带着诸葛亮一起来好不好？"

徐庶还要替人卖关子："诸葛亮和我不同啊，您必须亲自去请他，别指望他和我一样，屁颠屁颠自个跑来。"

刘备果然是干大事的，二话不说，立即前去拜访卧龙。

207年：历史上的瞬间

关于刘备三顾茅庐的事，史料上记载非常简单：凡三往，乃见。

就是说，刘备去找诸葛亮，去了三次，才见着面。

那时候，中国"权势逼人"的风气还没那么盛，一帮"山林隐士"个个都是有架子的，当官的屈尊去见名士并不稀罕，比如刘表去请庞德公。但去了三次才见着，诸葛亮这架子端得是太大了。民间艺人据此添油加醋地演绎，到罗贯中手上，终于写出占《三国演义》全书高达百分之一篇幅的《三顾茅庐》来。

三顾茅庐

这段记载，与其说是在抬诸葛亮的身价，不如说是在赞美刘备的诚挚。47岁的"大汉左将军，宜城亭侯，豫州牧，新野城主"，前往面见27岁的乡下书生，居然一次二次没见着，还能继续前往。在庸人看来，刘备这是有失身份，但在有识之士看来，刘备的三顾之行，展现的是过人的胸襟与气魄。诸葛亮想必也正是从这三顾中看出了刘备的诚意和坚韧。与传言相结合，他得出了这样的结论：眼前这个脸上没有胡子的半老头，是自己真正值得辅佐的主人。

小贴士

三顾茅庐真假

"三顾茅庐"记载于《三国志》等书。按《魏略》记载，则并非刘备三顾茅庐，而是诸葛亮主动去找的刘备，刘备最初还不待见他。考虑到诸葛亮自己在《出师表》中曾提到刘备三顾茅庐之事，无中生有捏造的可能性很小。因此通常还是以《三国志》中记载为准。

这一刻，一个辗转大半生，空怀豪情，一事无成的落魄老军阀，和一个颠沛半生，空负才华的青年书生，风云际会，一拍即合。他俩很快将组成未来许多年中，全中国最为人称道的君臣搭档。而在他们死后，这种组合关系将被后人继续拔高，美化，甚至神化，最终成为君臣和谐相济的典型案例。

即使多疑的后人从中拼命挖掘出阴谋的味道、不合的味道、猜忌的味道，但依然不能改变大多数人的认知。

在这次载入史册的会面中，刘备给诸葛亮的礼物很简单：三流的军阀家底（包括新野城池一座，军队万人左右，以关羽、张飞为代表的一批优秀人才，以及无法估值的名声），一流的雄心壮志，还有惺惺相惜的信任。这是刘备能拿出来的全部东西。

诸葛亮回赠给刘备的礼物，则是著名的战略论文——《隆中对》。

这篇被奉为文言文经典的论文，总共三四百字，大致来说，讲了以下几个方面内容：

第一，这里往北，是终极大魔王曹操。他现在拥兵百万，占据天下大半，皇帝也在他手中，您要去和他硬拼是不可能的了。

第二，这里往东，孙权靠父兄的遗产，占领江东，牢固得很，您也不可能吃掉他，只能和他结为同盟。

第三，荆州这块地方位置重要，刘表是个老糊涂，俩儿子都是废物，您先把这块地儿吃下来。

第四，往西的益州，又富饶又险要，刘璋更是个超级废材，您再把这块地方也吃下来。

第五，接下来，您拿荆州、益州当根据地，联络好西边、南边的少数民族，和孙权结盟，然后瞅准机会，兵分两路，一路从四川打陕西，一路从湖北打河南，就可以消灭终极大魔王曹操，兴复汉室。

这样，诸葛亮给刘备画出了"兴复汉室"的宏伟蓝图，哪一个是敌人，哪一个是朋友，先吃哪块，再占哪块，井井有条。

在后世一千多年中，有人将《隆中对》奉为圭臬，也有人站在"事后诸葛亮"的角度，对此提出了种种非议。比如该计划只有大目标，没有具体执行环节；比如该计划分散了主力；比如该计划在后期误导了蜀汉政权的战略发展等。

南阳卧龙岗武侯祠"三顾处"景观

在当时，《隆中对》也绝非独一无二的。同期鲁肃也曾给孙权提出过《榻上策》，主张从江东出发，占领荆州和益州，形成南北对峙的局面，与曹操中分天下。所以，过分神化《隆中对》是不必要的。

但《隆中对》又确实是刘备集团最大的宝物。因为刘备最缺的，恰好就是这样一份战略计划书。刘备作为一世枭雄，能打仗，能争取人心，但确实不善于战略规划。

在过去十多年里，刘备也曾经不止一次占据大片土地，拥有数万军队。但因为没有好的战略规划，在错综复杂的军阀混战中，不知道确认盟友与敌人。这样，难免顾此失彼，东边打仗，西边挨刀，前门驱虎，后门进狼，地盘得一块丢一块，连个持续发展都做不到。反复折腾十多年，跑遍了大半个中国，到头来还是只有这一点可怜巴巴的兵力，落得个寄人篱下的局面。眼看着老对手曹操的实力越来越壮大，"兴复汉室"的梦想也越来越遥不可及。

在这种情况下，出来一个人告诉他，还有希望！您只要如此如此做，就可以逐步实现目标。

对刘备而言，这就像是迷途中看见了北极星，饥饿中闻到了饭菜香啊！他又怎能不把诸葛亮当作天上降下来的救星呢？

《隆中对》并不是日念千遍就可一统江山的宝典。它只是27岁的诸葛亮根据当时天下局势做出的战略规划。这个规划也有种种不足，当然是毫无疑问的。难得的是，在此后的十多年中，刘备集团基本依靠这个规划，一步一步扩张，最后发展到"鼎足三分"的态势。对比诸葛亮出山之前十多年，刘备集团东奔西跑的没头苍蝇模样，《隆中对》的价值一目了然。

即使是后来的历史学家、军事家，能够指出《隆中对》的种种不足，但尚无一人能够帮刘备集团提出一份新的战略作为替代，让大家心服口服，能兼具《隆中对》的优势而完全弥补其不足的。

所以，我们可以肯定地说，诸葛亮的这份厚礼，确实对刘备集团日后的发展，乃至对天下的大势，起到了决定性的推动作用。

当这个满嘴光秃秃的刘备，在高个子英俊青年的草庐中诚恳请教，而高个子青年满怀信心地说出这篇三百多字的策论时，远在河南许昌的曹操根本无法预料到，他平生最难缠的对手，实力已经上了一个台阶。对曹操而言，统一天下的梦想，从此也将永远是一个梦想了。

诸葛火烧博望坡？假的！

在《三国演义》中，诸葛亮出山后，立刻开始了一系列的出色表演。博望坡一把大火，烧得夏侯惇十万大军丢盔弃甲，称为"初出茅庐第一功"，既让"卧龙"之名威震天下，也使得猛将张飞对这位年轻的军师心服口服。

然而，这是文艺工作者们的虚构。历史上确实发生过火烧博望坡之战，但时间不是在诸葛亮出山的公元207年，而是要早得多，大致在公元201年刘备撤退到荆州不久之后。当时曹操主力在北面清除袁绍势力，派夏侯惇和于禁南下威胁荆州，刘表派刘备在博望坡抵抗。两军对峙良久，刘备在博望坡放了一把火，烧掉自己的营盘，然后撒腿就逃。夏侯惇、于禁赶紧带兵追赶，结果被刘备设下的伏兵打得大败。这一战再次证明了刘备很能打仗，不过在文学作品中，被作者将功劳挪到了诸葛亮头上，时间推迟了好几年，而且火烧营盘的诱敌手段，也被演绎为神鬼莫测的"火攻"。

刘备不需要诸葛亮去"火烧博望坡"，他完全清楚诸葛亮的价值。这个年仅27岁的书生，将给他的集团带来最缺乏的东西：战略规划。因此，请得诸葛亮下山后，刘备与诸葛亮成天待在一起，对他非常尊敬。这甚至引起了关羽和张飞等人的不满。咱都是跟着您打了半辈子仗的老弟兄，凭啥您对这毛头小子这么好？

面对关张二位气鼓鼓的嘴脸，刘备回答很清楚："我得了诸葛孔明，就像鱼儿得了水一样，从此可以自由驰骋了！"

在民间艺人和罗贯中等人笔下，刘备的"如鱼得水"有更为实在的表现：他拜诸葛亮为军师，并且把全部军队都交给诸葛亮掌管，连刘备自己都要听诸葛亮调遣。

按照民间文艺的思维，"智慧"就是简单的高低关系，既然诸葛亮比较聪明，那么就让他当最高指挥官，大家都听他发号施令好了。但历史上并非如此。

因为刘备是打了半辈子仗的人，而不是狂热的追星族。诸葛亮是一位才华盖世的贤臣，但他不是神仙下凡，也不是全知全能，无所不会。君主与谋士，应该是各施其能，而不是简单的"谁聪明听谁的"。尤其是行军打仗，虽然诸葛亮有天生奇才，但才能也要在常年征战中培养。27岁的诸葛亮就算曾饱读兵书战策，要他一出山就指挥大部队打仗，实在太儿戏了。而给毫无表现的诸葛亮直接封大官，也是违反组织原则的。

历史上，刘备看重诸葛亮，但并非把他当神仙，什么事都靠他。诸葛亮这一时期的职务，类似智囊、高级参谋，给刘备提出各种战略和政略方面的建议，以及从事行政、财政和户口管理工作，参与训练军队。通过这些工作，既加强诸葛亮与刘备集团其他骨干的磨合，也让诸葛亮有更多实践的机会，将他从书本上和名士座谈会中学到的知识加以验证，最终固化为自己的才能。

从诸葛亮的官职也能看出端倪来。在公元207年这一年，刘备自己的官职是豫州牧、左将军，关羽的官职是杂号将军，张飞的官职是中郎将，而诸葛亮则没有正式的官职，仅算刘备的参谋、幕僚人员。

小贴士

东汉的军职

东汉时候的军职，最高为大将军；其下有骠骑将军、车骑将军、卫将军；再往下是前、后、左、右将军，主征伐，不常置。汉末征伐频繁，战事日增，故设立名目繁多的将军称号，即杂号将军，如荡寇将军、讨逆将军等。将军往下是中郎将；中郎将往下是校尉。

公元190年群雄讨伐董卓时，袁绍是车骑将军，袁术是后将军（上将），曹操是奋武将军（中将）。到后来军阀割据，各路诸侯自己给自己或手下人封官，官越封越大，官衔也就乱了。三国鼎立之后，各国又建立了自己的一套官职系统，与原来东汉的有所出入。

此外，诸葛亮的一项重要工作，是帮助刘备集团搞外交、联络、统战。如前所述，《隆中对》以曹操为大敌，以孙权为外援，而刘表占据的荆州，则是首先要夺取的目标。问题在于，荆州牧刘表虽然老迈昏庸，毕竟也曾是一代雄主。刘备受他恩惠好几年，现在寄人篱下，如何个夺取法？诸葛亮不是神仙，他不大可能预测到一年后就爆发的赤壁之战。

诸葛亮对此的具体规划，史书未曾记载。从现有蛛丝马迹推测，大致是一方面招收流民，训练军队，扩张自己的硬实力；一方面结交荆州的人士，打造属于自己的人脉资源，扩充软实力。

刘备以"仁义"的名声闻名于世，刘表在世时，刘备多半是不好意思取荆州的。但刘表一旦去世，他的两个儿子刘琦、刘琮，谁也不是刘备的对手。那时候无论是巧取豪夺，还是尊奉某位公子为名义上的老大，总之是要吃下荆州的。当然，这个过程中想必要和蔡氏集团来一番明争暗斗。

有利的是，恰好刘表自己的家事纠缠不清。次子刘琮在继母蔡夫人、舅父蔡瑁、表哥张允等人支持下，大有废长立幼之势。刘表的两位公子钩心斗角，刘备倾向刘琦。这也很容易理解，刘备是要主持正义的，长子继承权在道德上占据"正统"制高点。

诸葛亮的策谋以支持刘琦作为抓手，从而使刘备能够在未来的荆州地区发挥影响，并扩充实力，最终实现《隆中对》的第一步。

诸葛亮帮助刘琦？不好说！

在荆州地区出现刘琦、刘备集团与刘琮、蔡氏集团的对峙，暗流涌动。尤其刘琮这拨人得到了刘表的宠爱，实力很强。这当然让大公子刘琦非常郁闷，甚至恐惧。历史上为了争权夺位而死于非命的长子，数都数不过来，要是刘琮给他也抽冷子来一刀，怎么办？

等刘备请出诸葛亮之后，刘琦深知这位表姐夫智谋出众，便向诸葛亮请教："亮哥，我该怎样才能摆脱危险？"

诸葛亮却跟他装傻充愣。诸葛亮处事一贯谨慎，他现在只是刘备手下的一个谋士，随便插手刘表的家事是很不妥当的。更别说站在另一边的蔡氏集团和诸葛亮也关系匪浅，蔡瑁是他的夫人黄月英的舅舅，蔡夫人是黄月英的姨妈。所以，刘琦多次请教，诸葛亮都避而不答，要追问急了，他起身就走。

最后逼得刘琦没办法，使了一招"上屋抽梯"之计，把诸葛亮骗到高楼上喝酒，等只剩他俩在楼上的时候，暗中令人抽掉梯子，然后再向诸葛亮请教。诸葛亮捂着耳朵想跑，跑到楼梯口一看，梯子已经没了。这时候刘琦紧逼过来，对诸葛亮说："这里就咱俩，上不连天，下不挨地，话从你口中出，进我耳朵，你现在可以帮我出主意了吧？"

诸葛亮还没用计，刘琦自己先找上门来。诸葛亮见表舅子如此费尽心思请教自己，便教他一招："春秋时候晋国内乱，公子申生留在国内，最后被害死了；公子重耳逃亡国外，最后不但活了下来，还回国继承君位。"这是在劝刘琦外出掌握兵权。

于是，刘琦根据诸葛亮教的，向父亲刘表申请到江夏担任太守。刘表同意了。刘琦自此暂时脱离了蔡氏的陷害，而且拥有了自己的根据地和直属部队。诸葛亮牛刀小试，轻轻一计，便取得了成功。日后，刘琦对刘备、诸葛亮自然感激涕零。在赤壁之战前后更是全力支持刘备，成为刘备夺取荆州起家的重要盟友。

以上是历史记载的诸葛亮第一次用计。这条计策从表面流程和实际效果上看，当然纯是为刘琦避祸出谋划策。然而，如果我们戴上"阴谋论"的有色眼镜，那么客观上说，它的最终出发点，还是刘备集团的战略利益。

就像前面说的，根据《隆中对》，荆州地区应该是刘备集团首先夺取的目标，时间是在刘表死后。假设刘表的继承人兄弟和睦、长幼有序，刘琦、刘琮和掌握大权的蔡氏集团相亲相爱、铁板一块，共同守卫祖业，那么对刘备而言，夺取荆州的难度显然就增加了许多。

现在，长子刘琦受到弟弟刘琮和蔡氏集团的威胁，这对刘备是个挑战，更是个机遇。他可以借着"保护长子合法继承权"的名义，插手荆襄事务，利用刘琦和刘琮之间的争斗，扩充自己的势力，进而实现占领荆州的战略目标。因此，从刘备的利益来说，应该保持和平衡刘氏兄弟之间这种斗争。既不能让斗争平息下来，也不能让斗争很快分出胜负。否则不管是谁获胜，都不利于刘备。

这种情况下，如果刘琦长期留在刘表身边，和刘琮天天抬头不见低头见，相互都在对方捅刀子的范围内，那么哥俩斗争的频率和激烈度将激增。鉴于继承权斗争的残酷性，完全可能某天早上起来，刘家兄弟中的一个就已经成了尸体。不管是刘琦顺理成章被蔡瑁杀掉，还是刘琦绝地反攻夺回继承权，对刘备来说，都将失去插手荆州事务的最佳机会。这是必须避免的。

机缘巧合，恰在此时，镇守江夏的黄祖死了，根据诸葛亮的计策，刘琦去了江夏。这一方面降低了他被害的风险，另一方面也等于宣告他暂时远离了对继承权的争夺——按中国古代传统，有继承权的长子一般是不该在外带兵的。刘琦远离在外，蔡瑁等人很难再陷害他，但他在刘表面前表现的机会也就没有了。换言之，刘琦舍弃争夺继承权的机会，换来自己的直属力量和安全。

这样，两位公子之间的对峙和分裂，就将一直保持下去，直到刘表去世。到那时候，这样的局面对刘备是最有利的。如果刘琮在蔡氏扶持下继位，那么遭到继母和幼弟排挤的刘琦，将成为刘备战略棋盘上一颗极为重要的棋子。刘琦所占据的江夏，也将成为刘备夺取荆州的根据地之一。刘备可以义正词严地打着"支持长子"的旗号，帮助刘琦对付刘琮，争取荆州人士的支持，最终拿下这一块地盘。

而在历史上，由于曹操的迅速入侵，刘琦、刘琮没有来得及爆发兄弟之争。这时候，在刘琮投降，荆州大半归曹的情况下，刘琦占领的江夏又成为刘备在荆州最后的庇护所，帮助他打赢了赤壁之战。赤壁之战后，刘琦更是作为刘备的傀儡，为刘备掌控荆州提供了很大的号召力。

小贴士

刘表曾让荆州给刘备？

《英雄记》记载，刘表病重时曾经想让刘备接任荆州牧，刘备推辞了。后来的艺人以此为据，发挥出"刘表让荆州给刘备""刘表临终想请刘备辅佐刘琦继位，可惜被蔡氏阴谋破坏"的段子，并把废长立幼、陷害刘备的板子完全打到蔡瑁头上。但以《三国志》记载来看，刘表和刘备的关系，是相互利用而又相互猜忌和防备，宠爱小儿子刘琮也是刘表自己的主意。说一代军阀刘表，竟要把自己的基业荆州让给外人刘备（虽然是同宗），这种论点未必站得住脚。

诸葛亮在百忙之中下的这一步闲棋，给刘备集团日后的拓展提供了重要的斡旋空间。但许昌的曹操不会给他这样一步一步下棋的机会。很快，曹军乌云般的铁骑，将把整个荆州笼罩在烽烟之下。

第三章 赤壁锻成三足鼎

诸葛亮火烧新野？假的！

公元208年，曹操亲自率领大军，向南进攻荆州，兵力15万左右。对三国时期头号军事家曹操而言，这几乎也是他三十年戎马生涯中，所率领规模最大的部队。

曹操为何在这时南下？按照《三国演义》的说法，是因为刘备请出诸葛亮后，在博望坡一把火烧了夏侯惇，因此曹操惊怒交加，遂出大军南下。

历史上的原因更简单。刘备本来就是曹操最看重的对手，曹操自翻脸之后，从来都是把刘备当作心腹之患，一心想除之而后快。之前苦于主力部队在收拾河北的袁绍残党，腾不出手来南下，派遣的偏师夏侯惇又在博望坡被刘备打败。等到公元207年，曹操终于彻底消灭袁氏，把河北地区完全占领，次年就立刻调集大军南下，为的正是一举消灭心腹大患刘备，以及庇护刘备的刘表，占领荆州地区。

至于诸葛亮，在那时的曹操眼中，不过是一个有几分虚名的青年才俊罢了。等占领荆州后，他肯来投顺最好，不肯来那就杀了得了，哪里可能为了这小毛头专门出兵呢？

曹操南下的消息传来，刘备这边倒也不是毫无准备。曹操要统一天下，早晚都会打荆州，兵来将挡，水来土掩，怕什么？然而，屋漏偏遇连夜雨，这个节骨眼上，荆州牧刘表病死了。

刘表虽然已经老迈，对刘备也有猜忌提防之心，但毕竟是荆州地区的雄主。背靠这棵大树，刘备可以大胆抵挡曹操。现在刘表一死，荆州顿时群龙无首。刘琦、刘琮两兄弟及其背后政治集团之间的矛盾，也立刻爆发出来。

在蔡瑁、张允等人支持下，刘琮抢先一步继承了刘表的荆州牧之位。但这位二公子的地位也是很尴尬的。东面有哥哥刘琦在江夏，随时可能兴兵前来，问废长立幼之罪；北面有刘备在新野、樊城，对自己也没什么好处。恰在这时候，曹操的大军又来了。荆州地区的很多名门官员如蒯越、韩嵩、傅巽等人都是"亲曹党"。在他们的威逼利诱下，刘琮把持不住，干脆直接派人联系曹操投降。

小贴士

刘琮降曹是非论

蒯越等人对刘琮说，现在曹操大军南下了，咱们这儿能和曹操打的只有刘备。但刘备也不是曹操的对手，要是打了败仗，您也就完了。就算刘备打赢了曹操，他也不会听您的。与其这样，不如直接投降曹操。蒯越等人撺掇刘琮投降曹操，在《三国演义》中是被作为"卖主求荣"加以批判的。但实际上曹操虽然残暴，当时确实代表正统大汉皇朝。刘表只是个地方军阀，面对"中央军"的征讨直接投降也算顺应大势。评价这个行为，无非看你站在曹操还是站在刘备的政治立场上而已。至于《三国演义》中刘琮和蔡夫人投降后被曹操所杀，这也是虚构。历史上，刘琮投降后得到了善终。

这样一来，刘备的局势顿时危急起来。北面是死对头曹操的十五万大军，南面的靠山刘表换成了居心叵测的刘琮。那怎么办？只能先弃城逃走。

在《三国演义》中，刘备南逃之际，诸葛亮再次施展神通，在新野放了一把大火，烧得曹仁、曹洪的十万大军焦头烂额。这同样是虚构。

历史上，诸葛亮没有这样的神机妙算，敢在敌人眼皮子底下放火奇袭。实际上曹军风声一来，刘备就直接带着自己身边的万余兵马，以及愿意跟从的老百姓，弃城南下。当时刘备的据点是樊城，与刘琮的首府襄阳只隔一条襄水，抬脚就到。

等到了襄阳城下，诸葛亮向刘备献出了一条重要的计策。那就是袭取襄阳，劫持刘琮，借此联合刘琦，占领荆州，然后同曹操交战。

这条计策是可能成功的。刘琮继位不久，荆州内部刘琦党和刘琮党本来就争斗不休。现在曹操大军南下，人心惶惶，刘琮直接投降，在刘表旧部中也有许多人不服。以刘备的声望和手段，对付刘琮确实有很大胜算。

如果说诸葛亮在未来多年中，以谨慎行事作为一贯风格，那么在这个时候，他毕竟只是虚岁28的青年，初出茅庐，血气方刚，还有些文人纸上谈兵的冲劲。在他看来，《隆中对》的战略本来就要求占据荆州，如今曹操南下，刘琮投降，不趁机夺下荆州，更待何时？

然而，刘备拒绝了。

他说："刘表以前对我不错，死前也曾托我照顾他儿子。现在他尸骨未寒，我就夺了荆州，这样背信弃义，死后有何面目见他?"

诸葛亮的第一条战术性计策，就这样被刘备驳了回来。

这并非因为刘备比诸葛亮还谨慎。刘备戎马半生，数次从死亡线上滚过来，其魄力与冒险精神岂是隆中高卧的书生可比?

就是因为刘备曾经历经生死而志气不改，他才更有自己的准则。

作为乱世军阀，刘备肯定不是道德至上的圣人。他日后巧取豪夺，霸占刘璋的益州，是公认的不厚道行为。

但在此时此地，刘备认为对荆州问题不可轻举妄动。刘备很清楚，曹操才略盖世，兵力强大，自己要与之对抗，唯一的方法就是坚持高举"仁义"的旗号，收获（叫收买也行）人心。

因此，刘备与曹操的荆州争夺战，不仅要争夺城池、钱粮、军队，更要争夺荆州士人和百姓的人心。

如果这会儿发动政变，贸然对刘琮下手，虽然能吞并一部分资源，在军事上获得先机，却也会激起荆州士人和百姓的反感，得不偿失。

取舍之后，刘备做出了决断：他先在城外仁至义尽地向刘琮打了招呼，然后离开襄阳，继续南下，准备退到重镇江陵（今湖北省荆州市），在那里抵抗曹军。途经刘表坟墓的时候，刘备认真地进行了祭拜，痛哭流涕："老哥，您让我帮助您家儿子守荆州，可您家儿子居然投降了曹操，我该怎么办啊！您在九泉之下帮帮我吧！"

这时候，刘备坚持符合道义的行为，立刻有了收获：襄阳一带的官员、百姓，包括刘琮左右的很多人，都纷纷投奔到刘备的旗下，跟着他一起向南撤退。尽管留在襄阳意味着可以平平安安归降曹操，说不定还能升官；而跟随刘备意味着颠沛流离，很可能还要同曹军血战丧命，但还是有很多人用脚给刘备投票。

数以万计的人扶老携幼、推车骑马，如同滚雪球一般到刘备旗下聚集！对自诩才高的诸葛亮而言，眼前这壮观的一幕，一定也是相当震撼的。如果说在《隆中对》的时候，诸葛亮的战略大局观给刘备"久旱逢甘霖"的惊喜，那么在襄阳城下，刘备的仁德也让诸葛亮感慨颇多。

这一次，是28岁的诸葛亮，从48岁的刘备那里学到了很重要的东西。权术可以一时得势，但道义的力量绝不可轻视。未来数十年里诸葛亮恪守的道德，或许从这一刻便已固化。

这一对被奉为千古典范的君臣，他们彼此"亦师亦友"的关系，也是相互的。后世文学作品中那种单方向"活神仙诸葛亮教导老好人刘备"的模式，完全不能展现他们之间的默契与互补。

走马荐诸葛？假的！

刘备在襄阳城下与刘琮分道扬镳后，决定前去江陵独力抵抗曹操。江陵城是南郡的首府，是荆州中部的重镇，南临长江，东依汉水，刘表生前在当地囤积了大量的军用物资。如果刘备能够占据江陵，用那些军用物资扩充自己的兵力，然后向东与江夏的刘琦联合，向南收取长江以南的武陵、长沙等四个郡，这样占有大半个荆州的地盘，还足以和曹操一战。江陵的得失，也就成为曹刘荆州争夺战的又一个关节。

江陵战略地位如此关键，此刻的刘备，却表现得异常诡异。

前面说了，在他南下途中，荆州北部的很多官员、百姓和士兵，因为仰慕刘备的仁名，或者不愿意投降曹操，或者害怕曹军屠城，纷纷投奔到刘备旗下。刘备来者不拒，这样他一路南下，队伍不断扩大，等走到湖北中部的当阳时，距离江陵还有差不多一半路程，跟随左右的军民已经有十多万人。

那时的交通很不发达，这样十多万毫无纪律的乌合之众走在一起，行李车辆都有好几千架，别说道路、桥梁的拥塞，就是食宿也是个大问题。因此，他们每天只能蜗牛般挪动十多里路。刘备手下的人很担心，都劝刘备说："咱们应该丢下这些乌合之众，轻装全速前进，好占领江陵，抵抗曹操。现在跟这十多万人拥挤在一起，走得又慢，真打起来呢，这十多万人的战斗力简直是负数。曹操追来怎么办？"

然而，刘备又有他的章程。他回答说："要成就大事，必须以人为本。现在这些人因为信任我而跟随我，我怎么能因为危险而抛弃他们？"

好一句"以人为本"。凭这一句话，刘备即可跻身伟大君主之列。

在民间评话中，诸葛亮对刘备这种"仁德"很不以为意，认为如果刘备丢下百姓，不但可以快速占据江陵，而且百姓只要四下分散，也不会遭到曹军的劫杀。现在因为刘备的一念之仁，拖着十几万人一起慢慢挪动，等曹操追来就是同归于尽，反而害了这些百姓，又耽误了军机，对谁都没好处。

但在另一些文艺作品中，则说诸葛亮被刘备的这种精神而感动。联系到自己的故乡琅琊曾经遭受的战乱屠戮，诸葛亮认定了，眼前这个肯与百姓共担生死的君主，确实是值得自己辅佐的明君。

历史上的诸葛亮会如何思考？每个读史者可以有自己的认识。

总之，刘备拒绝了"丢下民众快速前进"的建议。作为一种替代方案，他派大将关羽带着一部分兵力和几百艘战船沿着襄水（就是汉江）走水路先行，自己依然带着大队人马走陆路，慢吞吞南下，准备在江陵会合。

雷厉风行的曹操可没有刘备这么多的顾忌。他率领大军进入襄阳，接受刘琮投降之后，立刻亲自选派了五千最精锐的骑兵，不带辎重，全速向南追击刘备。刘备的十几万人每天只走十多里路，而曹操的五千精骑一日一夜就奔驰了三百里！

就在当阳南面的长坂一带，曹军追上了刘备。一团乱麻的十多万人遭遇五千精锐，被钢刀切豆腐一样冲得七零八落。刘备带着诸葛亮、徐庶等几十个人仓皇逃走。他的爱妾甘氏和儿子刘禅都失陷在乱军中。幸亏大将赵云奋力冲杀，保护甘氏和刘禅出了重围；又幸亏张飞有勇有谋，用二十名骑兵守住长坂桥，挡住追兵；还幸亏之前派出了关羽水军先行一步，关键时刻掉头接应刘备过了襄水，这才使刘备免遭被曹操俘虏的危险。然而跟随刘备的十多万军民，却是基本上完全覆灭，不是被杀，就是被俘。

当阳之战，给了刘备四个沉重打击：第一，他的大部分军队被击溃了；第二，追随他的十余万民众被掳掠了；第三，江陵也被曹军抢先占领了；第四，他失去了重要的谋士徐庶。

按照《三国演义》的描写，徐庶是在刘备三顾茅庐前走的。曹操先把徐庶的母亲诱骗到许昌，然后以此强迫孝顺的徐庶离开刘备，进入许昌。徐庶临行前，因为感激刘备的厚待，"走马荐诸葛"，把诸葛亮介绍给刘备，此后才有三顾茅庐的故事。

但在历史上，徐庶是和诸葛亮共事了一两年的。直到刘备南下江陵时，徐庶也保护着母亲一起跟随。当阳之战，徐庶的母亲和其他难民一起，被曹军抓走。大孝子徐庶方寸大乱，只好向刘备辞别，北上去见曹操。曹操想不到抓难民居然钓来一个大谋士，当然高兴得很。从此，徐庶便在曹操手下做事。

与徐庶一起投靠曹操的，还有诸葛亮的另一位老朋友石韬（石广元）。后来三国鼎立，徐庶在魏国官至右中郎将、御史中丞，石韬官至郡守、典农校尉。当时已是蜀汉丞相的诸葛亮听说后，还觉得这两位朋友的官当得小，叹息说："魏国人才竟然那么多啊，徐庶、石韬他们只当到这个级别的官！"孟建（孟公威）后来也出仕曹魏，官至凉州刺史、征东将军。

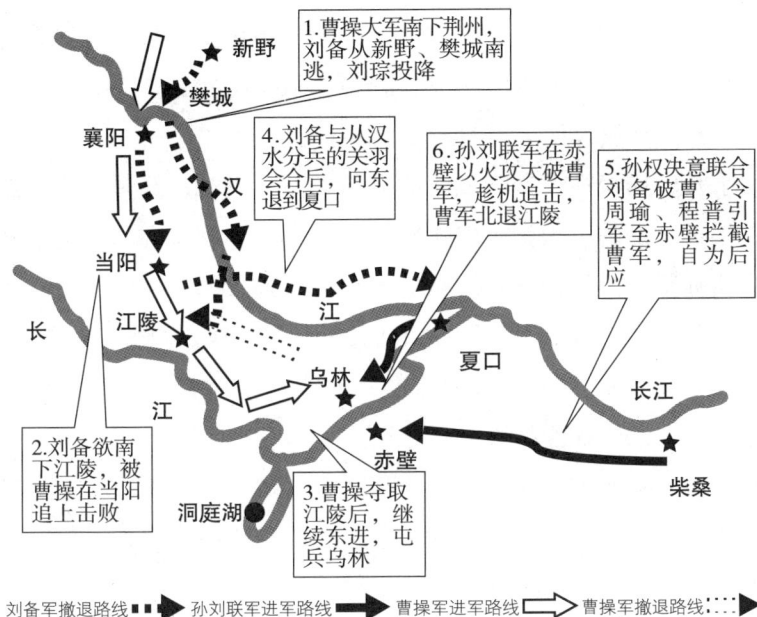

赤壁之战示意图

当阳之战，刘备"以人为本""携民渡江"的仁德声望再次得到飙升，同时他手中原本不多的一点本钱又输掉大半。所谓输了里子，赢了面子，暂时来看吃亏得厉害。靠着关羽水军的接应，刘备勉强沿着汉江撤退到了江夏，与刘琦会合。这对落魄的叔侄凑在一起，军队才两三万人，龟缩在江夏一郡，西临曹操追近，东边还有长期敌对的江东孙权。而继续南下的曹操，吞并了荆州的军队和钱粮，实力进一步增强。

刘备和他的铁杆部下关羽、张飞等，都是身经百战、经验丰富的将领。但在拥有十倍兵力，而且比他们更加身经百战、更加经验丰富的曹操面前，刘备老哥几个是胜算很小的。

这时候，作为战略家和政治家的年轻参谋诸葛亮，开始一步步凸显出自己的价值。

诸葛亮舌战群儒？假的！

在历史上，诸葛亮的加入，并没有给刘备增加"火烧新野"之类演义中的军事奇迹，刘备在曹操面前照样一败涂地，龟缩江夏。

但与以往不同的是，诸葛亮的加入，给刘备集团带来了更明确的战略规划和外交路线。因此一到江夏，诸葛亮立刻向刘备提出建议：现在情况紧急，必须立刻向孙权求助了！

这似乎是轻描淡写、顺理成章的一句。但在当时，能看出这一点并果断推行也是很不容易的。因为十多年来，江东孙氏和荆州的刘表是不共戴天的仇敌。当初孙坚就是被刘表的军队射死的，而孙权继位之后，七八年来最主要的军事行动就是不断在江夏一带和刘表进行拉锯战。两家可谓苦大仇深。

也只有在隆中高卧多年的诸葛亮，才能果断地看穿"孙刘世仇"的迷雾，把孙权定位在战略盟友的位置上。

然而，一个巴掌拍不响。就算刘备肯放下架子主动求援，孙权怎么想？诸葛亮准备不管好歹，凭借自己的才能，龙潭虎穴也闯一闯。

能不能说服孙权？这就要看临场发挥了。

大约是天道酬勤，在刘备已经山穷水尽的当口，上天又送给诸葛亮一个对方阵营内的同志。那就是孙权的谋臣鲁肃。

曹操南下，对孙权的震动也很大。孙仲谋屯兵柴桑，准备见机行事。鲁肃呢？他是主动请缨来荆州探看虚实的。这位"忠厚长者"也是当时第一流的战略家。在他心中，同样早就把曹操当成了假想敌，而"联合刘备"则是他作为东吴谋臣的一个大胆创意。因此，他竟然申请前往荆州为头号仇敌刘表吊丧，为先前孙刘两家完全敌对的状态进行了第一次"破冰"。

诸葛亮与鲁肃身在两家阵营，却有共同的战略规划。两人一拍即合，同时也坚定了刘备联孙抗曹的信念。于是，诸葛亮和鲁肃交上了朋友。随即，他作为刘备的全权代表，东下柴桑回访孙权。

但当时孙权相当纠结。这也难怪，对刘备集团而言，曹操是不共戴天的死敌，除了抵抗曹操，没有别的路子可走。但孙权至少还有"求和"一项选择。孙权底下很多官员畏惧曹操，都持这一看法。孙权部下主战、主和两派的斗争正处于白热化阶段。

按照《三国演义》的描述，诸葛亮到江东后，主要干了三件大事，一是"舌战群儒"，驳倒了东吴的主和派大臣；二是说服了孙权，让他树立抗曹的决心；三是用"绿帽子"激将法，促使主战派周瑜坚定了决战的信念。

其实这里面，舌战群儒和智激周瑜都是虚构的，尤其是"舌战群儒"，诸葛亮在休息室里把对方大臣一个个痛骂一遍，看似威风凛凛，其实相当得罪人，与大联盟的宗旨是相悖的。再说这种嘴巴上的争斗，就算巧舌如簧，把对方说得哑口无言，人家口服心不服，照样和你对着干，完全于事无补。被舌战的"群儒"里面，步骘、虞翻等都是文武双全的名士，曾经临阵血战，统兵开疆，在《三国演义》中却成了畏曹如虎，只知道卖弄唇舌的腐儒。《三国演义》中"智激周瑜"一段也不尽合理。历史上的孙权对周瑜虽然信任，却不是完全地托付；不解决孙权的决心问题，光把周瑜激得暴跳如雷是没意义的。

但"说服孙权"一条，却是实实在在的。诸葛亮不愧是战略分析的大家。面对比自己小一岁的年轻君主孙权，他展开了有条有理、逐层推进的剖析。

第一部分，诸葛亮开门见山地把当前战略形势说明：现在曹操眼看就要统一天下，大军已经到了荆州。您自己得赶紧拿个主意，要么投降，要么豁出去拼命，不要再想存侥幸心理拖延了！这是阐明大势，迫使孙权下决心。

孙权反问，那你家刘备干吗不投降呢？这一问正中诸葛亮下怀，当即抛出第二部分：秦末的田横宁死都不肯投降刘邦，刘备是大英雄啊！他要和曹操决一死战，就算战败那也是得其所归，怎么会投降呢！这是用刘备做例子，在进一步刺激孙权。

果然，孙权毕竟只有27岁，血气方刚，噌地一下就站起来了："刘备都能这样勇敢，我怎能投降曹操？"不过孙权还有顾虑，刘备被打得大败，还有力量和自己配合吗？

这时诸葛亮又开始分析敌我双方的形势。从友军来说，刘备虽然兵败，加上关羽和刘琦的部队，还有两三万人；从敌军来说，曹操远道而来，为了追赶刘备，抢占江陵，更是一路加急行军，非常疲惫，可谓"强弩之末"，已经没什么锐气了。而且他带着北方的军队千里迢迢来到南方，水土不服，一群"旱鸭子"更不会水战；荆州当地的军民虽然在他的胁迫下归顺，并不是真心拥戴，不会豁出去为他卖命。

最后，诸葛亮的结论是：只要您派几万精兵和刘备共同抵抗曹操，一定能打败他。之后，咱们两家就能在南方发展势力，与曹操形成三足鼎立的态势！这是在诱之以利。

在诸葛亮的激将与利诱下，孙权终于接受了联合抗曹的提议，当即调兵遣将，准备对抗曹操。

诸葛亮的重要外交使命，至此顺利完成。这也是他在刘备帐下立下的第一件大功。

在赤壁之战前，东吴内部的战和争议，是相当激烈的。除了诸葛亮之外，周瑜、鲁肃等主战派也都对孙权进行了不同角度的劝解。他们作为孙权的部下，说的话自然更容易被孙权接受。其中，周瑜主要是从军事角度分析敌我双方的实力对比，指出曹操军队虽多，但犯了四大忌讳，吴军只要努力作战，定能生擒老贼，匡复汉室，充分展现了军事家的雄姿英发；鲁肃则是从政治角度分析，告诉孙权，我们当属下的可以投降曹操，您作为主公决不能投降曹操，投降了就没有今天的地位了，充分展现了政治家的深谋远虑。

小贴士

周瑜指出的曹操所犯四大忌讳

第一是关西的马超、韩遂还没平定，是曹操的后患；第二是北方的士兵不习水战；第三是时值冬天，粮食尤其是马匹的草料很匮乏；第四是大队人马远道而来水土不服，容易患病。

相对来说，诸葛亮站在"外阵营使臣"角度的这段分析，则是面面俱到，由战略而人情，由人情而军事，逐个诱发孙权潜意识里"积极抗曹"的要素，而打消其顾虑心态，最终达到目的。可以说，这三位对于促成赤壁之战都有不可替代的作用。曹操统一天下的伟业，就在这三位的嘴皮子下面灰飞烟灭了。

借箭借风？都是假的！

孙权在周瑜、鲁肃、诸葛亮的劝说下，做出了联刘抗曹的战略决策，随后就派周瑜、程普、鲁肃带领三万精兵，与诸葛亮一起，从柴桑进至赤壁，同刘备联军抗曹。孙权自己整顿人马，作为他们的后援。

接下来，便发生了震撼天下的赤壁之战。

《三国演义》中用了超过全书百分之五的篇幅写这一场战争，曹操和孙刘联军双方的斗智斗勇、决策定计固然是看点，而诸葛亮在吴军中，为了防备周瑜的猜忌暗算，步步算计，施展智谋自保，这些段落也是精彩纷呈，比如草船借箭、七星坛借东风，都是脍炙人口的大戏。

然而，这中间多数也是虚构的。在联军抗曹时期，对抗曹操始终是第一等大事，周瑜不可能把心思放在暗算盟友身上。至于依靠装神弄鬼的"借东风"来解决火攻大难题，更是子虚乌有。民间艺人和罗贯中增加诸葛亮这许多神奇，无非为塑造诸葛亮"活神仙"的形象。

听上去颇有些遗憾，诸葛亮出山后的诸多神奇，竟然都是编造的。

但实际上，赤壁之战给诸葛亮带来的收获和帮助，却也是文学作品中未能提及的。

历史上的赤壁之战，并非单纯毕其功于一把大火，而是多次对峙和战斗的综合结果。周瑜所率军队在赤壁，刘备所率荆州军在夏口，从两个方向将曹操屯驻乌林的二十万大军牢牢扼住，使之无法展开。曹军背后是绵延数百里的大沼泽，水陆两军被迫沿着长江北岸一字排开，首尾不能救应。曹操多次向两个方向突击，试图打开缺口未果，水战接连败绩，军中又疫病流行。等到黄盖诈降一把火烧去了连环舟，曹操再无斗志，自己烧了剩下的船撤退。刘备、周瑜趁势水陆并进反攻，曹军死伤无数，从而错过了统一天下的最好时机。

在几个月中，该时期三位出色的军事家——曹操、刘备、周瑜，各施其法，统率将士，隔着大江厮杀。对刚出茅庐一年多的诸葛亮而言，能在近距离全程观摩这场声势浩大的战争，对其军事知识的补充，自然是弥足珍贵的。

诸葛亮在出山之前，只是个文人。文人纸上谈兵不可怕，怕的是只知道纸上谈兵，没有实战经验，偏偏还不自知。赤壁之战对于诸葛亮来说，就是这样一个难得的军事实战教程。几位军事家和大批经验丰富的宿将亲自下场，给年轻的诸葛亮当了一回集体教师。诸葛亮以一介书生，最终能在历史上被冠以"军事家"的头衔，赤壁之战功不可没。

此外，诸葛亮在大战中承担联络孙吴盟友的外交任务，频繁出入吴营，与孙权以下诸多实权人物交往，"混个脸熟"。他原本就有"隆中高士"的清名，很快还加上了军政圈子里的实际声望。

更重要的是，诸葛亮还与鲁肃交上了朋友。鲁肃在评书演义里是个老实人，实际上他也是颇有远见的战略家。正如诸葛亮一贯主张联合孙权，鲁肃也一贯主张联合刘备。他与诸葛亮东西呼应，维持了孙、刘两家之间多年的协作，共同北抗曹操。诸葛亮的"隆中对"大计，也从这位朋友身上得到了不少帮助。

诸葛亮就像一位刚刚毕业的博士生，进公司不久，便全程经历了联合另一家公司，共同对抗业界航母的一个超级大项目，并且这个项目还取得了成功。接下来，他和他所在的公司，都将以更高的姿态，去为心目中的理想而拼搏。

诸葛亮三气周瑜？假的！

正如战前诸葛亮的预料，赤壁之战后，曹操主力部队向北撤退，而孙权和刘备则趁机扩张。尤其是刘备，之前在荆州憋屈七八年，已经积累了深厚的人脉。曹操南下时他恪守道德底线，携民渡江等做法，更是让他在荆州士民中人气暴增。因此赤壁之战后短短几个月时间，长江南部的零陵、桂阳、长沙、武陵四个郡纷纷向刘备投降。武艺高强的老将军黄忠，以及拥有数万户手下的"大帅"雷绪等也先后归顺刘备麾下。原本一穷二白的刘备，再次拥有了一方诸侯的强大实力。

在荆州北部，孙刘联军与曹操展开了争夺战。经过一年的苦战，周瑜终于击败曹仁，打下了江陵城及整个南郡。

伴随着胜利而来的，少不了同盟之间的钩心斗角。在《三国演义》中，作者又用了和赤壁之战差不多的篇幅来写周瑜和诸葛亮的矛盾，写诸葛亮智谋高超，趁周瑜攻打曹仁时渔翁得利，取了江陵，还"借荆州"；写周瑜为了索还荆州费尽心机，甚至不惜用孙权的妹妹使"美人计"，却一一被诸葛亮挫败，最后诸葛亮"三气周瑜"，让这位不久前的盟友抱恨归天。

这同样是历代文艺工作者为了凸显诸葛亮的"神奇"而虚构的桥段。史实中，南郡是刘备的部队配合吴军一起打下来的；打下来之后确实有"借荆州"行为，但这是鲁肃为了巩固孙刘联盟以及分散来自曹操的压力，劝孙权主动把南郡借给刘备，而非诸葛亮巧取豪夺欺负盟友的结果。鲁肃的这一策略效果显著，直接导致曹操放弃再次南下的计划。孙权把妹妹嫁给刘备，是为了巩固联盟的政治婚姻，而不是什么"美人计"。最后，周瑜确实劝孙权防刘备，但只是劝孙权把刘备留在东吴，多送美女给他，消磨他的斗志，而绝不是《三国演义》中那么赤裸裸的暗杀，更谈不上"忌恨诸葛亮的贤才"。

小贴士

周瑜不可能忌恨诸葛亮

诸葛亮当时出山不到两年，并没有特别突出的成就，在周瑜眼中还到不了"心腹大患"的程度。就在周瑜写给孙权劝他小心刘备的那封信里，也只说到了"刘备以枭雄之姿，而有关羽、张飞熊虎之将，必非久屈为人用者"，甚至都没提到诸葛亮。

实际上，诸葛亮在赤壁之战后的两年，做着一件看似不起眼实则非常重要的工作——种地。

在借荆州以及夺取江南四郡之后，刘备集团把江夏郡让给了孙吴，这样刘备手中一共掌握了大半个荆州。刘备自己驻扎在紧靠长江的公安县，而诸葛亮则驻扎在耒阳（今湖南省衡阳一带），督管南部的长沙、桂阳、零陵三个郡。这时候他有了正式的军职：军师中郎将。

当时刘备占了荆州，北边与曹操直接军事对峙，东边的"盟友"孙权也不能完全放心，西边又抱着"占领四川"的战略意图，所以北部的南郡、武陵两个郡时刻处于战备之中。南部的三个郡面临的直接军事压力较轻，属于相对的"大后方"。诸葛亮管辖这三个郡，主要进行生产、征税、行政管理等工作，为北方两个郡提供兵源和后勤物资支持。

应该说，刘备的用人安排确实是相当出色的。他自己久经行伍，作战经验丰富，因此带着关羽、张飞等人驻守北方，一旦曹操入侵或者孙权翻脸，可以立刻迎头痛击；诸葛亮战争经验相对缺乏，但是实务能力很强，就放在后方三郡搞管理。过去，刘备手下一直没有这样一个既善于处理行政事务又忠实可靠，能够完全放手独当一面的能臣，现在有了诸葛亮，刘备肩头上的担子顿时减轻了很多。这也使得刘备占据的大半个荆州潜力得到了极大的发掘。短短两三年，刘备的兵力从赤壁之战前的两万人左右，迅速扩充到五万人以上。

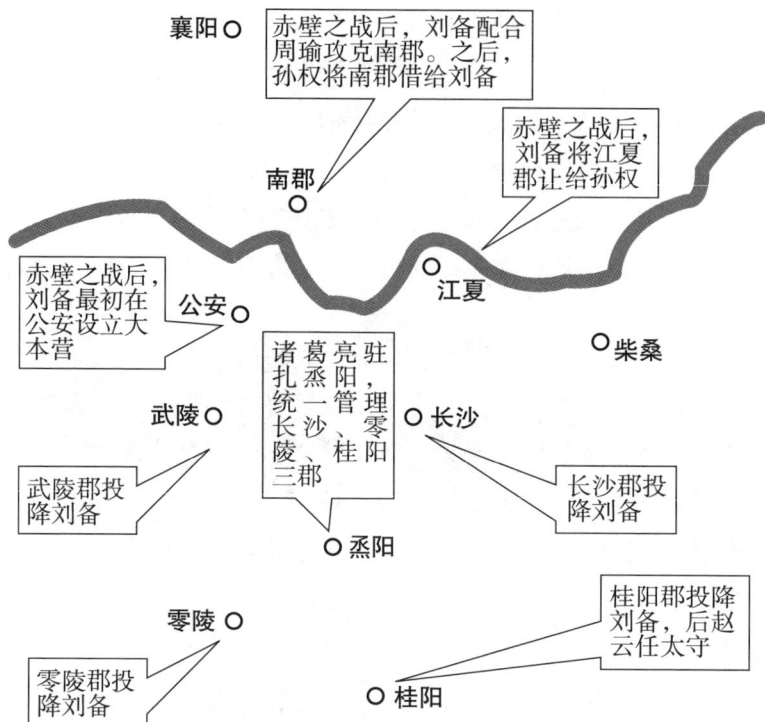

赤壁之战后刘备的地盘

刘备的"三驾马车"

两年中，大批人才聚集到刘备的麾下，或者被刘备从基层提拔起来。比如荆州地区出名的"白眉大仙"马良和他弟弟马谡；比如作战勇猛而脾气也很大的义阳人魏延等。

诸葛亮自己的手下也是人才济济。归他节制的桂阳太守，就是大名鼎鼎的赵云；而长沙太守则是蜀汉名流廖立。这位廖立和诸葛亮差不多大，年纪轻轻才名在外，对诸葛亮很佩服，自诩为小诸葛。可惜，他唯独没有学到诸葛亮的城府和气度，日后给自己带来了很大麻烦。

在这些人中最为出色的，要数诸葛亮的老朋友，号称"凤雏"的襄阳人庞统。

《三国演义》中，庞统在赤壁之战里作为周瑜的卧底，向曹操献"连环计"，骗曹操把战船锁起来，方便周瑜一把火烧光。此事属作者虚构。但历史上的庞统确实与周瑜关系密切。公元210年，周瑜在西征途中病逝后，就是庞统护送他的遗体返回江东的。之后，庞统受到了江东士大夫们的热情款待。

奇怪的是，这种情况下庞统并没有留在江东当官，反而回到荆州，在刘备手下当一个小小县令。

更奇怪的是，刘备还不待见他。庞统这个县令当得很一般，于是被刘备罢官了。

《三国演义》中写庞统是因为心高气傲，故意和刘备斗气，在县里几个月不办公，然后三下五除二把几个月的公事办完，借此向刘备炫耀本领。但从史书来看，庞统简直是自己巴巴地跑刘备那里打工，而且受了委屈也无怨无悔。

没办法，这只能说明刘备的人格魅力和声望确实太强了。

武侯祠的庞统像，由蒋吃货提供

牛刀杀鸡未必适合，庞统这样大开大合的军国之才，在处理县令的琐碎政务时可能确实讨不了好。幸好诸葛亮和鲁肃都比较了解庞统，在他们的大力推荐下，刘备与庞统一番仔细攀谈，发现这位三十出头的年轻人确实不凡。于是，刘备把庞统提拔为重要谋臣，军衔和诸葛亮一样——军师中郎将。

刘备身边的卧龙、凤雏这两位军师中郎将性情不同，职务也有分工。诸葛亮有耐心，负责管理三个相对后方的郡；庞统行事果决，擅长奇谋，就在刘备身边出谋划策。

在卧龙与凤雏的辅佐下，刘备实力大增，在荆州这块地盘上混得风生水起。

刘备错过的高才

刘备在半辈子东奔西逃中，手下也曾有其他出色的人才，比如徐州的陈登就是一个文武双全的大贤。然而，陈登只是徐州当地的土霸王，不是刘备的死党。刘备与吕布、曹操翻脸时，陈登也并没有为刘备效命，只是在几股势力间骑墙。此外，曹魏的名臣陈群、大将田豫等，最初也都是跟随刘备，后来因为种种原因没有坚持下来。

按照诸葛亮的"隆中对"，在荆州站稳脚跟后，下一步应该是进取益州（四川）。可是，蜀道天险，别说打仗，军队开进去都很麻烦。那么，如何才能取益州呢？无论刘备还是诸葛亮，都在等着一个机会。

这时候，机会自己送上门来了。

益州牧刘璋昏庸无能，手下很多有本事的人都在等着机会吃里爬外。刘备在赤壁之战后已经成为天下仅次于曹操的"明星"，自然有人指望着他。刘璋手下的张松、法正、孟达三个家伙，就琢磨着把益州卖给刘备，换取自身建功立业的机会。

这三人中有两人下场很不好，张松后来阴谋败露，被刘璋杀了；孟达帮助刘备取川后被边缘化，后来得罪刘备，叛逃投曹，多年后企图叛魏投蜀被司马懿灭掉。

剩下的一位法正却颇得刘备信任，成为与诸葛亮、庞统比肩的人物。

《三国演义》中庞统智谋和打仗水平都比诸葛亮略差一筹，法正更是没法和诸葛亮相比。实际上，这三位谋臣各有所长。庞统和法正足智多谋，在出奇制胜、当机立断方面超过了诸葛亮。诸葛亮是一位出色的战略家和政治人才，但并非万事通的神仙。在与君主的交流方面，年轻的诸葛亮尽管道德高尚，但面对刘备这样半生沧桑，很有个性和原则的君主，有时并不能贯彻自己的策谋。这时候，庞统和法正更为机巧的谏言，往往能收到奇效。

例如，当张松前来邀请刘备取益州，并表示自己愿意做内应时，刘备曾经犹豫，觉得夺取同宗刘璋的基业违背了自己一贯树立的"仁义"准则。当初，刘备正是本着这个准则拒绝了诸葛亮"袭击刘琮取荆州"的建议。但庞统有对策。他对刘备说："非常时刻就不能拘泥于一些细节，春秋时的五霸也曾经吞并腐败贫弱的国家。刘璋这么无用，就算您不取益州，也会被别人拿去，这样对汉室、天下百姓都没有好处。其实，夺取江山的时候就要用非常的手段，统一后再用正大光明的准则来治理江山，这才是大仁大义。至于刘璋这废材，他拿着益州这块地是给自己找麻烦。只要您夺取益州后好好待他，等您兴复汉室统一天下后，封他一个高官显爵，让他安享富贵，这样才算对得起他啊！"一番话坚定了刘备取川的决心。

再如后来刘备与曹操争夺汉中时，有一次双方激战陷入僵持，刘备杀得兴起，快六十岁的老头子身先士卒，冒着敌人的乱箭冲锋在前。手下的文武官员拼命劝谏，刘备暴跳如雷，就是不听。边上的法正也不多说话，自己冲在刘备的前面，为他挡箭。刘备自己不要命，却担心手下的安全，叫法正躲箭，法正说，主公您都不怕死，我们怕什么呢？刘备这才醒悟，招呼法正一起退到安全的地方。

在随后的几年中，庞统、法正与诸葛亮成了良好的搭档。这时刘备已经有了一个庞大的文官和谋臣团队，里面才华最高、贡献最大的，便是诸葛亮、庞统、法正三人。靠着这"三驾马车"的驰骋，刘备将达到其征战生涯中一个新的战略高度，一步一步向着诸葛亮"隆中对"的目标前进。

眼下最重要的事，就是按照诸葛亮的战略规划和庞统的策谋，在法正的内应下，进取益州。具体来说，大致分为以下三个步骤。

步骤一：利用现在益州刘璋受到汉中张鲁威胁的机会，由张松、法正等卧底说服刘璋，邀请刘备带兵进入益州协助防御；

步骤二：刘备进川之后，利用抵抗张鲁的机会，收编益州的军队，占领益州的要地，笼络益州的人心；

步骤三：等做得差不多之后，再起兵发难，在卧底们的内应下夺取益州。

整个计划环环相扣，理论上无懈可击。公元211年，刘璋果然被张松说服，派人邀请刘备进川。步骤一初步实现。"取益州"任务正式展开。

这是刘备集团面临的一等一的艰巨任务。在未来的数年里，刘备集团为实现这个目标竭尽全力，也付出了惨重的代价。

这些，诸葛亮是不能未卜先知的。

第四章 益州续立汉家堂

二当家守荆州

公元211年，刘备应"同志加兄弟"刘璋的邀请，前往益州，帮助刘璋抵抗张鲁的侵略。当然，实际上刘备不安好心，抵抗张鲁是假，趁机夺取益州是真。

刘备的计划是：自己带一拨人马进川，占领要地，收编川军，笼络人心，待时机成熟后便起兵从东北方向进攻；同时，留在荆州的部队则从正东方向进攻。两路内外夹击，一举打下益州。

刘备的人事安排如下：

进川的第一集团军，自己担任总司令，庞统担任参谋长，其他战将、谋士包括简雍、伊籍、陈震、黄忠、魏延、霍峻、冯习、张南、邓方、蒋琬、马谡等一大堆人。

留守荆州的部队，则由诸葛亮担任总政委兼总参谋长，关羽担任总司令，张飞担任副总司令，其他战将谋士包括马良、赵云等。

小贴士

留守人员的权位

根据《三国志》记载，当时诸葛亮的军职只是军师中郎将，小于荡寇将军关羽、征虏将军张飞等人。但提到刘备留守部下时，诸葛亮排名在关羽之前。因此，可能当时诸葛亮还有"署左将军事"（即刘备的执行助理）之类的职权，至少在名义上能够节制关羽、张飞等人。

这样，在公元211年，诸葛亮首次执掌和节制整个荆州的军政大权。可以看出，此时他在刘备集团中，也隐然有了"二当家"的味道。

诸葛亮守荆州的时间并不长，但这期间居然险些酿出大麻烦。

原来孙权当初曾邀请刘备一起西征益州，但刘备是想自己独吞益州的。他一边装模作样劝告孙权说蜀道艰难，打益州难度很大，您别冒险；一边撒泼耍赖说益州刘璋是我亲戚，您看在我面子上别为难他吧；一边还无耻地派军队切断了江东入川的道路，硬生生把吴军挡在长江上，耗死了周瑜。结果转脸，刘备居然自己独个儿进川去了。孙权当然很不爽，他就趁妹夫刘备不在，派出大队战船，到荆州把自己的妹子孙夫人接回江东。

孙夫人和刘备本来就是政治婚姻，走了也就走了。可严重的是，孙夫人居然要带走刘备的独生儿子阿斗！关键时刻，幸亏诸葛亮消息灵通，派赵云及时赶到，在江上硬把阿斗给拦截下来，才免除刘备唯一儿子被抢去当人质的厄运。

除此之外，荆州没有太多的战事发生。北边的曹操忙着讨伐西凉马超、韩遂，东边的孙权忙着吞并交州（今天的福建两广一带），孙曹两家还时不时互相攻击一下。诸葛亮、关羽、张飞在荆州反而享受了"台风中心"的短暂安宁。

但这安宁随着刘备与刘璋的彻底翻脸而结束了。

兵进益州

公元211年刘备入川后，和刘璋度过了一段相安无事的日子。那段时间，刘备满口答应帮助刘璋抵抗张鲁，刘璋则对这个宗兄视若救星，要钱给钱，要粮给粮，要兵给兵。在刘璋的大力资助下，刘备直属的军队扩充到三万多人，浩浩荡荡开赴抵抗张鲁的第一线——益州东北部的葭萌关（在今四川省广元市昭化区）。

刘备表面上在装模作样抵抗张鲁，实际上却是在暗中收买人心，整编新加入的川军。等到次年（公元212年），准备做得差不多了，刘备便找借口和刘璋翻脸。恰好这时刘备的卧底之一张松被刘璋识破了。刘璋虽然是个孱头，可泥人也有土性儿，一刀把吃里爬外的张松宰了。这下子两家彻底交恶。一方面，刘备在法正、孟达等人引导下杀出葭萌关，首先夺下白水，斩杀刘璋大将高沛、杨怀；随后举兵西进，连续攻克了涪城（今绵阳）、绵竹等地，刘璋的大将李严等投降。

另一方面，刘备传令荆州的诸葛亮等人前去助阵。

诸葛亮闻讯，立刻编组了一支西进大军，入川增援。该路军由诸葛亮担任政委兼参谋长，张飞担任司令，赵云担任副司令，军中大将还有刘备的干儿子刘封等人。相对于孤军入川的刘备，这支部队直接背靠大后方荆州，声势上更加浩大。为了打击川军的士气，对外还宣称孙权也派大将孙瑜、甘宁、李异等带着军队一起西进。

而留守荆州的重任，则交给了威名赫赫的关云长。

小贴士

两路取川

按照《三国演义》，刘备最初只打算带着自己的一路人马取益州，在被张任围困在涪关，庞统战死之后才紧急调诸葛亮入川。实际上，刘备最初的计划就是兵分两路，一路先打着援军旗号进川后发难，另一路从荆州直接攻过来，里应外合夹击。历史上，诸葛亮等人入川也是在庞统战死之前。

如果说，刘备、庞统是一记"右直拳"，从葭萌关直捣成都；诸葛亮、张飞则是一记"左勾拳"，沿长江迂回成都的南面形成夹击之势。两路都是名将精兵，刘璋的好日子到头了。

援军进川的时候，刘备亲自统率的军队已经在益州地区纵横驰骋，杀得川军闻风丧胆。刘璋的部队大都慌乱不堪地前去堵截这钻进肚子的魔王，外围的防御更加空虚。因此，诸葛亮、张飞、赵云一路向西，并没有遇上太大的麻烦。

他们首先攻克了川江的门户白帝城。白帝城是三峡要隘，地势险要，但刘璋昏庸无能，川军主力又忙于堵截刘备，这里的防务松弛，也没什么名将镇守。对面的阵容，则是荆州数万精兵，有天下一流名将张飞，有从军二十年、经验丰富的猛将赵云，再加上一个颇有战略头脑的诸葛亮，双方的胜败也就没悬念了。

攻克白帝城之后，诸葛亮、张飞、赵云继续沿着长江一路西进，逢关过关，遇隘破隘，一路杀到巴郡（今重庆一带），遭遇了老将军严颜的顽强抵抗。他们经过苦战，终于击败川军，活捉严颜，并且上演了张飞"义释严颜"的好戏。

之后，援军兵分两路，诸葛亮和张飞一起沿嘉陵江、涪江北上，赵云则带着一支部队，先继续沿长江向西攻克江阳（今四川宜宾、泸州一带），再沿岷江北上。这是援军的第一次分兵。

诸葛亮、张飞这一路人马进军到德阳，刘璋慌了，赶紧派张裔带兵来拦截。张裔哪里是张飞、诸葛亮的对手，很快被打得大败，退回成都去了。张飞和诸葛亮打了胜仗，再次分兵。张飞率领一支人马向东北占领巴西郡，诸葛亮则带领一路人马向西直扑成都。这时，赵云的西路军也已经攻克了犍为（今彭州），从西南方向逼近成都。加上东北方向的刘备，遂对成都形成三面合围之势。

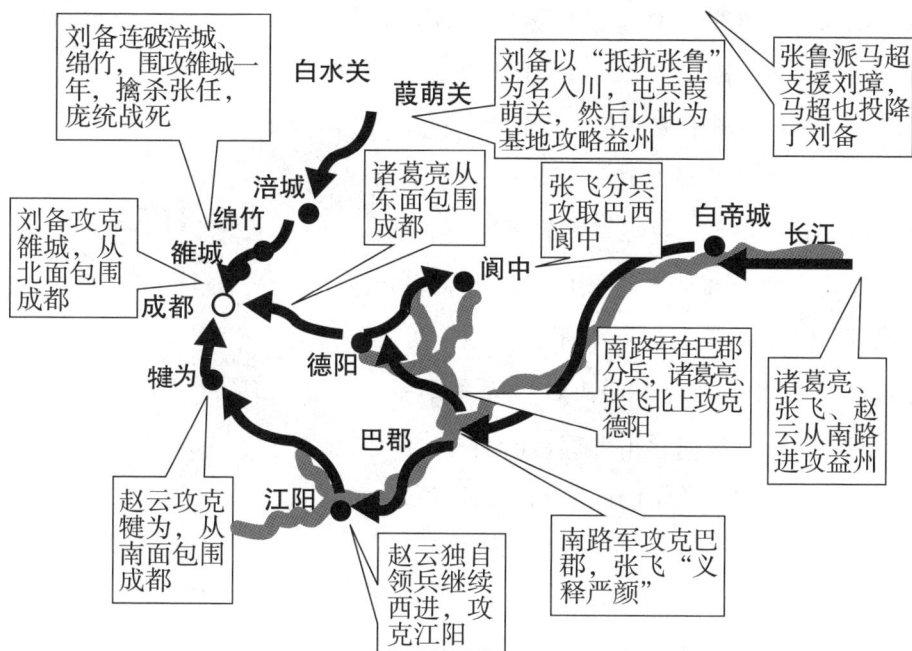

刘备进攻益州示意图

收获与损失

这个时候，刘备却碰了个大钉子。

刘备率军以葭萌关为出发点攻略益州，最初进展很顺利。刘备靠着多年的战争经验，加上庞统、法正这样的奇谋之士辅佐，黄忠、魏延这些猛将冲锋陷阵，很快打到了距离成都不到百里的雒城。

百里距离，也就是两三日的行军路程。然而就是在雒城，刘备遇到了川中最强烈的抵抗。刘璋的儿子刘循在老将张任辅佐下，如同钉子一样寸步不让地坚守雒城。刘备、庞统、法正用尽了百般计谋围攻，刘循、张任鼓励士卒，咬牙支撑。加上刘璋也想方设法从成都给儿子后援，一时之间，刘备没法拿下城池。双方就这样打成了僵持战。

战斗中，张任中计，在雁桥兵败被擒。刘备想劝降他，张任严词拒绝，从容就义。这在益州众将中，是少有的例子。张任死后，刘循继续抵抗刘备。这种持久的围攻，让刘备君臣都失去了耐性。参谋长庞统亲自上阵指挥攻城，结果在激战中被一支冷箭射死，年仅三十六岁。

雒城之围前后持续达一年之久。直到南路的诸葛亮、张飞、赵云三军先后迫近成都，刘备才得以攻克雒城，继续西进。刘备军包围成都，刘璋被迫向老对头张鲁求救，可是张鲁派来救援的马超，回头也投降了刘备。到了这一步，刘璋放弃了抵抗，向刘备投降。刘备对这个被他欺负了的同宗兄弟也还不错，让他带着私人财物搬去了荆州的公安县。

庞统像

至此，入川之战胜利结束。刘备公元211年入川，公元212年与刘璋撕破脸，到公元214年才攻下成都，前后历时三年。

取川之战，对于刘备集团意义重大。"隆中对"的第二阶段目标基本实现，初步达成了"跨有荆益"的战略目标。地势险要、土壤肥沃的益州地区变成刘备军的大后方，原先刘璋手下的一大批文武官员，也纷纷在刘备手下找到自己的位置，刘备的综合实力比起几年前又扩充了不少。

诸葛亮个人也从中受益匪浅。

首先，取川之战是诸葛亮第一次以高层统帅身份参与的大规模军事行动。与只持续几个月的赤壁之战不同，南路军入川之战长达近两年，跨越千里之遥，跋山涉水，攻关取寨，大小战斗不计其数。跟随在诸葛亮身边的，是有二十多年战争经验的张飞、赵云等人。这又是一次全方位的军事实践教程。与这些经验丰富的老将共同带兵打仗，使得刚刚年过而立的诸葛亮，有机会把兵书战策的理论与战争实践结合，真正内化为自身的军事才干。在巴郡之战和德阳之战后，赵云、张飞先后分兵，诸葛亮独自带兵走完了最后这几百里征程，这更是他第一次独立统率大兵团的经验。历史不是演义评书，诸葛亮也不是神仙下凡。他的军事才能并非天上掉下来，正是在这种相对激烈程度不高的战争中一步一步磨炼出来的。

小贴士

诸葛亮和张飞谁官大

关于刘备南路军的最高统帅是张飞还是诸葛亮，史学界尚无定论；但《三国志》记载此事时，诸葛亮排名在张飞之前。即使实际的战争是张飞指挥得多，诸葛亮也是以类似政委的身份对其进行节制。

其次，取川之战进一步确立了诸葛亮在刘备集团中的地位。由于镇守荆州和进取益州的出色表现，诸葛亮在世人眼中，从纯粹的"名士"转化为"名臣"。曹操部下傅干在评价人物时，称诸葛亮为"达治知变，正而有谋"，与大他一辈的关羽、张飞合称为"人杰"。在刘备进川之后颁布的功臣赏赐中，诸葛亮也同关羽、张飞和马超并列第一档次。

然而，在前后三年的征战中，刘备集团也付出了惨重的代价，其中最大的损失，就是庞统之死。

庞统是刘备集团谋臣"三驾马车"之一。刘备集团中勇猛的将领和能干的谋臣都不缺乏，但如同诸葛亮、庞统一般兼具战略大局观，又能同时担任军事统帅与内政官员的人却不多。尤其庞统本人的奇谋果断，更在诸葛亮之上。

庞统中冷箭而死，对于刘备集团来说，少了一根顶梁柱；对诸葛亮而言，不但失去了一位多年的朋友，也失去了一位分担家国重任的战友。甚至可以说，正是由于庞统的去世，诸葛亮分身乏术，荆州方面的防务才被迫长期交给将才有余而政略不足的关羽，最终出现"大意失荆州"的悲剧，诸葛亮的"隆中对"战略，也因而半途成了"瘸腿"。

值得庆幸的是，刘备和诸葛亮还有法正这位同样足智多谋、行事不拘一格的怪才。哀叹失去的毫无意义，他们也只能站在这流血换来的成果上，继续开始"兴复汉室"的艰巨征途。

益州的老干部们

完全占领益州后，刘备给手下人都升了官。诸葛亮晋升为军师将军，署左将军府事。前者相当于中将参谋长，后者却是第一等的实权官职。因为刘备当时就是左将军，诸葛亮"署"他的"府事"，就有了"执行助理"的资格。诸葛亮的助手是掌军将军董和。

从这一年，诸葛亮开始了对四川的治理。在刘备时代的十余年中，他主要是负责政务，当好刘备的"总管家"。地方管理、农耕税收、征兵抽丁，乃至人事协调，方方面面都要顾到。

对诸葛亮来说，这也是全新的体验。过去在荆州，他也曾管理好几个郡，但荆州毕竟算刘备的半个"主场"。荆州的文武官员，除了跟从刘备转战半个中国的老部下，其他多数都是仰慕刘备，主动投奔过来的。可益州不一样，这是刘备巧取豪夺打下来的，而且在打的过程中流了不少血，也确实有些伤人望。益州的文武百官，有的看不起刘璋，巴不得换个明主；可也有很多对刘璋或多或少有感情，还有的对刘备反感。再加上刘备原先的老部下和荆州人士，彼此之间又形成大大小小的政治集团，导致益州的人事环境，远比荆州要复杂许多。年仅32岁的诸葛亮，处在这一团乱麻的当口，要替主公刘备理顺这一切，真是想想都让人头疼死了。

小贴士

蜀汉的"集团"

现代史学研究者们喜欢将蜀汉集团根据籍贯来源划分为四大"集团"。第一是"原从集团"，指最早跟随刘备的一批人，典型代表赵云。第二是"荆州集团"，指刘备在荆州时期跟随过来的人，典型代表马良。第三是"东州集团"，指刘焉、刘璋父子带进川的外地人，典型代表吴懿。第四是"本土集团"，指土生土长的益州本地人，典型代表黄权。当然，这只是一种"简单粗暴"的划分，并不能精准定位，所谓"集团"也并不是严格意义的政治联盟，只是说他们在某些重大问题（比如刘备东征）决策时可能具有一种集体倾向。

其中的一层势力，是那些地位崇高的"老干部"们。他们中有些人能力一般，但资格老，所以地位高。比如说许靖，当时已经60多岁，是汉朝末年有名的大名士，他在刘璋手下官至蜀郡太守，成都被围时企图翻墙出来投降刘备，结果被刘璋发现。为这个事，刘备挺瞧不起他，但考虑到老头子的名声地位，还是给了他很优厚的待遇，任命他为"左将军长史"；再比如刘备的老部下和亲家糜竺，当上了"安汉将军"，开会时排名还在诸葛亮之上，但也只是虚衔而已。还有另一位简雍资历更老，是刘备从小一起鬼混的哥们儿，刘关张最初起兵时简雍就一直跟着。简雍即使在刘备亲自出席的酒宴上，也是坐没坐相，潇洒得很。好在他为人豁达幽默，除了说几句笑话，也不会对内政指手画脚。

这些没什么能耐的老干部倒还好，无非占个坑，领点薪水。有些有能力又有名位的，就更让人头疼。

比如说马超，过去是威名赫赫的一镇诸侯，威震西凉二十年，曾经和曹操面对面掰过腕子，如今英雄落寞，投奔刘备混碗饭吃。刘备看在他过去威望的分上，拜他为征西将军，也就是个空头军衔。

可这样一来，另一位有能耐、有资格、还有实权的老干部不乐意了。镇守荆州的关羽，专门发了封信来给诸葛亮，问马超的能耐有多大，咱刘备集团里面，谁可以和他一拼。

这是摆明了要争个高低。好在诸葛亮读了那么多年书，又和襄阳名士们辩论多年，打发关二爷这种武夫还是有路子的。他就回信说："马超这人呢，他文武双全，是当世的豪杰，好比当年楚汉相争时的英布、彭越，和咱们集团的张飞不相上下吧。当然，比起超凡绝伦的关二哥来，还是差那么一点点的。"一番话说得关羽哈哈大笑，就打消了和马超争高低的念头。有趣的是，关羽还把诸葛亮这封书信到处拿给人看，显摆说："你瞧，诸葛亮给我好评了！"

当然，老干部里面也有懂道理的，比如赵云。他地位远不如关羽、张飞，但他有大局观，坚持原则，天字号第一靠谱。

刘备集团的很多将领跟着刘备过了半辈子苦日子，都穷怕了。打下益州后，看着富饶的天府之国，人人眼睛放光，把仓库的钱财一抢而空。随后，大伙儿又饿狼般地盯上了成都的良田美舍，要刘备把这些财产也分给他们。

这时候赵云站出来说："霍去病说过匈奴未灭，何以家为，何况现在国贼曹操比匈奴还可恶呢！这会儿还不是大家享受的时候，要分田地房屋，也要等兴复汉室，天下安定后。咱们打进四川，四川百姓本来就很受苦了。应该把这些田地房屋归还给他们，使他们安居乐业，这样得到民心支持，才能以此为基地兴复汉室。"

这样明理而又不怕得罪人的老干部，才是诸葛亮眼中的宝贝，可惜的是像赵云这样的太少了。

"包庇"法正

比老干部更让诸葛亮头疼的，却是他的好搭档、刘备的大功臣——法正。

刘备平定益州后，大功臣法正被封为蜀郡太守，扬武将军。法正是很有个性的人物，当初他在刘璋手下，不受待见，也和同僚结了些仇。现在一朝权在手，顿时耀武扬威，快意恩仇。过去人家给了他好处，他加倍报答；过去人家跟他有点矛盾，他也加倍报复。有时候一天之中，竟然擅自杀掉好几个有私仇的人。

有人报告诸葛亮说："法正这么乱来，您不能不管啊。赶紧禀告主公，约束一下他吧。"

诸葛亮回答："哎，说起法正呢，那可是咱的大功臣啊。当初咱主公落魄的时候，困居荆州一地，北有曹操，东有孙权，身边的孙夫人也是个定时炸弹，实在窘迫得很。后来靠了法正的奇谋和内应，帮助主公夺取益州，主公从此得以展翅高飞。法正他立下这么大的功劳，稍微嚣张快意一些也是理所当然，我怎么忍心抑制他呢？"

这件事儿让诸葛亮颇遭诟病。功臣就可以公报私仇，擅自杀人吗？你诸葛亮讲求的是严格执法啊，居然说出这种话来！

然而诸葛亮也有他的无奈。首先他的职权只是署左将军府事，没有权力直接处置法正，要处置法正就只能禀明刘备决断。而一旦上报刘备，就直接引起了同僚之间的诉讼。刘备对法正是相当信任和倚重的，不大可能为这事严惩法正，最大的可能也就是劝导几句，不了了之。

但法正心胸狭窄，为了争个面子，很可能在诉讼时跟诸葛亮对顶起来，把事情越闹越大。这样，实质性的处罚收不到，反而恶化了同僚关系，对大局没有任何好处。

所以，诸葛亮选择了"装聋作哑"。这无论如何都逃不开"枉法"的指责，只是这本非诸葛亮的本心。他不是蜀汉政权的老大，刘备才是。

甚至另外还有种可能，诸葛亮之前或许已经就此事私下禀明了刘备，而刘备因为偏爱法正敷衍了事，诸葛亮无可奈何，这才对外板起一副"人情"面孔，说几句酸溜溜的话。

总之，在乱世里，"正义"的原则也不是每次都能坚持的。面对法正的胡作非为，诸葛亮能采取的有效手段，或许是旁敲侧击，委婉地提醒法正一下；又或者撺掇赵云之类的直肠子去劝法正。这也是没有办法的办法。

法正他是管不着的，但在管得着的地方，诸葛亮可毫不手软。

刚刚打下成都，诸葛亮就针对益州法纪松弛、秩序混乱的现状，制定了严峻的法规。这使得那些习惯在刘璋统治下"自由自在"的民众和士人颇有不满，一时之间，怨声载道。

法正是潇洒得很的，他一边自己随便杀人，一边还劝诸葛亮说："当年汉高祖刘邦打进关中，废除秦朝的严刑峻法，给关中父老'约法三章'，老百姓都很感激。今天咱们依靠武力打下了益州，您不给老百姓恩惠，反而制定严厉的法律约束他们，这不太好吧?"

诸葛亮心头早憋了一肚子火，于是他有板有眼地回答："这两者背景是不同的。汉高祖那时候，秦朝本身的法律太严苛，老百姓被压迫得活不下去了，所以汉高祖打下关中，反其道而行之，制定宽松的法律，让人民喘口气。刘璋则相反，他的毛病就在于自己太软弱昏庸，法律松弛，下面的文武官员乃至老百姓都不把政令放在眼里，于是造成有权的官官相卫，有钱的无法无天，无钱无权的也偷奸耍滑，这么上下一起折腾，政府和社会秩序混乱，最后大家一起吃亏。一味的施恩无度，只会让这恩德泛滥贬值。所以我制定严厉的法律，对不法行为加以约束，恩威并举，才能恢复秩序。"

于是，诸葛亮继续把他的"法治"建设推行下去。老百姓最初的埋怨牢骚当然是少不了的，但法律不因为牢骚而松弛。等到大家渐渐从刘璋时代"有法不依"的状态中脱离，习惯于遵纪守法，也渐渐感受到，作为普通老百姓和官员，还是有法可依，执法必严才好。大家行动上虽然受了些约束，但基本利益也得到了更好的维护。法正听了诸葛亮这番话，也老实了不少。

小贴士

严刑峻法之争

关于这事，南朝史学家裴松之有异议，认为哪有说靠严刑峻法来治国的，甚至进而怀疑这段记载的真实性。这还是古人的局限性，认为法律就是压制民众的，所以严厉的法律就是不好的、反动的。事实上，按现代的法治精神，只要制定的法规本身是合理的，执行时是公正的，那么针对具体的情况严格一些不是坏事。

狂士如云

汉末还是很倡导个性张扬的。大约因为刘备的脾气相对曹操、孙权比较好，又一贯主张"仁义"，他手下的"狂士"特别多。这帮人胆大妄为，口不择言，经常议论国事，讥讽主公和同僚。"批评与自我批评"虽说是团队建设的法宝，但那会儿毕竟是封建社会，狂士们经常让主公下不了台，甚至散布一些消极言论，怎么看也不太对劲。

刘备要决策军国大事，很多时候，这些人就必须交给诸葛亮来对付。

让诸葛亮头疼的一个"狂士"，来头不小。这位是他的好友，已故庞统推荐的人才——彭羕。

彭羕是益州广汉人，高八尺，相貌堂堂，才能出众，但是为人心高气傲，看谁都不顺眼。他以前在刘璋手下就得罪了一帮人，估计骂刘璋"守户之犬"之类的话也没少说，被刘璋剃了光头当劳改犯。

这样一个人，又怎么会得到庞统的推荐呢？

原来刘备打进益州来的时候，彭羕径直去见庞统。到庞统的营帐里，大模大样先爬上庞统的床。躺下来呼五喝六，要酒要肉。等吃饱喝足了，他才一边打嗝剔牙，一边和庞统攀谈。庞统看他这么有个性，能力也确实不错，就推荐给刘备了。刘备也很赏识彭羕之才，留他在军中做了个谋士。

说起来，彭羕这人才华是有的，但品性确实不怎么样。也就是运气好，遇到了庞统。按照民间传说，因为庞统自己也一样，所以对彭羕惺惺相惜；按历史来说，则是因为庞统为人豁达，胸襟开阔。事实上，刘备"三驾马车"中，诸葛亮为人谨慎，操心的事太多；法正品性不正，睚眦必报；三人之中要数庞统最为潇洒大度。所以，也只有庞统才能赏识彭羕，驾驭彭羕。

不幸的是，庞统在雒城战死了。刘备考虑到彭羕确实立下不少功劳，又看在庞统面上，打下益州后，让彭羕当了大官。彭羕过去在四川受尽了白眼，现在可抖起来了。他把过去在刘璋时代的臭脾气发扬光大，趾高气扬，不可一世，并且得罪了更多的官员。

诸葛亮作为益州的内政总管，可不能眼看着彭羕这么嚣张。他多次私下劝告刘备，说彭羕野心太大，是个不安定因素。刘备对诸葛亮的意见向来重视，加上自己仔细观察，发现这小子确实不怎么地道。于是乎，就免去了彭羕在成都的官职，将他外放到江阳郡去当太守。

本来太守官职也不小了，但彭羕可不乐意，觉得自己从中央贬到地方，非常不爽。一次私下会见马超时，彭羕竟然骂骂咧咧地说："这个老丘八（指刘备）如此荒唐，还有什么可说的！"甚至怂恿马超，"你在外面，我在里面一起起事，说不定能夺取天下呢！"结果，这番很危险的言论被马超直接向刘备揭发，彭羕也就给抓了起来。

在狱中，彭羕又后悔了。他写信给诸葛亮，信中连连赔罪，检讨自己辜负刘备的厚恩，罪该万死，又辩解说自己对马超那番话，意思是想和马超一起为国家出力，还把死去的庞统也拉出来，感慨自己曾经与庞统一起发誓要辅佐刘备兴复汉室。末了，彭羕还称赞诸葛亮是"当世伊、吕"，希望他认真辅佐刘备，也希望他明白自己的本心。但这会儿求饶已经晚了。最后，彭羕被处死，年仅37岁。

> **小贴士**
>
> **彭羕何时被处死**
>
> 彭羕被处死之事，史书未说明时间。《三国演义》上写发生在关羽败走麦城之后。但从现有史料看，更大可能是在刘备取益州之后，夺取汉中之前。

诸葛亮对这类人的容忍阀值比他的好友庞统低，那是因为他身系益州政务重担。彭羕获罪，主要不在于说话不知好歹，而是他煽动谋反。当时川中不知好歹的不止彭羕一人，另一位李邈的遭遇就有些不同。

李邈本是刘璋手下的县令，刘备入川后让他当从事，大年初一宴会上敬酒时，李邈上前对刘备就是一通骂："刘璋把你当成宗亲肺腑，让你帮忙讨贼，结果贼没讨平，自己先被你平了。我觉得你夺取我们益州，做得很不地道。"

大年初一，你这脸也打得太狠了。刘备脾气也上来了，他就反唇相讥道："你觉得我这事不地道，那当时干吗不帮刘璋打败我呢？"

李邈说："不是不敢，主要是打不过你。"

为这事儿，负责法律的官员准备把李邈判处死刑，但诸葛亮觉得李邈虽然说话难听，好歹表达的也是真实想法，而且这想法在益州官员中有一定代表性，不应该一味暴力镇压。诸葛亮就向刘备求情，最后把李邈保了下来。当然，这厮并不接受教训，一如既往地信口开河。二十年后诸葛亮病逝，他上书诬蔑诸葛亮，结果被刘禅给杀了。

还有一位叫张裕，自称精通相术。当初刘备和刘璋在涪城相会时，张裕曾编排谐音笑话，嘲笑没胡子的刘备是太监。后来刘备夺取益州，张裕在私下散布言论，说根据占卜结果，刘备虽然得了益州，但九年之后就会失去。这已经近乎诅咒亡国了（结果，九年后刘备死了，但蜀汉没有亡）。刘备要打汉中，张裕又说这日子没选对啊，不吉利，必然失败！刘备最终忍不下这个扫把星，把他杀了。诸葛亮还曾试探着问，杀张裕的罪名是什么。刘备愤愤地说："就算是芳草，生到屋子里面来了，也只有铲除！"

川中这些人的存在，多少给诸葛亮的治政带来了麻烦。好在诸葛亮有他的准则，在官职任用上严格依照对国家行政的利弊来决策，在人身处置上则尽可能依照相关律法，维护着益州局势的平衡。

千辛万苦荐人才

无论乱世或治世，人才总是第一宝贵的。东汉末年，最终成就大业的曹操、刘备、孙权，他们都网罗了大批的优秀人才。这关系到政权的生死存亡。

在刘备东奔西走的前半辈子，转战大半个中国，他主要依靠个人的人格魅力和壮志豪情，吸引一批被他折服的人聚集在周围。在长久征战中，这些人死的死，散的散，能留存下来的"一小撮"都是精华，从而奠定了蜀汉集团的人才基础。

夺取益州之后，刘备地盘大了，自己又要忙于和曹操争战，选拔人才的重任理所当然落到了大管家诸葛亮的肩上。诸葛亮还未掌握直接的人事大权，但必须为蜀汉人力资源建设承担责任。

刘备的人才选拔是"魅力征服"和"魄力征服"，诸葛亮却做不到，虽然他比刘备高大帅气年轻，但不具备刘备那种沧桑奋斗老男人的吸引力，不能从全国四面八方吸引精英前来投效。

因此，诸葛亮的人才发掘，多是从下属官吏中，选拔出类拔萃者。对已经出头的名士，则诚意相邀，努力推荐。

比如零陵人刘巴，字子初，是当时的名士，特立独行，与众不同，尤其和刘备不对付。赤壁之战后全荆州人都去投奔刘备，就他偏偏北上去投奔曹操。曹操派他南下去招抚零陵、桂阳等几个郡，转眼间这几个郡被刘备占领，刘巴被断了退路，回不去了。诸葛亮写信给他说："刘玄德占据荆州，顺天应人，您才华比我强得多，还是快过来和我共事吧！"刘巴回答："我宁愿跑到海外，决不回荆州投刘备！"张飞去拜访刘巴，刘巴连话都不肯说一句，气得张飞给诸葛亮倾诉委屈，诸葛亮为此事劝刘巴，刘巴还说："大丈夫应该结交四海英雄，怎么能同小卒打交道！"末了，刘巴辗转从交州（广东广西一带）跑到益州去了，还是不肯跟刘备。

谁知没过几年，刘备又来益州了。刘巴曾劝刘璋，刘备狡猾得很，你不要上当。刘璋不听。等刘备打进成都后，刘巴又关起门来，不肯见刘备，一副又臭又硬的架子。

这种情况下，诸葛亮多次向刘备推荐刘巴，并说："要比运筹帷幄，我比刘子初差远了！"诸葛亮的面子终于发挥了作用，刘巴被刘备任命为左将军西曹掾，后来还接替法正当了尚书令，成为蜀汉名臣。

刘巴的零陵老乡蒋琬，资历和脾气都比不过刘巴。他是跟着刘备一起进的川，之后当了广都县令。蒋琬运气不好，被刘备抓住政务废弛的错处，当时又喝得大醉。刘备火了，要杀蒋琬。诸葛亮对蒋琬的才能更了解。他劝刘备说："蒋琬是能够参与国家管理的人，让他管一个县反而未必干得好。"这话当初鲁肃也用于形容庞统。刘备听了诸葛亮的话，没有杀蒋琬。等诸葛亮主政时，更重用蒋琬，乃至让他成为自己后继的执政者。蒋琬也确实干得挺好。

再如襄阳名士"白眉大仙"马良，与诸葛亮关系一向不错，他对诸葛亮相当尊重，又颇有文才，给诸葛亮的书信颇多斐然之辞。刘备后来安排马良负责文书，离不开诸葛亮的推荐。诸葛亮则让马良写作给东吴的外交文书，以尽其才。

还有江陵人董和，与诸葛亮共同担任刘备的执行助理，是诸葛亮最亲近的同事。诸葛亮后来追忆董和，对他的部下说："作为参署（执行助理）的官职，需要集思广益，因此必须海纳百川，大公无私，一切以公事为先。当初董和跟我一起参署时，为某些公事，常常十次八次地来找我。如果你们都能像他一样努力，那我的压力也可以减少了。"

益州有大批刘璋手下投降的文武官员。他们中有的原本就心向着刘备，还有的原本忠于刘璋，对刘备的进川很有些反感。典型代表除了刘巴，还有文武双全的黄权等。诸葛亮对这些人，一概礼遇善待，人尽其才。在他的努力下，这些人多数也信任他，忠于刘备。

这其中有一个较为特殊的，他叫李严。

李严是荆州南阳人，曾经在刘表手下干过活。当公元208年曹操杀入荆州时，本地一部分人投奔了刘备，一部分人投奔了曹操，李严有性格，他往西边跑，投奔了刘璋。等刘备打进四川，他曾带兵拦截，兵败投降。打下四川后，刘备任命李严为犍为太守、兴业将军。

这是一个颇有才华、文武双全的人物。在《三国演义》中，他能上阵和黄忠对砍几十个回合，而且被诸葛亮评价为"才能可敌陆逊"。在历史上，他更有诸多突出表现，被刘备大为看重。同时，李严雄心勃勃，功利心和权力欲望也很强烈。当然，在刘备时代，这一切都算不上什么问题，刘备自己的魄力和魅力，完全足以驾驭李严。那时候的李严和诸葛亮是配合默契的好同僚。诸葛亮自己也料不到，在未来，他会和李严发生那么些故事。

荆州外交风波

正当刘备、诸葛亮轰轰烈烈地进行"西部大开发"时，东边却来了麻烦。这麻烦还是来自之前的盟友孙权。

根据"隆中对"，江东孙吴是刘备兴复汉室的盟友，要长期合作。刘备、孙权共同在赤壁之战打败了曹操，之后又一起夺回南郡，孙权还在鲁肃劝告下把南郡"借"给刘备，帮助刘备拓展了在荆州的基础。孙权的妹妹也嫁给了刘备。刘备西征益州时，还曾把"孙权盟军"搬出来吓唬刘璋。

然而，军阀更看重利益，这一点上两家又有很深的纠葛。尤其当初孙权想要和刘备一起取益州，被刘备软硬兼施地阻止，转手刘备自己又去打益州，这让孙权很不爽，把妹妹也接回去了。

等到刘备正式打下益州，孙权看得眼红，就在公元215年派诸葛亮的哥哥诸葛瑾来找刘备说："你把益州打下了，那么荆州应该给我江东才对。"

刘备当然是不同意的。益州是我辛苦打下来的，荆州凭什么要白白给你？但他也有两点理亏，一是赤壁之战后，是孙权把南郡借给刘备；二是当初在取益州的事情上，刘备对孙权耍了花招。这两点让诸葛瑾理直气壮。刘备没法正面回绝，只好敷衍说："等我打下凉州之后，一定把整个荆州全部还给你们。"

孙权也不是傻子，心想你这明明就是拖延时间。他直接派遣官吏去荆州几个郡上任，结果被蛮横的关羽全部驱赶回来了。孙权大怒，命令鲁肃、吕蒙出兵争夺，自己统率大军为后应，占领了南面的长沙、零陵、桂阳三个郡（恰好是诸葛亮当初管辖的三个郡）。

刘备这边呢？他也不甘示弱。他命令关羽带荆州三万军队屯兵湖南益阳，自己从益州带着五万人顺江而下，抵达湖北公安，准备豁出去跟孙权干一架！

这种情况下，诸葛亮呢？在《三国演义》中，诸葛半仙依然神机妙算，再三赖账，玩弄孙权、鲁肃和诸葛瑾在股掌之上。实际上，诸葛亮到这一步是相当痛苦、矛盾的。按他的"隆中对"，东吴是必须交好的；可同样按他的"隆中对"，荆州也应该是北伐的重要基地。如何化解这一矛盾？割让几个郡或许是协调的路子。但荆州不是他诸葛亮的，而是刘备的。刘备不愿意还荆州，诸葛亮有什么办法？

来的使者偏偏还是自己的亲哥哥。兄弟俩自幼丧父，又长期分离，手足情深。但此时哥哥是为公事而来，而且还是大家扯皮争地盘的头疼公事。诸葛瑾和诸葛亮一样，相当恪守原则。这次入川，他与弟弟诸葛亮仅仅在公开场合严格遵照外交礼仪见面，私下连个兄弟攀谈都没有。这种情形下的相见，也真够让人伤感情了。

对诸葛亮来说，伤感情还是次要。一旦两家开战，被曹操从中渔利，那之前的一番辛苦就付诸东流了。

出人意料的是，化解这个危机的，却恰好是"渔翁"曹操。

原来眼看着孙刘两边剑拔弩张正要开打，曹操也想趁机捞一把。他调集大军到关中，准备进攻汉中张鲁。这下刘备先害怕了，心想张鲁哪里是曹操的对手，一旦曹军夺了汉中，下一步就是进取益州了。自己跟孙权开战，要是被曹操抄了后路，那就全完了。

恰好，孙权也是麻秆打狼两头怕。他既不想看到曹操扩张太猛，也不愿意和刘备率领的八万主力展开血拼。

在这种情况下，刘备与孙权两家彼此妥协，约定以湘江为界，分割荆州。东部的江夏、长沙、桂阳三个郡归孙权，西部的南郡、武陵、零陵归刘备。至于北部的襄阳等地，是被曹操占着的。在这个由交恶到再度言和的过程中，刘备这一边的诸葛亮，和孙权这一边的鲁肃，都起了关键的协调作用。

瓜分荆州之后，刘备留下关羽调整荆州的驻防，自己带主力部队撤回益州，准备应对曹操的威胁。而孙权则转头向北攻打合肥。孙、刘两家再次实现了共同抗曹的态势。诸葛亮避免了与亲哥哥诸葛瑾和好朋友鲁肃敌对的困窘，天下大势也重新回到"隆中对"的规划上来。

然而这一次冲突的危险，已经预示这个战略日后进展的不顺。

第五章 兴衰起落本常事

力争汉中

汉中地区在民间文学中被称为"东川",虽然今天归属陕西省,但其位于秦岭之南,从地理上与四川关系更为紧密。一直以来,如果一个势力同时占据汉中和益州,则进可威胁关中,退可两川互保;相反,当汉中在敌人手里时,益州就很头大了,整个东部、北部地区都在敌人的刀锋之下。

占据汉中的军阀张鲁,以前同刘璋相互敌对,以至于刘璋要请刘备来帮忙抵抗,结果引狼入室,使刘备集团于公元214年取得益州。以诸葛亮的"隆中对"而言,日后北伐关中,那么当然要先占领汉中,取下桥头堡。只不过张鲁靠着宗教"五斗米道",在汉中盘踞多年,政教合一的统治颇为牢固,不那么容易攻取罢了。

谁知公元215年夏天,曹操抢先进攻汉中。张鲁军占据险要地形,挡住曹军。两军对峙多时,曹操都准备收兵了。让人想不到的是,这当口张鲁的主力部队竟然被一群野鹿冲进营寨,不战而溃,张鲁向曹操投降。这下,刘备的大后方,直接处于曹操的刀口下面。整个益州人心惶惶,动荡不安。曹操手下的刘晔、司马懿等劝曹操趁势进攻益州,但曹操年纪大了,再加上担心孙权在合肥的攻势,权衡再三,还是决定收兵,留下大将夏侯渊、张郃、徐晃等驻守汉中。

此时,汉中已成为曹刘两军的争战焦点。

就在当年冬天,张郃从汉中出兵,进攻三巴地区(巴郡、巴西和巴东)。刘备派张飞迎战,在瓦口关等地大破张郃。之后,张郃退兵;刘备也不具备趁势占领汉中的条件,收兵回成都。双方的第一次冲突结束。

到了公元217年冬天,刘备在法正劝说下,决定征讨汉中。他先派张飞、马超、吴兰、雷铜等将领从左翼进攻武都、下弁。曹操派堂弟曹洪、侄儿曹休等拦截。两军对峙几个月,曹洪、曹休寻隙进攻,斩杀了吴兰、雷铜,迫使张飞、马超退兵。这是双方第二次交锋。

刘备又派陈式向马鸣阁(今广元一带)进军,再次被徐晃击败。

刘备征战大半生,有股百折不回的勇气,此刻虽然连吃几个败仗,然而箭在弦上,不得不发。他和谋士法正、老将黄忠等亲率大军,继续逼进汉中。这次，又在阳平关被夏侯渊、张郃挡住。两军连日大战，只杀得天昏地暗。刘备急令诸葛亮，赶紧从后方调增援部队来！

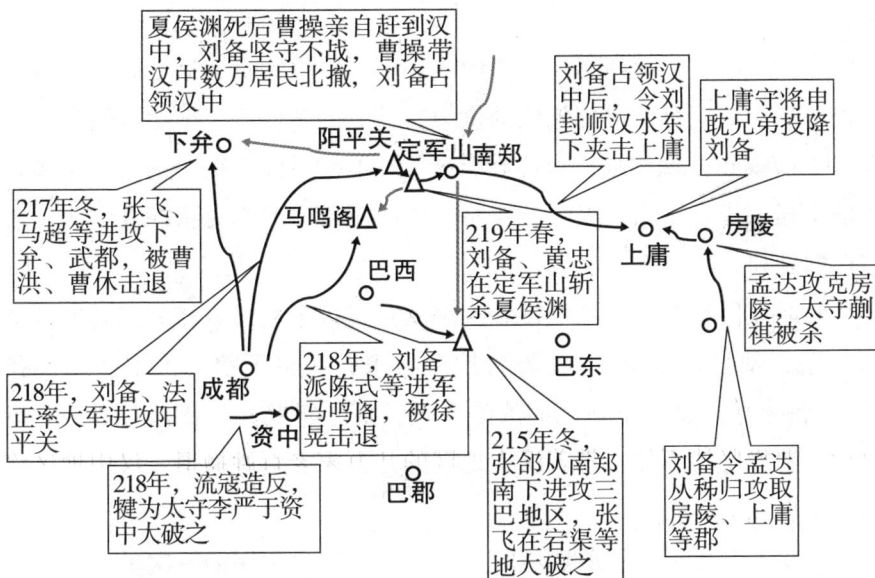

夏侯渊死后曹操亲自赶到汉中，刘备坚守不战，曹操带汉中数万居民北撤，刘备占领汉中

刘备占领汉中后，令刘封顺汉水东下夹击上庸

上庸守将申耽兄弟投降刘备

阳平关 定军山南郑

下弁

217年冬，张飞、马超等进攻下弁、武都，被曹洪、曹休击退

马鸣阁

巴西

219年春，刘备、黄忠在定军山斩杀夏侯渊

房陵

上庸

孟达攻克房陵，太守蒯祺被杀

218年，刘备、法正率大军进攻阳平关

成都

218年，刘备派陈式等进军马鸣阁，被徐晃击退

巴东

资中

巴郡

218年，流寇造反，犍为太守李严于资中大破之

215年冬，张郃从南郑南下进攻三巴地区，张飞在宕渠等地大破之

刘备令孟达从秭归攻取房陵、上庸等郡

曹刘争夺汉中示意图

这几年刘备在外打仗，通常是法正随军参谋，诸葛亮镇守川中。诸葛亮发挥自己出色的行政能力，调配人力物力，供应前线。这次接到刘备的文书，照例与手下的属员们商量。从事杨洪说："汉中是我们益州的咽喉，没有汉中就没有益州。现在汉中之战，关系到我们家门的祸福啊，应该动员所有人，男子上阵打仗，女子也要搬运物资，豁出去跟曹操干！还有什么可犹豫的！"

一贯谨慎的诸葛亮，得到杨洪这样果决的谏言，大为赞赏，于是在整个益州范围内进行了总动员，把人力和物资源源不断向前线调集，为刘备"输血"。

竭尽全力动员，必然会削弱后方的防务。218年，益州本地的流寇马秦、高胜等起兵造反，很快聚集了几万人马，打到了距离成都只有一百多里的资中县。一时之间，成都人心惶惶。

这时候，犍为太守李严挺身而出，带领本郡五千地方军出击，以少胜多，杀了马秦、高胜。几万流寇纷纷投降，李严又动用安抚手段，把他们都恢复了民籍。

随后，南方越巂郡的夷族首领高定起兵造反，包围了新道县，又是李严带领本部人马日夜兼程，前往救援，杀得夷人大败，纷纷逃回自己的山寨之中。

"家和万事兴"，有诸葛亮主持内政，不断提供物资支援；有李严带兵讨叛，保证后方的安稳。得到他们的全力支持，刘备便可以全无后顾之忧，安心在汉中前线和曹魏作战。最终在公元219年，刘备依靠法正的奇谋和老将黄忠的勇猛，于定军山一战大破曹军，斩杀了汉中曹军总指挥夏侯渊，取得决定性的胜利。

曹操闻夏侯渊败亡，急忙带着大军从长安过来增援。然而此时刘备已经抢得先手，他自信地说："就算曹操亲自来，我也不怕。汉中已经是我的了！"刘备分兵占据汉中地区的战略要地，扼守坚壁，与曹操对峙。对峙几个月后，曹操坚持不住，带着汉中地区的几万家老百姓撤退。汉中地区终于成为刘备的囊中之物。

曹刘争夺汉中之战，前后历时近两年，是蜀汉集团的一次生死之战。这场战争中，刘备正面击退老对手曹操，取得战略上的胜利。这场胜利是蜀汉集团上下通力合作的结果。主力军团，有刘备自身的战争经验、黄忠等大将的临阵勇猛、法正的料敌奇谋。张飞、马超等吃了败仗的偏师，也在牵制曹军上有不小的功劳。留守的诸葛亮、李严等人虽然未亲临一线，但他们及时增援人力物力，保证刘备兵力及物资的充足和后方的安定，也做出了不可磨灭的贡献。

汉中之战，蜀汉集团付出的代价也颇为惨重。旷日持久的战争，不但阵亡了雷铜、吴兰等将军，益州的人力物力也受到巨大的消耗。最终打下的汉中之地，只是空城，老百姓已经被曹操迁移走了，所谓"魏得其民，蜀得其地"。

然而，这终究是值得的。夺取汉中之后，两川一体的联防得以实现，北方的威胁大大减小，成都平原有了屏障，成为相对稳定的大后方。而从开拓进取方面来说，蜀汉有了一块直接的前进基地。从汉中翻越秦岭，便是关中平原——对统一天下至关重要的地方。

四百余年前，刘邦就是以巴蜀为后勤基地，从汉中出发，夺取关中，进而一统天下的。

谁说刘备不能重复他的老路呢？

汉中有老虎，刘备称大王

占领汉中后，诸葛亮的"隆中对"又实现了重要的一步。这一步还引起了连锁反应，曹操的地盘宛城闹了乱子，守将侯音起兵造反，勾结关羽，在曹操的腹地激起波澜。

刘备命令孟达从秭归出兵，攻打房陵（今湖北房县）、上庸（今湖北竹山）等郡，又派干儿子刘封从汉中顺汉水东下接应。两面夹击下，房陵、上庸很快被占，上庸太守申耽和弟弟申仪等都投降了。

这是蜀汉集团的又一次战术胜利。但对诸葛亮而言，却捎带着亲情上的损失。房陵太守蒯祺是诸葛亮的大姐夫，在战斗中被孟达军所杀。站在敌对阵营的亲人被本阵营将军所杀，这当然是无可奈何的事，但诸葛亮心中也不会全无涟漪吧？

此时的刘备，虽然在东边割让荆州三郡给孙权，但西边连续取得了汉中、上庸、房陵，兴复汉室的大业又迈进了一大步。为了更好地树立反曹兴汉大旗，就在公元219年初秋，刘备自封为汉中王。

那时候一切都要讲礼仪。尽管刘备的汉中王是自封的，他名义上还是要向汉献帝请示。请示的表文也不能自己上，自吹自擂不像话。所以，刘备手下的群臣就联名给汉献帝上表。

表文的大意是：现在汉室不幸，曹操凶残，为了剪除这个恶魔，请求朝廷封刘备为汉中王，而且拜大司马，以便统率正义者联盟，消灭曹贼，兴复汉室。

上表的群臣，按照地位高低排先后顺序。领衔的第一名是曾经的一镇诸侯马超，第二、三、四名许靖、庞羲、射援则是刘璋手下的老干部。这几位都属于名声大、地位高，但没太多实权。接下来诸葛亮排第五，关羽、张飞、黄忠排六、七、八位，法正排第十位，李严排十一位，这些才是实权人物。至于常山赵子龙，他在"等一百二十人"的"等"里面。

这封表文送到许昌，曹操看了，当然气得七窍生烟，他不可能让汉献帝批准这个剿灭自己的表文。但刘备只要有这么个上表的形式就够了。随后，他在汉中城外筑起高台，正式加封自己为汉中王，拜大司马。

刘备成了"一人之下，万人之上"的王爵，手下的文武当然也要"鸡犬升天"。刘备大肆封赏手下。加封最多的是他儿子刘禅。此外，老干部许靖升为太傅，地位极高而实权极少；刘备的好谋士法正为尚书令；关羽、马超、张飞、黄忠分别晋级为前、左、右、后四将军，就这样关羽还不太满意，瞧不起黄忠，觉得黄忠没资格和自己一个等级。

刘备的头号谋臣诸葛亮的官职却没有变化，依然是军师将军。只不过实权职位"署左将军府事"跟着刘备水涨船高，变成了"署大司马府事"。

有人据此认为，诸葛亮地位下降了，还不如法正能升官。然而，诸葛亮追随刘备，君臣之间计较的从来都不是品级。当初诸葛亮以军师中郎将的职位，就能督率三郡，领兵入川；如今"署事"的职能不变，川中的政务也是诸葛亮统管，谁还在乎将军称号是哪个等级的呢？

建安二十四年，注定是个多事之秋。这一年，天下的局势一波三折，跌宕起伏。这边刘备在汉中称王，那边驻守荆州的关羽率领本部人马北伐，跨过襄江，将曹仁包围在襄阳、樊城。曹操派于禁、庞德前去增援，结果适逢秋水暴涨，关羽"水淹七军"，斩杀庞德，生擒于禁。一时之间，关二爷威震华夏，荆州、豫州一带的地方豪强纷纷起兵响应，甚至吓得曹操想要迁都避他的风头。

蜀汉势力在此刻达到巅峰，"隆中对"中"两路北伐"的态势，隐约有实现的模样。

可惜，所谓月盈则亏，蜀汉从巅峰往下跌落的势头，也是时人所料未及的。

荆州噩耗

荆州地区，既是刘备奔波大半生后重新创业的起家之地，也是诸葛亮等一大票蜀汉文武官员的故乡或第二故乡，同时又是"隆中对"里面北伐中原的重要地区。

不幸的是，这块三方交汇的四战之地，又是孙权方面一直窥伺的"肥肉"。孙权的根据地江东，位于荆州下游。正如蜀汉要拿下汉中屏蔽成都一样，孙权也时刻梦想着拿下荆州来屏蔽江东地区。

关羽像

更不幸的是，驻守荆州的总司令关羽，军事才能与政治外交才能严重失衡，而且为人倨傲，对士兵很关爱，却不会和同僚、盟友相处。他在荆州六七年，不但和江东方面的关系搞得很僵，而且荆州本地的那些官员们，很多都对他又怕又恨。

以诸葛亮的才能，不可能看不出其中的隐患，但他别无他法。刘备手下最有能耐的两个谋臣，诸葛亮自己要经营益州，法正要陪着刘备在外打仗，都分不出手去帮荆州。

如果豁达的庞统还健在，倒可以让他去帮关羽守后院，协调人际关系，拓展外交。庞统为人处世颇为灵活，而且在荆州和江东有深厚的人脉。这活儿他能干得很漂亮。可惜，历史没有如果。

对诸葛亮来说，雪上加霜的是，蜀汉的老朋友鲁肃鲁子敬，在公元217年就去世了。

鲁肃作为孙权身边屈指可数的战略家，同时又是少数头脑清醒、能够正确衡量天下大势的人物。他在江东陆口统帅的任上数年，对刘备集团既有抢夺荆州的利益斗争，又有抵抗曹操的合作。总的来说，合作是大趋势，斗争是小插曲。这一点恰同诸葛亮达成一致。有鲁肃和诸葛亮东西连横，勉强维持着孙刘两家以和为贵的态势。

鲁肃死后，接任陆口统帅的是激进的主战派吕蒙，原本两家共同维持的这种来之不易的合作，顿时成为诸葛亮一厢情愿的独角戏。

这只能让荆州的局面更加恶劣。

公元219年初，刘备、诸葛亮乃至整个蜀汉势力的绝大部分力量，都投入了对汉中的争夺，也实在腾不出手来支援荆州。打下汉中之后，顺势攻占房陵、上庸，刘备称王，都是一气呵成。公元219年上半年就这么不经意地过去了。

这就造成了在公元219年下半年，荆州地区暗流涌动的形势。

在这样错综复杂的情形下，关羽的大举北伐，就如同根基不牢靠的高楼大厦。虽然短时间内取得惊人战果，威震华夏，但这种威势只能让孙权方面更加不安。外交上的根本隐患没有解决，关云长因胜而骄，更做出了得罪盟友的举动。同时，曹操在关羽的军事压力下，加紧与孙权暗中联络。

小贴士

关羽的骄横

孙权曾为自己的儿子向关羽的女儿求婚，关羽不仅拒绝，还辱骂使者；水淹七军后，关羽又擅自动用孙权在边境的粮食，甚至威胁说要攻灭孙权。这些行为都是很不明智的。当然，孙权背盟袭击荆州，主要是出于利益考虑，并不等于说关羽不得罪孙权，孙权就一定不会谋夺荆州。但关羽这些行为，至少让孙权的刀子捅起来更加理直气壮。

最终，孙权拍板，捅刘备，抢荆州！吕蒙和陆逊在关羽面前玩了示弱之计，进一步降低关羽的警惕，引诱他把防守荆州的主力调往前线，后方更加空虚。接着，吕蒙亲率精锐部队伪装成商船，向江陵发动突袭。此之谓"白衣渡江"。守卫荆州的大将麋芳、傅士仁等，早已不满关羽欺压同僚，先后投降孙权。

于是在很短时间内，荆州三郡闪电般地陷落了。

同一时间，曹操派出徐晃、徐商等大将增援襄樊，截击关羽。这样，关羽以区区荆州数万之兵，几乎直接面临曹、孙两家的倾国之众，战争结果也就毫无悬念了。关羽在襄樊前线被徐晃击败，急忙南撤时，军心涣散，最后败走麦城，被孙权手下擒获杀害。

这一切发生得太快了，在益州的刘备和诸葛亮根本没反应过来，更别提援救关羽了。

短短两三个月，刘备集团损失了数万精锐之师，丢失几乎三分之一的领土和人口，军中头号大将也命丧黄泉。对于有志于兴复汉室的刘备，对于将"联合江东""荆州出兵"作为基本国策的诸葛亮，这打击是致命的。

这其中，刘备还稍好一点。毕竟过去半辈子里，这种大起大落的经历他也不是一次两次了，徐州丢过两回，汝南丢过一回，现在不过丢了半个荆州，还有益州呢，可以继续努力！

相对而言，诸葛亮的心理落差恐怕更大。公元207年诸葛亮出山辅佐刘备，到如今已是十余年。自从诸葛亮帮助刘备制定战略以来，基本上一步一步按照这个方针在执行、推动。其间，尽管有兵败当阳，狂奔夏口的狼狈；有入川大战，庞统阵亡的损失；有争夺汉中，全力以赴的艰苦，但整体而言，刘备集团还是在逐渐攀升，局势越来越有利。

谁知道在这一路攀升的中途，却是一个如此猛烈的跌落，速度之快，打击之惨，令他猝不及防。在诸葛亮，这想必是撕心裂肺的痛楚。

痛楚之外，也有无奈。毕竟，诸葛亮不是当家人。对关羽的冒进，对刘备的整体规划，乃至对整个蜀汉战略布局，诸葛亮会有自己的检讨和反思。而这检讨和反思，则在一定程度上再次强化了诸葛亮性格中的一个鲜明特色——谨慎。

诸葛亮一生谨慎。虽然他在跟随刘备之后的十余年里，已经经历了多次豪赌般的猛进。但这些成功给他的印象，一定不如关羽这一次失败如此之深。

惨遭整肃的刘封

关羽失荆州这件事，客观说来，是多方面原因造成的。既有孙权悍然背盟，守将叛变等客观因素，也有关羽自己的主观责任，而刘备、诸葛亮、法正为代表的蜀汉中央政权在这其中，也不能推脱战略规划疏漏和防备不到位的责任。

现在关羽已经死了，再追究他的责任毫无意义。背盟的孙权，或者叛变的糜芳、傅士仁，虽然可恶，刘备的板子一时也打不到他们屁股上。

不管怎样，整个蜀汉现存的人中间，总得有人为此承担责任。于是一场整肃的运动开始了。

首先被波及的，是叛徒糜芳的哥哥糜竺。糜芳身为江陵太守，出卖关羽而投降东吴，直接导致荆州轻易丢失。这让成都的糜竺相当担忧和羞愧。他叫人把自己绑起来，到刘备面前去磕头请罪，希望接受处罚。刘备倒还没老糊涂。他解开绑绳，安慰糜竺说，你弟弟做的坏事，不能让你来承担责任。

然而，糜竺还是羞愤交加，过了一年多就死了。

糜芳、傅士仁的下场

关羽失荆州，糜芳、傅士仁的投降是决定性因素之一。然而糜芳身为刘备的妻舅，跟随二十多年的元老，居然这样降敌，实在出乎多数人的意料，想象不出关羽怎么会把他得罪到这一步。《三国演义》说糜芳、傅士仁在后来夷陵之战前被刘备抓住处死，历史上此二人在东吴得以享受荣华富贵，却遭人鄙夷。东吴大臣虞翻见他们一次就骂一次，次次骂得他们狗血淋头，这样的日子也不好过。

更加严酷的整肃，则落在上庸、房陵的刘封、孟达头上。

上庸、房陵位于荆州、益州交界处，向东南是川口要津白帝城，再往东可接江陵；直接沿汉水东下则是襄阳；往西溯汉水而上是汉中。总之，对于跨有荆益的蜀汉政权而言，这片地方乃是连接东西的要冲，地形复杂，山川起伏。

但是驻扎在此地的几位将领，却都有那么些尴尬。

此地名分上的老大是副军中郎将刘封，打仗相当勇猛，当初跟随诸葛亮一路入川，立了不少功劳。如果他就是一位大将多好，诸葛亮也可以放心把他当作栋梁安排。

可这位刘封偏偏还是刘备的干儿子，而且是刘备生刘禅之前收的，当初准备用来作为继承人培养。后来刘备又生了刘禅，刘封的地位一下微妙起来。

诸葛亮深知，一旦六十岁的刘备归天，十多岁的刘禅单凭自己的本领绝对不是这位干哥哥的对手。他对此一直忧心忡忡。现在刘封被放在这么个山城里守着，既可以说是重用，却也有那么点边缘化的味道。

二把手是孟达，也挺不容易。当初他和张松、法正是益州的卧底三剑客，为出卖刘璋，迎接刘备立下汗马功劳。结果三剑客三个下场，张松提前败露被刘璋杀了；法正入川后成为刘备麾下数一数二的谋臣；孟达呢？却被发配到这里来给刘封打下手，心理当然会不平衡。偏偏刘封被"边缘化"后也不爽，不敢向干爹刘备发火，就把脾气撒在孟达头上，多次欺凌孟达。因此，孟达内外交困，分外痛苦。

其他的申耽、申仪两位更别说，他俩本是地头蛇，迫于刘封、孟达的军威才投降刘备，哪里还谈得上什么忠诚度。

不得不说，刘备在这个重要位置放的组合实在很差劲。这倒也不全怪刘备，一来之前益州的全部人马都在争夺汉中，实在抽不出更多人手；二来，刘封、孟达两位都文武双全，假如他们能精诚团结，那就是黄金搭档——可惜还是那句话，历史没有假如。

在关羽北伐襄、樊，一路高歌猛进的时刻，曾经要刘封、孟达出兵顺汉水而下，夹击襄阳、樊城。

一贯不和的刘封和孟达这次倒达成了一致：他们认为手下只有几千兵士，本地刚刚打下来不久，要是擅自出援，发生变故怎么办？打下襄、樊是你的功劳，上庸、房陵失守可是咱的责任！

于是，他们就没有派兵去。

接着，关羽就败亡了。而刘封、孟达不曾增援关羽的事情，也被报告给刘备。

这下子，刘备怒了。

平心而论，刘封、孟达有没有派兵帮助关羽，和关羽失荆州没有太大关系。就算刘封、孟达带着几千人马赶到襄、樊，荆州该丢还得丢，说不定陆逊一个花招，上庸也被偷了。从军事角度看，他们不增援是有道理的。（所以在《三国演义》里，改成关羽被围困麦城时向刘封、孟达求援，这样这哥俩就不是拒绝锦上添花，而是见死不救了）。

但问题是，关羽的职位是前将军，假节钺，有资格调动地方兵马。就是说从职权上，刘封和孟达理应服从关二爷的命令。这种违令不遵，性质可就严重了。然后，关羽还败亡了。刘备看遍手下的将领，发现这两人的直接责任最大，于是把自己失去荆州和大将的一腔怒火，都往他们头上倾泻过去。

刘封不是白痴，事发之后，他悔恨交加。为了表达恨意，他变本加厉地继续欺负孟达，甚至夺走了孟达的军乐队——这在当时，差不多相当于现在把一个将军的肩章撕下来。

孟达比刘封更聪明。他觉察到刘备的怒火，知道自己绝没好果子吃。正好刘封又开始欺负他，孟达干脆抢先一步，带着人马投奔曹魏去了。临走之前，他还给刘备写了一封告别信，诉说自己的不得已，情真意切，文采斐然。

虽然信上说得恳切，可孟达干的事却不地道。他回头带着夏侯尚、徐晃等曹魏大将来打上庸，还写了一封信劝降刘封，说您在刘备那里地位本来就尴尬，现在又出了这档子事，哪里还待得下去？不如跟我一起投魏吧。

刘封的公子脾气哪里容得这个？他把信撕了，出兵和孟达交锋。结果申耽、申仪也跟着反叛投魏，刘封再能耐也挡不住里应外合，一路败回成都，上庸给曹军夺去了。

这下子，可怜的刘封坐实了三桩罪名：第一，不增援关羽；第二，逼反孟达；第三，丢失土地。刘备好不容易找到一个出气筒，朝这个干儿子就是一阵咆哮。

诸葛亮劝刘备趁这个机会除掉刘封，免得以后给刘禅的继位造成威胁。

于是最终，刘备赐刘封自杀。临死前，刘封叹息道："可惜我没有听孟达的话啊。"刘备则为他痛哭流涕。毕竟这个干儿子跟随自己十多年，虽无血缘，也有父子之情。六十岁的老头子，眼睁睁看着自己的儿子自杀，真真痛彻心扉。

刘封的叹息、刘备的眼泪（历史上刘备很少流泪，这一次是例外），似乎衬托出诸葛亮的冷酷和险恶。

刘封之死，归根结底是因为蜀汉面临巨大危机。荆州丢失需要问责，未来蜀汉接班人地位也必须保证。在这种双重矛盾下，刘封最终成为政治上的牺牲品。刘封本人犯下的错误（违抗军令，侵凌孟达）也是取死之道。诸葛亮在其中，毫无疑问是做了"恶人"。但为了刘备集团当前和日后的稳定与发展，诸葛亮无法顾及自己后世的评价。

篡位

正当蜀汉内部为了荆州之失闹得鸡飞狗跳时，更大的霹雳接连打在中华大地上。

首先是公元220年初，曹操死了。

短短两个月内，情同手足的大将和毕生的老对手先后去世，对刘备而言可谓悲喜交加。

曹操死后，曹魏方面曾发生了短暂的纷乱。青州兵敲着鼓离去，曹彰试图依靠武力过问继承权，而最终继承曹操地位的曹丕，又对亲兄弟曹植屡屡打压。

诸葛亮在"隆中对"预言的"天下有变"，就是这个时候。

如果此事发生在半年前，如果这时候关羽还在，荆州还在，恰好是诸葛亮第三步战略——进取中原的最好时机。这时候，让关羽大举北伐，刘备自己带兵从汉中直驱关

曹丕像

中，孙权也会从淮河方向捏软柿子，"兴复汉室"的目标，几乎唾手可得！

遗憾的是，历史无法改变。当机会降临时，蜀汉已经失去了抓住机会的实力。关羽死了，荆州完全丢了，孙权和刘备的关系由同盟变成了死敌，反过来向曹魏下矮桩。

即使面临曹魏的内乱，蜀汉也只能龟缩在两川之内舔舐伤口。

诸葛亮心中在滴血，坐看一个梦寐以求的机会在眼前，自身却因为之前的错误而只能选择错过。对于有大志向的人而言，这种痛苦真是莫可名状。

历史不以任何人的意志为转移。到当年冬天，曹丕终于做了他爹曹操不敢做的事：篡位。

在皇帝宝座上待了31年的傀儡汉朝末代皇帝刘协，宣布"禅让"给曹丕。曹丕还要假惺惺地推辞。三次辞让之后，曹丕终于接受"天意民心"，成为新的皇帝。曹魏皇朝取代了东汉。三国中的第一国建立。

刘协被封为"山阳公"，回到自己的封地去享受荣华富贵。此后他又活了14年。

这最后的14年，说不定倒是他一生中最轻松的14年。地位从皇帝降为公爵，从天下名义上的主人成为普通的休闲贵族。至少，他不再为国运操心，不再害怕自己的权力遭到侵凌和掠夺。为汉朝他该做的抗争都做完了，现在只剩下纯个人层面的苟延。公元234年，刘协去世，死后谥号是"孝献皇帝"，或者简称"汉献帝"。

对于和刘协同一年生、同一年死的诸葛亮来说，恰恰相反。从这一年起，诸葛亮的地位会越来越高，他的生活会越来越累，需要操心的事会越来

越多，最终走上"鞠躬尽瘁，死而后已"的路。

而就在眼前，诸葛亮，以及他的主公刘备，需要解决的一个最迫切而关键的问题就是：

汉朝皇帝没了，应该怎样来"兴复汉室"呢？

第六章 赤胆铁肩辅幼皇

皇帝轮流做

公元220年，汉朝灭亡了。

在今天的人们看来，汉朝不过是历史课本上需要记住的朝代之一。但对那时候的人们来说，则是地动山摇的大事。

撇开三皇五帝的部落联盟，夏商周的方国林立，秦朝是中国历史上第一个中央集权制的大帝国。然而，秦朝残虐百姓，弄得民怨沸腾，终于二世而亡。相反，刘邦开创的汉朝，在推翻暴秦的基础上建立，对内休养生息，恢复民力，对外击退匈奴，傲立世界东方。

对文人和百姓来说，汉朝象征着强盛、统一、太平和安康。汉朝延续四百多年，尽管不乏内斗变乱，但整体而言，堪称是一个辉煌伟大的朝代。即使在末世变乱时，汉朝的实力依然足以震慑周边国家。对士民而言，汉朝中央的旗号不倒，那么天下就还有希望。

这份对正统的执着，或许难以为今天的所有人体会，然而却足以支撑当时的很多人，在"功名利禄""荣华富贵"之外，真正为"汉室复兴""四海归一"的梦想，投身到激斗之中，甚至不惜以命相搏——包括曹操手下的第一号谋士荀彧，在目睹自己辅佐多年的主公，即将掘墓埋葬汉朝时，也是忧郁而死，以身相殉。

因此，公元220年曹丕篡汉，尽管从长期来看，是一个自然而然、水到渠成的结果，但对于当时广大忠于汉室，或者至少对汉室有些感情的人而言，依然是巨大的震撼。这种悲愤和惊恐的情绪，使得消息传到益州时略微有些变味：据说，曹丕不仅篡夺了帝位，还杀害了皇帝刘协。

于是，汉中王刘备首先给这位东汉末代皇帝办丧事，谥为"孝愍皇帝"。葬礼上，刘备声泪俱下地控诉了国贼曹丕的凶残，发誓要高举汉朝旗号，与逆贼斗争到底。在整个北方中国彻底沦为"逆贼盘踞地区"之后，天府之国的四川，当仁不让地成为"光复大汉"的政治中心和唯一根据地。

然而，皇帝都没了，大汉的旗帜谁来坚持呢？对诸葛亮而言，这简直不应该是个问题。

在他跟随刘备的十多年里，他能确认，刘备是一个敢作敢为、有担当、有气魄的英雄。刘备有着远大的志向，又有着礼贤下士的王者之风，而且在军事、政治、用人等诸方面才能出众。更难得的是，刘备确实对民众怀有悲悯之心。刘备与诸葛亮，虽然不时有意见分歧，但整体来说，两人当得起推心置腹、肝胆相照这几个字。

这样一位君主，难道不是皇帝的最佳人选吗？对天下的老百姓来说，这也是较好的选择吧？

而且，刘备还正好姓刘，是汉朝宗室。这是个加分项。这个"宗室"名号尽管在刘备艰苦创业时不值半文钱，但在他称帝的问题上，确实能增加不少合法性。

既然如此，就让刘备来做汉朝的下一任皇帝吧！

诸葛亮是这么想的。刘备手下的大多数文武官员，也是这么想的。

因此，在公元221年里，原本被荆州丢失、关羽战死的悲凉气氛笼罩着的四川，一跃出现了大量的"祥瑞""吉兆"。先是刘豹、张裔、谯周等一群中级官员联名上书，汇报这些吉兆，认为这些是上天的旨意，预示着刘备应该称帝。接着，许靖、麋竺、诸葛亮等一群高级官员也联名上表，从天下的政治格局着眼，希望刘备顺应天意人心，登基称帝。

然而，刘备集团也并非全票赞成刘备称帝，还存在少数不和谐的声音。比如费诗，这位善于言辞、曾经成功劝说关羽接受封号的文官，就不赞成刘备称帝，他说："大王，您因为曹操父子篡位，所以才不远万里集合义兵讨伐他们。现在逆贼还没讨平，您自己先称帝，这不是让人抓把柄吗？"诸葛亮屡次推荐的刘巴也不主张这么快称帝。

刘备心里其实还是很想当皇帝的。所以费诗被贬官了。但这些反对意见，也让刘备心里犯嘀咕，下不了决心。

这时候，诸葛亮再次出马，劝刘备说：

"现在曹丕篡夺汉室，天下都没有正主。全国人民愤恨曹贼，可惜找不到带头人。您作为汉朝的后裔，本来就应该即位称帝啊！咱们集团的文武英雄们，不辞辛苦地跟着您，也是为了干出一番事业。要是您再这么推三阻四，恐怕人心会散了。"

什么"祥瑞"，什么"上天旨意"，都一边去吧。诸葛亮短短几句，从两个层面说出了更本质的内容：第一，天下需要您称帝来挑起兴汉反曹的大旗，这是公；第二，刘备集团的文武官员需要您称帝来给他们一个"攀龙附凤""鸡犬升天"的机会，这是私。要是您不称帝，那么天下大势不可收拾，您自己的部下也不可收拾。

话说得这么白，刘备也就下定了决心，公元221年的农历四月，于成都郊外举行了登基仪式。刘备自称皇帝，改元章武，立吴懿的妹妹为皇后，刘禅为皇太子，任命马超为骠骑将军，张飞为车骑将军，就这样，正式建立了三国中的第二国——蜀汉。当然，他们的正式称呼还是"大汉"，自认为完全是东汉皇朝的自然延续，而非新建一国。

武侯祠的刘备像，由蒋吃货提供

打，还是不打？

在公元221年新成立的蜀汉政权里，诸葛亮是当之无愧的二把手。他的官职，由刘备称帝前的"军师将军""署大司马府事"一跃成为"丞相"——一人之下万人之上。同时，还录尚书事，假节，大权在握。

小贴士

诸葛亮之官职

"丞相"为百官之首。"录尚书事"意即掌管政府实权。"假节"是皇帝授予的象征性权力，在特定情况下可代行皇帝的权力。

三国时代当过丞相的人不少，但一说"丞相"二字，读过《三国演义》的人，在前半部大多最先想到的是曹操，后半部则是诸葛亮。两个比较，"诸葛丞相"的印象可能还比"曹丞相"更深。

至此，诸葛亮到达一生的权位巅峰。在这个位置上他一待就是十四年。为了这一声流传千古的称号，他殚精竭虑，呕心沥血。

位极人臣，一生富贵，这是多少人几辈子的梦想。然而这一刻，诸葛亮心中多半是没什么成就感的。因为他个人达到高位的同时，蜀汉这个新建立的国家，却是一开始就处在风雨飘摇之中。

从国家实力来说，三年前开始的汉中争夺战，已经让益州的人力物力遭到极大消耗；一年多以前的荆州丢失，更让国土和军队遭到惨重损失。

从外交格局来说，篡汉称帝的曹丕是蜀汉的死对头，已经占有大半个天下，实力强劲，自不必说；而原本的盟友孙权，自袭取荆州后也已彻底翻脸。

三国之中，蜀汉实力最弱，却同时与两家结仇。

同时，让诸葛亮忧虑的还有人才方面的缺口。关羽败走麦城，蜀汉已经损失了一位独当一面的猛将。偏偏在这个当口，法正也去世了。法正虽然人品一般，但足智多谋，行事果决，而且善于劝说刘备，与诸葛亮颇为互补。如今，在国家初建、最需要通力合作的时候，当初的"三驾马车"却只剩诸葛亮一人，他感受的孤单和乏力可想而知。

有多少米煮多少饭，实力不足，咬咬牙也就凑合了。更大的困惑，在于一个很具体的问题：

下一步，该做什么？

从公元207年诸葛亮出山开始，"隆中对"就是刘备集团的战略指导计划书。刘备、诸葛亮依照这个计划，北拒曹操，东和孙权，跨有荆益，一步一步实现了三分天下。如果顺利的话，在天下已经瓜分完毕的这会儿，应该联合孙权继续北伐了。

问题是，计划赶不上变化。现在孙权翻脸成了敌人，原本的北伐基地荆州也完全被抢走，"隆中对"的下一步基础都被拔掉了。怎么办？

换谁来当家做主，对这个问题都应该相当头疼吧！

头疼归头疼，蜀汉皇帝刘备是绝不会犹豫的。

他以其大半生征战磨炼出来的意志，和一个军事家的直觉，做出了最单纯的判断：打东吴，抢回荆州，为关羽报仇！

逻辑相当简单，你打了我脸，我要是不打回去的话，那人人都会来打我脸了。

支持刘备这个观点的文武官员不少，但还有许多人持相反观点。最有代表性的是刘备的老部下赵云。这位持重而坚持原则的将军，义正词严地表示："国贼是曹操，而不是孙权。只要能灭掉篡逆的魏国，那么孙权自然降服。现在曹操刚死，他儿子曹丕篡位，正是天下义愤填膺之时。咱们应该趁势进攻关中地区，占领黄河、渭河的上游，然后向东讨伐国贼，中原、河北的忠义之士必然都会纷纷响应，这样天下大局就可以定了。如果先去攻打东吴，一旦开战形成僵持，反而给曹丕可乘之机，这就是下策了。"

简言之，就是要坚持政治上的大局观，先讨首恶，震慑胁从。后来诸葛亮的哥哥诸葛瑾也曾给刘备写信求和说："陛下您觉得关羽对您重要，还是先帝（汉献帝）对您重要？您觉得是荆州重要，还是天下重要？我们杀了关羽，占了荆州，可曹丕杀了先帝，占了天下，您应该更仇恨哪一个，先打哪一个，这道理很简单吧？"这是基于同一思路。

不过，刘备的主张，其实从军事上也有其可取之处。关中地区曹魏经营已久，真要打也不是一时半会能拿下的。相反，荆州才被东吴夺去一年多。如果趁顺流而下之势击败东吴，夺回荆州，那么就能为蜀汉赢得较为有利的态势，下一步可以选择的余地也就大了，哪怕到时候再重新讲和结盟呢！历史上的刘备并不是像《三国演义》中那样一根筋，单纯为了给关二弟报仇，就非要踏平整个江东，杀尽孙家人。东征江东，也是权衡利弊之后的一种选择。

当然，在我们后人看来，两种方案都是冒险。毕竟蜀汉国力最弱，打江东还是打曹魏都没有必胜把握。

但总得做点什么吧。

于是，刘备把希望寄托在自己多年的军事经验上。他驳回了群臣的劝阻，开始一心一意准备东征。

还有一件值得玩味的事情。在《三国演义》中，诸葛亮继续秉持原则，坚决反对此次行动。历史上却并未见过有关诸葛亮在事前有任何反对刘备伐吴的记载。以至于现在有些研究者认为，诸葛亮是赞成伐江东的，因为他是蜀汉国内"荆州人集团"的领袖，而荆州人集团是希望夺回荆州的。

然而，更大的可能，诸葛亮本心并不支持伐江东，但他也没有强烈反对。在诸葛亮看来，一方面自己身为丞相，如果就国家大事与皇帝发生大的争执，这对于朝廷形象没太多好处。另一方面，诸葛亮对自己能否说服刘备，也是没有什么信心的。"诸葛一生唯谨慎"，翻遍史书，我们很难找到诸葛亮和刘备观点激烈冲突时固执己见的记载（而庞统、法正都曾有）。相比庞统的豁达、法正的功利，诸葛亮更习惯于兢兢业业地维系一个均衡和谐的体系。对部下，他可以用严明的法律来调节，而面对刘备这样的雄主，他是惯于妥协和隐忍的。

所以，后来夷陵之战败北，诸葛亮会感叹：要是法正还活着，一定能劝阻刘备东征，就算劝阻不了，也不会败得这么惨！

第二次沉重打击

221年夏天，称帝不久的刘备，即确定了东征孙权的短期战略。他的目标，一方面在报关羽被害的一箭之仇，更主要的在于夺回荆州地区。

哪晓得屋漏偏逢连夜雨，正要和孙权开战之前，蜀汉又遭到一次挫折：国内仅次于关羽的第二号名将，车骑将军张飞，因为平素对待部下残暴，被手下人杀害了，并带着他的首级投奔江东。未曾开战，先折大将，可谓出师不利了。

这件事没有动摇刘备的斗志，反而增强了他用战争洗雪仇恨的决心。不久，蜀汉大军沿着长江向东进发。俗话说老将出马，一个顶俩。刘备毕竟几十年征战大半个中国，是威名赫赫的老将。江东方面，吕蒙已死，一帮中生代将领都不是刘备的对手。公元221年秋，刘备军前锋吴班、冯习四万大军，在三峡一带击败守卫峡口的李异、刘阿，占领了秭归。首战告捷，士气如虹，荆州南部武陵一带的少数民族首领和地方豪强纷纷响应。蜀汉方战场形势一片大好。

这期间，江东曾经派人前来求和。但条件没谈拢，最后还是继续战场上见。

眼看刘备兵势汹汹，孙权居然厚着脸皮，向曹丕投降称臣，接受了曹丕赐给的封爵——吴王，以便尽可能集中力量和刘备开战。

三国时代的第三个国家孙吴，到这会儿勉强算建立了一半——因为孙权现在名义上还是曹丕的藩属国，尽管实质上独立。剩下的一半，要等几年后孙权自己称帝，吴国才有名分上的自主。

接受曹丕封爵的同时，孙权干了更厉害的一手——任命比诸葛亮小2岁的陆逊为大都督，率军迎战刘备。

曾经携手抗曹的两家盟友，真刀真枪地展开了第二次大规模的搏杀。

222年，先拔头筹的刘备继续向东进攻。但是滚滚长江把他进攻的方向横着劈成南北两岸。刘备被迫兵分两路，命令黄权带领一支军队，沿着长江北岸进发，掩护主力侧翼，自己则带主力部队沿长江南岸挺进。

江东主帅陆逊且战且退，节节后撤数百里，最后在江陵西边的夷陵、夷道、猇亭一带停留下来。其中，南岸双方战线退得更靠东，刘备主力把吴军朱桓部包围在夷道。在北岸，则是陆逊的主力在猇亭屯兵，与黄权的蜀军对峙。

这样，双方形成犬牙交错的态势。之后，刘备屡次挑战，但陆逊岿然不动。部下多次要求出击，救援朱桓，都被陆逊拒绝。双方对峙达半年之久。

这就是陆逊的计策。这位比刘备年轻20多岁的统帅深知，面对惯于征战的老将刘备，以及士气旺盛的蜀汉精兵，正面硬拼很难得胜。他早就打定了"诱敌深入""消磨锐气"的算盘。

一方面，吴军后撤数百里，就是把数百里复杂崎岖的沿江道路让给了蜀军。为了维持从四川到湖北的后勤运输，蜀军被迫在数百里处处安营扎寨，分兵把守，以防遭到江东优势水军截断粮道。这严重削弱了前线兵力，迫使刘备舍弃水师，把水师的部队也调到陆路来共同作战，反过来又进一步增加了被偷袭的风险。总之，陆逊后退这几百里，是在利用这几百里分散刘备的兵力。

另一方面，陆逊率领的主力在猇亭屯兵不出，使得刘备速战速决的意图不能贯彻。蜀军长久与敌对峙，后方的风险越来越大，前线的士气也渐渐耗尽，从而陷入进不能进、退不能退的窘境。

等到盛夏，陆逊发动反攻，首先以火攻击破刘备的大营，随后水陆全线进攻。蜀军分散在数百里的连营中，首尾不能救应，被打得大败，损失数万军队和大量兵器、辎重。刘备勉强逃出虎口，文武大员冯习、张南、傅肜、程畿等死于乱军之中。蜀汉在长江以北的指挥官黄权，被吴军隔断退路，又不甘心降吴，只好投降了魏国。

这就是历史上有名的夷陵之战，或称猇

火烧连营

亭之战，被一些教科书称为"与官渡、赤壁并列的三大以少胜多战役"（其实这一战吴蜀双方兵力基本相当）。对江东来说，这一战成就了陆逊的赫赫威名。而对不幸的蜀汉而言，这是他们继关羽失荆州之后不到三年，遭受的又一次大败，不但再次损失了几万精锐部队，而且人力资源遭到严重破坏，冯习、张南、程畿等一大批中生代将领战死——如果不是死在这里的话，他们跟着刘备经过这战火洗礼，说不定中间能出现几个魏延、刘封这样的善战将领。

这一战还严重打击了刘备。62岁的老头子，被比自己小一辈的对手击败，多年积攒的家底损失惨重。对风烛残年的蜀汉开国皇帝而言，虽然逃出战场，但他的身心已经被摧毁了。

有为与无为

而刘备的亲密战友诸葛亮呢？

与《三国演义》中不同，历史上的诸葛亮，在夷陵之战中的表现乏善可陈。他既不曾在东征开始之前率领群臣苦苦劝谏，也不曾在对峙之后看见刘备的安营阵图大叫"不好"，更不曾预料夷陵之败，而赶紧派赵子龙前去接应。至于用八阵图困住陆逊，更是小说家虚构的怪力乱神。

八阵图遗址，由奉节县旅游局提供

整个东征的一年左右时间里，诸葛亮依然如他一贯的那样，默默尊奉着刘备的指示，镇守成都，调度粮草，规划益州防御。这样的君臣配合模式已然持续多年，有诸葛亮看家，刘备可以放心大胆带兵在外征战，而无后顾之忧。

这一次征战同样如此。然而，这一次征战却又不同。因为这一战，原本是违背诸葛亮的战略原则的。要取胜固然很难，即使蜀汉胜利了，杀的也是孙权的兵，捡便宜的还是真正的敌人曹魏。

对诸葛亮而言，这很无奈。他也明了东征孙权的不妥之处，然而面临荆州丧失、"隆中对"基础被颠覆的局面，诸葛亮拿不出更佳的替换方案，更无法说服顽强而固执的老皇帝。到了这一步，作为一个丞相，除了默默执行，还能做什么呢？

于是，他也只能把希望寄托在刘备的用兵才能上。击败吴军，夺回荆州，缔结一个相对有利的和约，至少部分恢复关羽死之前的战略格局，这算是最理想的结局；之后再考虑回归联合孙权北伐的战略上吧。

遗憾的是，战争总是不可捉摸。刘备偏偏遇上了异军突起的陆逊。于是，最坏的结局发生了。

在全部蜀汉的官员之中，数诸葛亮的压力最大。当夷陵之败传来时，他心中遭受的挫败感也是最强烈的。

然而，再多的压力和挫折，他也只能自己承受下来。年幼时丧失双亲，年少时辗转迁移，还有在隆中十余年"淡泊明志，宁静致远"的生活，从这些过程中，诸葛亮已经学会了包容、隐忍。不仅对人包容，也对命运和形势包容。在最恶劣的情况下，也要冷静下来，争取最好的结局。

能做到这一点时，人也就有了做大事的潜质，尽管未必能成功。毕竟，要成就大功业，必定将经历数不清的想到或想不到的挫败，除了努力，还需要运气。

然而，只要一息尚存，他就永不放弃；唯有如此，才不至于一蹶不振，才能战胜接踵而来的困难，才有可能达到顶峰。

"淡泊""宁静"之意，实在于此。

公元222年秋，刘备退兵巫县，接着便召诸葛亮和李严从成都赶去白帝城。一个与从前完全不同的新局面，将要落在诸葛亮身上。

托孤

刘备在数十年中多次"白手起家"，抗打击的韧性也是一等一的。即使遭遇夷陵之败这种惨事，他依然没有被打垮。就在惨败之后不久，刘备退守白帝城，把溃败的残兵逐渐收集聚合起来，安营扎寨，很快又有了新的军威。

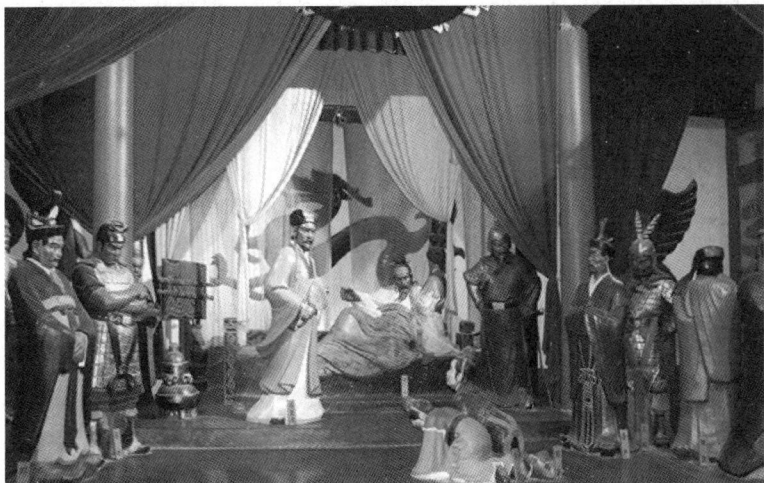

刘备托孤，奉节县旅游局提供

孙权虽然打了胜仗，但他也丝毫不敢小看刘备。再加上这时魏国曹丕也蠢蠢欲动，准备派大军南下偷袭江东，行"卞庄子刺虎"之计。因此孙权趁着胜利，派人来向刘备求和。蜀、吴两国之间刚刚经历了一场生死之战，很快就停火了。

相互威胁

吴蜀交战之初，有臣下劝曹丕趁机出兵，和刘备夹击孙权，占领江东之地，这样只剩蜀汉一国也不能持久。但曹丕想坐等孙权和刘备拼个你死我活，又想孙权已经称臣投降，因此按兵不动。等到东吴已经打败刘备，并拒绝曹丕"送太子当人质"的要求，曹丕这才匆忙出兵南下，结果被已经腾出手来的东吴击退。

> 曹丕出兵时，刘备也写信给陆逊，威胁说："听说魏军已经杀奔江东了，我也想再带兵往东边来凑一下热闹，将军您觉得如何啊？"陆逊回信说："您老人家的军队刚刚被打败不久，应该好好养伤，别搞穷兵黩武。要是您不动脑筋，偏要带着上次的幸存者再大老远跑来，只怕这次一个都回不去了。"

战争虽然停火，病魔的威力却压倒了刘备。等诸葛亮在公元223年春天到达永安的行宫时，63岁的刘备已然卧床不起，自知时日无多。

刘备回顾自己的戎马生涯，跑遍大半个中国，与曹操争锋二十余年，几起几落，最终打下一片基业（虽然被关羽和自己糟蹋掉一块，但还剩好大一块）。这其中，固然有诸多遗憾，然而以白手起家，能成就这般功业，豪迈一生，可称无怨无悔。

刘备放不下心的，是眼前的这蜀汉基业。

魏国势力强大，吴国新近交战，蜀汉国小力弱，接下来，年仅17岁的太子刘禅，如何能守住这个国家啊？

于是，刘备珍而重之地把刘禅托付给诸葛亮："老弟，我儿子就靠你了。"这就是著名的历史事件——白帝城托孤。

自古以来，老君主临终前，因为顾虑儿子年轻，让身边位高权重的大臣担当辅政大任，本来就是常情。

然而，刘备这一次托孤，却显得分外另类。

因为他说了另一句话：

"你的才能比那该死的曹丕强了十倍不止，一定能安定国家、成就大业。如果你觉得我儿刘禅值得辅佐，就辅佐他。如果不值得，你可以自己当皇帝、坐江山。"

诸葛亮闻言之后，一把鼻涕一把泪地说："我一定竭尽全力，忠心到底，至死方休！"

在封建社会，刘备这话实在是骇人听闻，天下是刘汉的，你刘备也要兴复汉室。真让诸葛亮做了皇帝，那他和曹操又有什么区别？

所以，一百年后的西晋史学家孙盛点评刘备的做法："做大事必须讲究名正言顺，大臣就该尽忠皇帝，哪有说还要先看君主的才能好不好，再决定尽忠不尽忠的！这样的国家能统一天下才怪！刘备这遗命简直昏乱到极点了！"

也因此，后世的人们给出了更为"厚黑"的设定。他们认为，刘备这一招其实是以退为进，点破诸葛亮可能篡位的野心，借此逼诸葛亮表态。要是诸葛亮面对刘备的"让贤"，真敢露出半点喜悦之情，那门外的刀斧手就直接冲进来了。而诸葛亮也正是看穿了这一点，所以哭着表忠心。诸葛亮既然表了这个忠心，他以后再篡位就更加名不正言不顺了，刘备这一招实在高妙。

还有一种更质朴的观点：刘备的推让是诚心的。

刘备，作为一个征战数十年，几经起伏，又曾亲身体验战火四起、生灵涂炭的英雄，他的志向，未必局限于"把江山遗传给自己的儿子"。"兴复汉室"这个口号式的目标，也未必只局限在区区的刘姓一族。刘备毕生历经艰难困苦打造的蜀汉政权，如何将其从逆境中传承发展，保住鼎足三分的地位，进而一统天下，造福万民，这个目标，或许是刘备自己更关注的。在这种情况下，让跟随自己十多年，推心置腹的诸葛亮接替皇位，又有什么不可以呢？数百年后的五代末年，后周太祖郭威就把帝位传给了养子柴荣。古来的英雄人物，也有少数能看破血缘局限的。

不管怎样，诸葛亮是哭着推辞了刘备的深厚情意。随后，刘备对儿子刘禅说："人活五十岁就不算早死，我现在已经六十多岁了，唯一牵挂的是你们兄弟三个。你们一定要努力啊！即使是小小的坏事，也不要随便妄为，即使是小小的好事，也应该努力去做。只有贤才和品德，才是可以让人信服的。（原文：勿以恶小而为之，勿以善小而不为，惟贤惟德，能服于人）。我品德还不够（刘备简直太谦虚了！），不是你们学习的好榜样。以后你们跟着诸葛丞相，应该像对待父亲一样对他！"

有人说刘备虚伪，然而能虚伪一生，那么也就与真善无异。有人说刘备最后一段遗言依然是做戏。

后人愿意相信刘备的动机是哪一种，见仁见智。但就诸葛亮而言，短时间内，是不会有如此许多想法的。

那一刻，他被君主的诚挚感动了。也在那一刻，他更坚定了匡扶蜀汉到底的决心。

三国蜀汉的这对搭档，在他们国运的最低谷时期，用一种近乎惨烈的模式，演绎出君臣关系中的最高潮、最感人一幕。

感动之余，还要面对冰冷的现实。

农历四月下旬，汉昭烈帝刘备去世，享年63岁。作为曹操、孙坚的平辈，他是三国时代11位皇帝中资格最老的一位，也是最早去世的一位。在乱世枭雄中，他已堪称高寿，然而死得很不甘心。幸好，他留下的事业，有一位很好的守护者和继承者。

整个蜀汉的重担，现在是彻底地压在诸葛亮身上了。

刘阿斗

诸葛亮在他一生中最后十余年，辅佐了一位君主。这位，便是大名鼎鼎的刘禅，字公嗣，更广为人知的是他的小名"刘阿斗"。他是刘备仅存的三个儿子中的老大。

在大多数人的心目中，这位刘禅是废材无能、没心没肺、昏君、蠢货的代名词，坐在皇位上一事无成，还净拖诸葛亮、姜维等人的后腿。普及这种舆论的最大功臣当然是罗贯中，其《三国演义》广泛流传民间，宣传到位。但早在

刘禅像

罗贯中之前的文人们，便根据"乐不思蜀"等典故确立了这一结论。例如唐人刘禹锡的五律《蜀先主庙》便说刘备"得相能开国，生儿不像贤"，把刘禅和诸葛亮做一鲜明的对比，诸葛亮代表忠诚睿智贤能，而刘禅当然就是无能的象征。

让人跌破眼镜的是，诸葛亮对于这位刘禅，一度评价还颇高。在刘备的遗诏中对刘禅说，诸葛丞相曾经感叹，你最近表现的智慧和度量大有提升，超过了期望值。刘备还就此评论说，你真能如此，我还有什么好担心的呢？

孤立地看这件事当然可以做不同解读，可以认为诸葛亮只是为了顾及刘备和朝廷的面子，空泛地称赞一下刘禅，让病榻垂危的刘备高兴；甚至可以认为诸葛亮是在辛辣地嘲讽刘禅，因为说人智慧大有提升，超过期望值，也完全可以理解为"你过去实在太差了"。

不过，处于议论中心的刘禅本人，倒确实不能同历史上那些纯粹昏庸无能、祸国殃民的皇帝相提并论。

从刘禅的经历来看，也是颇为曲折坎坷。父亲刘备大半生辗转中国，从河北省一路颠沛到湖北省，其间多次被吕布、曹操等追得抛妻别子，老婆孩子也被人"收编"了好几回，所以到最后，比他爹小40多岁的刘禅，居然成为仅存的长子。刘阿斗的母亲不是刘备正妻，而是妾室甘氏，她是在死后才被追封为皇后的。阿斗生下来一年就遇上了当阳大溃败，差点陷没在乱军之中，幸亏赵云拼死相救才得以存活，没两年又差点被继母孙夫人给绑票到东吴，称得上几经风雨了。

公元223年刘备去世时，刘禅年仅17岁，算比较年轻了。这位年轻的皇帝，从公元223年到公元264年，坐了四十余年的皇位，时间跨度在三国11位皇帝中名列第一。在这四十余年中，蜀汉始终是三国中最弱小的一国，而且屡屡与强大的魏国处于军事对抗状态。但就在这种情况下，蜀国前期政通人和，后期虽然民众负担重，但政治依然保持整体稳定。

问三国哪个皇帝最愚笨、最胆小？恐怕很多人会立刻想到刘禅。然而，这位愚笨胆小的皇帝，他的国家却是最安定的。相比后三代的魏国、吴国，都是权臣横行，挟持君主，朝廷上下颠倒，混乱不堪。魏国的司马懿父子把持国政，吴国先后有诸葛恪、孙峻、孙綝擅权。"聪明"的孙亮被废黜帝位，而"勇敢"的曹髦被司马昭的家将直接杀死。相反，外表庸庸碌碌的刘禅，却继续坐在君位上。他的国家，朝臣之间的争斗，其烈度远小于臣下动不动举兵造反的魏、吴后期。即使与魏吴的开国皇帝曹丕、孙权相比，阿斗本人也有一个很大的好处：对待臣下，他多数时候是相对温和的，较少有那种听不得人劝而勃然大怒的情形，更不会逼死臣僚。与吴国末代皇帝——暴君孙皓相比，当然就更强了。

这些固然可以归功于刘备、诸葛亮在前期打下的基础，但刘禅本人的素质在其中所起到的作用，同样是决定性的。刘禅的治国，颇有"顺其自然"的味道。前期诸葛亮位高权重，而且行事谨慎，刘禅就老老实实把国政完全托付给诸葛丞相，自己放手吃喝玩乐。等诸葛亮去世后，蒋琬、费祎等先后遵行诸葛亮的遗命，为政同样谨慎，但才能、威望不如诸葛亮，刘禅就逐步把权力收回来，同时给予他们足够的支持和发挥空间（诸葛亮死后，就不设丞相了；蒋琬死后，刘禅开始自己管理政务）。而在费祎之后是姜维掌握军权，姜维一心继承诸葛亮遗志，恨不得以举国之力和魏国拼命，常年出兵，损耗巨大。这时候刘禅对姜维的支持就不是百分百的了，同时任用诸葛瞻、董厥、樊建等人分权。

总之，刘禅并不能称为通常意义上的圣君明君，他也有宠信宦官黄皓等被人诟病的毛病，而且缺少过硬的功绩。但他肯定不是通常意义上不明事理的昏君，也不是酷虐待下的暴君。他心里什么都很明白，也知道怎样确保自己的安全和帝位。能有这样一个不糊涂的皇帝，至少对蜀汉老百姓不是坏事。所以，他能看似庸庸碌碌地在皇位上坐四十余年，尤其后30年是在离开诸葛亮辅佐的情况下。至于最后在邓艾兵临城下时的不战而降，或者投降后"乐不思蜀"的表演，更多的是属于明哲保身的手段。我们可以指责他的选择毫无气节，愧对刘备和诸葛亮，但至少刘禅确实圆满地达成了自己的目的。

在诸葛亮当政时期，刘禅年龄还小，而他又是如此懂事的一个皇帝。面对父亲任命的托孤大臣，并且要求他"以父事之"的诸葛亮，刘禅当然是完全放权。《三国演义》中写诸葛亮四出祁山时，原本胜利在望，却因刘禅听信谗言，将诸葛亮召回，从而功亏一篑。这是罗贯中的虚构。事实上，以当时诸葛亮的权力地位，刘禅是不可能违背其意志破坏北伐战略的。即使在人情上，刘禅对诸葛亮也是完全信任与托付。罗贯中编排这个桥段，其实既损害了刘禅的形象，也侮辱了他们的君臣关系。

当然，刘禅毕竟是二十岁上下的青年，血气方刚，身上又流淌着刘备的血脉。对于国家大事，对于权力，男人本能的渴求总是有的，没有几个人会甘之如饴地当一个傀儡。而诸葛亮呢？责任心太强，偏偏又是事无巨细地包揽所有，简直完全不给刘禅留下一点权柄。《出师表》中说"宫中府中，俱为一体"，可作为诸葛亮此种心态的潜在反映（宫中即皇宫，府中即丞相府）。刘禅坐在君位上闲得无聊了，也会酸溜溜地发几句牢骚："国家政务都是归诸葛丞相的，朕只负责祭祀工作。"不过也就仅限于牢骚而已。刘禅对诸葛亮，从头到尾依然是全面支持，并不曾动过其他脑筋，就算有一些不满，也更类似叛逆期的儿子和学生，对父亲和老师的那种逆反和小脾气。

少年皇帝同辅政大臣的关系，在历史上并不少见。千余年后，张居正也是以首辅、帝王师的身份，辅佐和管教年少的万历皇帝，君臣之间一度蜜里调油，非常和谐。然而好景不长，同样因为对权力的渴求，使得万历皇帝逐渐对张居正产生猜疑和反感。等到张居正一去世，万历皇帝立刻翻脸不认人，将其抄家，褫夺尊号，甚至逼死了张居正的多个儿孙。其实，张居正的揽权并不如诸葛亮严重，诸葛亮的才华也未必在张居正之上。然而，两者死后的荣辱却是天壤之别。这一方面要归功于诸葛亮在道德品质上无懈可击，处事唯公，而张居正在私生活方面授人以柄，又广树政敌。另一方面，恐怕也和刘后主的胸襟气魄远胜过万历皇帝大有关系。

在公元223年这个时候，诸葛亮打心眼里究竟如何看待刘禅，是真觉得他聪明伶俐，还是暗自感叹他是个草包，仅仅表面上客气敷衍，现在我们当然不得而知。

唯一能肯定的是，无论刘禅是贤是愚，诸葛亮都将兢兢业业地辅佐他，度过自己人生中的最后十余年。

因为这是他对刘备的承诺。

蜀汉摊子

刘备传给刘禅和诸葛亮的蜀汉，是一个满目疮痍的摊子。

从领土来说，自从半个荆州被东吴占领，以及上庸、房陵等郡叛变投魏后，蜀汉只剩下益州，把汉中郡单列出来算，也不过一个半州，而且汉中郡原先的老百姓还都被曹操给迁走了。别看地图上看着面积还挺大，可多数都是崇山峻岭，或者少数民族散居区。在三国时候是标准的地狭人少。相比来说，孙权当时占据大半个荆州、大半个扬州以及整个交州，实打实的两个半州；魏国更是占据北方的八九个州。三家土地差不多是7∶2∶1，蜀汉垫底，简直是惨不忍睹。

小贴士

三国人口

　　根据《三国志》记载，蜀汉灭亡时百姓人口为94万，东吴是230万（其中还有大量被豪门隐匿的人口未统计）。而西晋初年全国人口是1000多万。即使排除人口波动和统计误差，蜀汉在人力资源上与其他两国差距也相当明显。

　　蜀汉军事实力的另一个重要组成部分，是刘备带领入川的部队。这是刘备几十年转战全国所搜罗积累的精锐。但这些精锐又被陆逊给灭了不少。结果，诸葛亮还是只能用本土提供的兵源，来对抗远远超过自己的强敌。

　　因为刘备去世，皇帝年幼，朝廷上的波澜难以避免。官场上充斥着各种刺头，有人对诸葛亮独掌大权不满，有人想浑水摸鱼，还有的人只是单纯因为对国家目前的处境或者个人的待遇不满，从而大发议论。真是形形色色。甚至就连仅次于诸葛亮的二把手李严，有时候也要求诸葛亮提高他的待遇，或者扩大他的权力。这些都让诸葛亮头疼。

　　唯一值得庆幸的，是孙权和曹魏并未联合起来。

　　夷陵之战刚刚打完，曹丕就出动大军，企图用"卞庄子刺虎"之计灭掉江东。于是，蜀汉的两个对手之间又爆发大战。这场战争持续的时间不长，吴将朱桓在濡须击退曹仁，擒杀魏将常雕；朱然守江陵，击退魏将曹真、夏侯尚，曹魏就消停了。江东和曹魏的翻脸，避免了蜀汉遭遇两家围剿的风险，给蜀汉的外交政策提供了改良的契机，也为诸葛亮的"隆中对"保留了最后一线希望。

　　不得不说，相对于最理想化的"隆中对"，眼前的条件已然面目全非。"跨有荆益"的战略格局，现在只剩下益州一隅；原本计划的"两道出兵"，现在随着荆州丢失和夷陵之败，是既没有"道"，也没有"兵"；"隆中对"中计划一员上将从荆州北伐中原，刘备亲自带兵从益州攻击关中，现在刘备也死了，"上将"也没剩下。

　　接下来怎么办？

　　诸葛亮的选择并不多，仅仅两条路而已。

　　第一条路是死守本土不失；第二条路则是主动出击，进攻魏国。

　　相对来说，第一条路看上去要容易得多。战争中进攻一方本来就比防御一方要困难，何况蜀汉占据着险要的山川地形，"蜀道难，难于上青天"。本地的军队出川固然困难，外面的军队要打进来更不容易。当初刘备这样英明神武，带着一批名将和百战之师，在一群卧底的内应下，攻打刘璋，前后耗费三年，还损失了庞统。现在以诸葛亮的才能，要把四川守个十几年、几十年，还是没什么问题的。

但是，选择这一条路的最大问题是，没有希望和前途。

蜀汉只有一个半州，魏国有八九个州。只是因为北方遭受战乱更为严重，才使得眼下两国实力没有那么悬殊。论耕地面积，论人口、经济包括军事实力的恢复能力，蜀汉远远不如魏国。

死守国内的结果，本国固然可以发展经济，增长人口，但是这增长的速度比起魏国来如何呢？

只能是远远落后。

这样下去，等到一代人或者两代人之后，魏国的战争创伤恢复差不多了，新的军队训练出来了，那么蜀汉将面临比现在更加悬殊的对比和更加绝望的命运。

更重要的是，刘备集团数十年来，能够与强大的曹魏对抗，靠的就是恢复大汉正统秩序的旗号，凝聚人心，用这种不屈不挠的精神激励部下，迎战强敌。如果现在放弃这个理想，关起门来固守四川，十年、二十年下来，朝廷和全国军民的进取心必然沦丧，那时候，又凭什么来和强大的魏国抗衡？

因此，诸葛亮选择了第二条路，主动出击，北伐曹魏。

这条路的艰巨无须赘述。要以弱国进攻强敌，不仅在军事上很困难，经济上也将给国家民众带来更沉重的负担。

刻薄地说，在实力不如人的情况下进攻敌人，简直是把自己的胜利寄托在敌对方指挥官的无能上面。

对诸葛亮自己而言，这也是一条很难走的路。他必须谨慎地使用国内的力量，谨慎地应对战场上的一切风险。稍有不慎，如果再出现类似夷陵之战的败局，很可能整个国家也将就此葬送。

这条路充满变数，充满冒险。唯一激励人的，就是至少还有希望。

如果诸葛亮在军事上能够发挥足够出色，能够抓住敌军的失误，再加上足够的幸运，那么是有可能逐渐改变敌我双方力量对比，从而开拓新的局面的。

诸葛亮受刘备重托。他不愿意坐以待毙，不愿意靠着险要的地势，死守上几十年，坐等魏国逐渐强大起来，然后把死路一条的蜀汉交给自己的继任者。

他决定主动出击，争取那微小的希望。

选定了这一条路，诸葛亮剩下的生命，将注定融入这场终点遥远的竞赛，殚精竭虑，鞠躬尽瘁，至死方休。

第七章 用法秉德身立正

大权在握的疲惫

公元223年刘备去世后，刘禅继位，改元建兴。丞相诸葛亮护送刘备的灵柩返回四川安葬。刘备托孤时留给诸葛亮的助手尚书令李严，同时担任中都护，统管内外军事。李严镇守白帝城，防范来自东吴可能的威胁。

刘禅呢？稀里糊涂地当上了皇帝，对于老爹留下的托孤重臣诸葛亮，自然尊崇有加。他封诸葛亮为武乡侯，为他开了丞相府。次年，诸葛亮又被任命为益州牧。要知道，刘备在称帝前自封的官职就是益州牧，而且当时蜀汉的全国领土，其实基本上也只有益州这块地盘。诸葛亮等于既当了政府首脑，又兼任了主要领土的地方行政长官，军政大权尽揽在手。

小贴士

开府

开府，在汉代指高级官员建立自己的专属工作部门，并且选用自己的幕僚。这是加强行政和人事权力的直接表现，通常只有三公以上的高官才能拥有这个特权。在刘备称帝前，只是刘备自己开府，诸葛亮作为刘备的高级幕僚和执行助理，"署左将军府事""署大司马府事"。刘备称帝后，作为百官之首的诸葛丞相，主要也是依靠录尚书事管理国政。等到刘禅时代，诸葛亮自己开府，实质上标志着整个蜀汉帝国的权力中枢都移到了丞相府。

从来权力越大，责任越大。诸葛亮原本的作风就是谨慎，事无巨细，喜欢亲力亲为，关注细节。

在刘备时代，这不是坏事。刘备作为皇帝负责统管大局，作战略决策；诸葛亮帮助他完善细节，从而形成良好配合。更别说那时候还有法正（以及更早的庞统）提供奇谋诡计，有关羽、张飞这样独当一面的猛将。

可是，如今已大不同。在刘备死后，诸葛亮这个丞相不再是皇帝的助手，而是皇帝的老师和全权代理人。诸葛亮必须担负战略决断和宏观统筹的责任，而他却依然秉承着刘备尚在时的习惯，对每件小事情都生怕弄错，事必躬亲。这样就必然造成一个结果：筋疲力尽。

他的这个问题很早就有人指出来。有一次，诸葛亮在亲自校对修改文书，他手下的秘书杨颙再也忍不住了，直接冲进办公室，劝诸葛亮："管理这玩意，有自己的一套法则，上下不能越权。比如说一家人里面，长工种地，女仆做饭，鸡打鸣报晓，狗守门防盗，牛运重物，马走远路，大家各司其职，那么主人家就可以过着吃饱了睡，睡够了吃的悠闲生活。如果某一天，这位主人忽然神经发作，不再安排佣人和利用家禽家畜做事，却自己去一件一件地做，必然要搞得筋疲力尽，而且什么事儿都做不成。不是因为他的才能不如佣人、禽畜，而是他违反了作为主人的管理法则。所以古人说，王公应该坐而论道、制定政务，士大夫应该去把这些政务落实，大家各司其职，事情就好办了。汉代的丞相丙吉只关心牛喘气（因为说明天气异变）而不关心路边的死人，陈平不肯去了解钱粮的数字（因为这事儿有专门的官员负责），他们都知道自己的主要职责是管理百官，这才算符合管理原则啊。今天您是国家的执政，却自己来校对文书，这样也太辛苦了吧！"

诸葛亮微微一笑："您说得对。"之后一段日子，他适当减少了对这些鸡毛蒜皮小事的关注。然而，过了没多久，诸葛亮依然故我，孜孜不倦于各种小事细节。

当年诸葛亮在隆中时，和他的几位朋友崔州平、孟公威等一起读书，崔州平他们把书中内容读得滚瓜烂熟，唯有诸葛亮"观其大略"，不去纠结细节。诸葛亮最终确实比他的几位朋友取得了更高的成就。然而，在达到人生权力顶峰之后，诸葛亮的风格却与读书时判若两人，偏偏对细节分外关注，而在这同时还不放弃"大略"。因为他担心别人的才能不如自己，担心别人不像自己这样尽心。所以很多工作，宁可自己来亲自抓，不肯轻易托付给人。

不得不说，这虽然能够把一些细节事务做得尽可能完备（毕竟诸葛亮本人具有出色的行政能力），然而付出的代价，却是对精力的严重消耗和对健康的损害，最终究竟给蜀汉的"兴复"大业带来了多少损害，恐怕是难以评估清算的。

依法治国

按照《三国演义》中的设定，诸葛亮刚一出山，就成了刘备集团名副其实的"当家人"，军政大事都是诸葛军师说了算。刘备死不死，对蜀汉势力影响没那么大。

这只是小说。实际上，刘备的军事能力、用人能力和魄力均在诸葛亮之上。蜀汉势力在刘备当权时期，和刘备托孤之后的诸葛亮时代迥然不同。

刘备顶着宗室头衔，出身穷人家庭，带着几百人的乡下义勇军开始讨伐黄巾军，从血海里硬生生砍出来一片江山，其果决、敏锐，天下屈指可数。他没有胡子，长相丑陋古怪，但在丑陋古怪的皮囊下面却是超凡的人格魅力。刘备为人豪迈，快意恩仇，从骨子里喷发出无尽的热情。和他打交道的人，有的对他厌恶，比如袁术；有的对他回避，比如刘巴，但更多的则心甘情愿地投奔到他的麾下，忠心耿耿，陪他共患难，出生入死，建功立业。

刘备这种执政模式是不可复制的，因为其他人没有他那么强的气场，罩不住。因此，当刘备到成都待着时，荆州就出事了——麋芳、傅士仁等投降江东，直接导致了关羽的败亡。

因此也就不难理解，当刘备去世之后，诸葛亮要想维持他留下的这个摊子，还要加以开拓，是多么艰难的一件事。

相对刘备这种自带气场的英雄，诸葛亮身上文人气更重一些，当时他的名望和魅力也不能和刘备相比。因此，诸葛亮不可能继续刘备这种纯性情的执政风格。他要创立自己能够驾驭的模式。

这个模式大致包括两层准则：从公上，严肃法纪，遵规守矩；从私上，与人为善，两袖清风。看似简单，坚持并不容易。

严肃法纪，遵规守矩，就是制定合理而有效的法律法规，并且督促大家遵守这些法规，对违规行为加以惩治。相对来说，制定法纪容易，遵守法纪就难。因为每一次违反法纪的都不是抽象的概念，而是具体的人。一涉及利益、关系，就容易给执法者带来诱惑或压力。于是徇情枉法、下不为例也就成了常态。

在刘备时代，诸葛亮只是"大管家"。最高权柄还是在刘备手中，诸葛亮的执法也并非全然不受约束，对于朝廷的高官，他就没有处分权。所以法正在蜀郡太守的任上飞扬跋扈，报复杀人，诸葛亮也只能干看着，不可能把他绳之以法。

现在情况不同了，诸葛丞相本人成为实权掌握者，也就可以痛痛快快地贯彻自己的路子了。

严肃法纪，虽然会触犯部分群体或个体的利益，也会招致怨恨，但归根结底来看，是与国家和民众利益一致的，也有利于政权的稳定。诸葛亮在蜀汉当了十二年丞相，在这十二年中，很多高级官员都曾受到他的惩处。其中有的是和诸葛亮很亲密的人，比如马谡；有的是地位很高的人，比如曾与诸葛亮同受刘备遗诏的李严。面对这些人的错误，诸葛亮都是毫不手软，依法惩治。他的这些行为，在当世会引起非议，在后世也可能引起争论。但至少，"秉公执法"的大原则得到贯彻。相比魏、吴两国，皇帝经常动用特权，搜刮民脂民膏以供享乐，甚至随意杀戮下臣，蜀汉的政治情况却一直相对良好。这其中，诸葛亮立法执法的影响，是不容忽视的。

封建时代的朝廷法制，还有"赦罪"的惯例，就是法外施恩，免除刑罚。尤其遇上皇帝结婚的喜事，或者天灾疫病的祸事，往往对天下的罪人加以赦免。而诸葛亮当政时代，极少赦罪。有人就此事给诸葛亮提意见说："您这样是不是太冷酷了？那些犯人好可怜，这么多年都没有特赦机会。"诸葛亮回答："太平盛世，靠的是大仁大德，而不是小恩小惠。法制公正，民众犯罪少，社会自然安定。要是频繁地赦免罪犯，对那些罪犯倒是有恩德了，对国家和大部分良民有什么好处？"

《三国志》作者陈寿这样评价诸葛亮对蜀汉的治理：

法律制定严明，赏罚都必然严格遵循规则，没有做了坏事不惩治的，也没有做了好事不表彰的。这使得官吏不再奸猾，所有人都能自励自律，道不拾遗，强不侵弱，整个国家的风化也为之肃然。

以德服人

作为领导者，如果仅凭威力弹压属下百官民众，即使能保持表面的统治稳定，却不能阻止内部的暗流涌动，轻则当世天翻地覆，重则后世落下骂名。对于蜀汉这样的弱势政权，外有强敌虎视眈眈，夸张点说，简直无时无刻不在危急存亡之际，内部的凝聚力就更加重要。

内部凝聚力很大程度取决于执政者的个人魅力。刘备在遗诏中说，"惟贤惟德，能服于人"。贤指个人的才能，德指个人的品德，只有二者兼备，才能真正服众。虽然现代人常说"好的国家应该建立在制度基础之上，而不应该取决于领导人的才德"，但这多半也只是理想状态。文武官员也好，百姓士兵也好，企业员工也好，跟着一个有能耐、有人品的领导，斗志也会高一些的。要是老板是个昏庸之人，再好的企业制度也会给玩砸了。

刘备自己虽然在遗诏中自谦"德薄"，但其实是完全符合这两条标准的。相对而言，诸葛亮在这方面的基础要略差一些。他作为蜀汉的重要谋臣、二把手，乃至后来成为实质上的一把手，这个过程离不开个人形象的塑造和人际关系的改善。

最初诸葛亮以一介年轻书生，加入刘备幕府而受到重用，那些资历比他老很多的同僚们是颇有些不满的。刘备最铁的两位部下关羽和张飞就公然"不悦"。张飞素来敬重士大夫，还保持表面上的尊重，关羽一贯傲上而不忍下，估计就直接甩脸子了。后来还是刘备对他俩说："我得到诸葛亮，就像鱼得到水。"这才暂时平息了内部纠纷。

像这样依靠老大发话来维持人际关系，是不可能长久的。作为新加入团队的高层，诸葛亮自己必须设法与同僚建立真正的信任和默契。在《三国演义》和诸多民间传说中，诸葛亮是依靠神鬼莫测的智谋表现，最终让关羽、张飞信服。比如博望坡、新野的火攻，乃至华容道上算准了关羽要放走曹操等。换言之，是通过纯粹的能力征服关、张。

历史上，玩弄这种装神弄鬼的花招并不现实，诸葛亮也并不是神仙。

实际上诸葛亮走的是平常的路子：工作上勤勤恳恳，待人有礼有节，再加上始终如一的谦虚和谨慎。秉持这样的作风，即使未必能很快让人喜欢，至少不会让人讨厌。诸葛亮本人又确实具有过人的外交、政治才能。当这些能力逐渐在实践中表现出来之后，同僚们最初的成见也就渐渐消融了。

随着诸葛亮在刘备集团地位的逐渐上升，逐渐立下实打实的功劳，而他本人又是如此谦和、公正、无私，自然也能得到同为英雄的关羽、张飞等人认可。他又擅长换位思考，能顾及同僚的感受。张飞在荆州时候受了刘巴的冷遇，事后是诸葛亮去向刘巴写信劝告，可见张飞真把诸葛亮当自己人，倾诉了一番自己被刘巴打脸的委屈求安慰。另一个例子是在平定益州之后，关羽写信给诸葛亮，问新投降的马超能耐如何，"争强好胜"之意跃然纸上。有趣的是，关羽不是给刘备写信，却是给诸葛亮写信，说明在他心中，诸葛亮至少是一个可以信任的裁判员。刘备称汉中王后，黄忠被封为后将军，诸葛亮就曾劝刘备，说黄忠以前地位不如关羽、张飞、马超，现在和这三人平级，关羽可能会不服气。事后，关羽果然曾为此一度闹情绪。诸葛亮对同僚们的心态把握算很难得了。

至于刘备集团其他资历相对较浅的成员，对诸葛亮这个"二当家"也是颇为敬服。蜀汉内部官员的评价，或许会顾及颜面，那么就来看看投降敌国的"叛将"对诸葛亮的评价吧。

前面所述的孟达，在刘璋手下是引刘备入室的叛臣，后来又转而叛刘投魏，算是蜀汉集团中一位经历很复杂的过客。孟达匆匆叛逃，他的老婆孩子都留在成都。后来蜀汉大臣李严的手下王冲因为和上级闹矛盾，也投奔魏国。到了魏国，见到前辈叛将孟达，他对孟达说："孟大哥，当时你走的时候，诸葛亮恨得咬牙切齿，要把你的老婆孩子都杀了。幸亏刘备没有同意，好险！"

孟达摇摇头，回答说："你在骗我。诸葛亮这人，行事是有原则的，能分清大小轻重。他绝对不会做出这种事情。"孟达本身就是一个心眼多的将领，经历又这样复杂，他当然不会把诸葛亮当作推心置腹的朋友，然而他也很清楚诸葛亮的作风，不会相信太荒谬的诬蔑之词。

同样，在夷陵之战中，蜀汉军队的北路指挥官黄权因为后路被吴军截断，被迫投降了魏国。不久传来谣言，说蜀汉那边已经把黄权的老婆孩子都杀了。曹丕听说这事，还"好心"地下圣旨，要给黄权的老婆孩子发丧。

黄权拒绝说："我和刘备、诸葛亮都是坦诚相待，彼此信任。他们一定也明白我的用心。我投降陛下，他们绝不会因此对我的家人如何。这恐怕是谣传吧？"后来事实果然证明，刘备、诸葛亮不但没有杀害黄权的家人，反而好好地供养着他们。

此后黄权在魏国若干年，与文武官员谈论时，经常称赞诸葛亮贤能有道德，才华出众，魏国没几个人能比得上。要知道，当时诸葛亮作为蜀汉执政要员，是魏国的第一号大敌，而黄权这般光明正大地赞美他，一点都不怕落人话柄，以至于司马懿还专门写信给诸葛亮说："你们这边逃过来的黄权实在是个性情中人啊，当着大魏国文武官员的面，说你的好话完全无所顾忌。"

我们从中至少可以得出两个结论：其一，黄权是个很有性格的人。其二，诸葛亮在当时的蜀汉士大夫们眼中，确实已经成为才能与道德的楷模。

除了处事公允，待人以诚，诸葛亮还强调廉洁。他曾说"静以修身，俭以养德"。自从成为刘备集团的二把手，公务繁忙，想要"静"是奢望了，"俭"却一直恪守。

诸葛亮自幼父母双亡，曾离乡逃难，又曾在隆中躬耕十余年，那时候生活简朴并不奇怪。投奔刘备之后，赤壁奔波，千里入川，鞍马劳顿，也顾不上享受。但在入主成都之后，尤其在刘备去世后，他身为蜀汉实质上的一把手，十余年大权在握，面对"天府之国"四川的良田沃土，依然能廉洁奉公，这就相当难得了。

诸葛亮曾经给刘禅上表，公示他自己的个人财产情况：

家里在成都有桑树八百棵，土地十五顷，靠这些地产，家里人穿衣吃饭都绰绰有余。他自己在外地施政打仗，吃的穿的都依靠公家供应，所以不需要再置办其他产业。

诸葛亮还说，到自己死的时候，不会让家里家外有什么剩余的财产，免得对不起刘禅。

他果然兑现了自己的承诺。

行胜于言，这真是融入血液的道德了。

当一个人存了贪念，纵然真是天降奇才，又有谁能保证他的才能是用于为国为民上面？对于广大老百姓而言，国家大事难免有起有落，但高高在上的执政者，是越来越富、肥得流油，还是奉公守法、清廉度日，这个差别却足以影响到民众对国家的信心。

诸葛亮身居高位而家无余财，即使不能直接使蜀汉的吏治清明，国富兵强，至少向所有的人传递了这样一个信号：

他是真心舍弃了对个人荣华富贵的追求，而致力他心目中所认为的伟大事业。

这就是他的信念。

有信念的人是伟大的，也总会焕发出人格的魅力。诸葛亮能在当世得到国内外士大夫的推崇，在后世得到民众的缅怀，他的德行，是至关重要的。

小贴士

诸葛亮的幽默

著名的算命大师谯周"身长八尺，体貌素朴"，他第一次去拜见诸葛亮的时候，诸葛亮左右的官吏见到他憨痴痴的模样，都禁不住笑了。这是失礼的行为，但诸葛亮也没说什么。等谯周出门去之后，负责纪律的官员向诸葛亮要求，把当时发笑的人都抓起来进行惩罚。诸葛亮给出了让人捧腹的回答："看见谯周这模样，连我都忍不住要笑，何况左右的人呢？"负责纪律的官员也笑了。

狂士的感叹

诸葛亮严于律己，同样严于律人。一旦涉及原则问题，那是绝不含糊。

在言论方面，诸葛亮就是相当谨慎乃至严苛的。

如前所说，蜀汉出狂士。彭羕因为对马超说出鼓动造反的话，张裕因为诅咒蜀汉政权要亡国，这都算是踩到了国家的底线，所以在刘备时代便被杀了。李邈也因为当面讽刺刘备差点被杀，幸亏诸葛亮出面保了下来。

等刘备去世，诸葛亮执政期间，蜀汉的狂士依然层出不穷。

比如有位叫来敏的，是东汉名将来歙的后代，大贵族出身，又是刘璋的远房表叔，读书学问很大，但目空一切，最喜欢发表议论。刘备入蜀时，在刘巴的推荐下，来敏主管教育，给刘禅当管家。等刘禅继位后，诸葛亮提升来敏为辅军将军。那会儿来敏已经六十多岁了，人越老，脾气越大，看什么都不顺眼，尤其觉得一帮年龄比自己小的人都爬到自己头上了，很是不服，心中一恼火，就管不住自己的嘴巴，成天嘲这个骂那个。他越是这样，大家自然就越排斥他，而这反过来又让他更加愤怒。最后，来敏甚至公然对诸葛亮说："这些毛头小子有什么功劳品德，居然骑在我头上耀武扬威？这些人都这么排挤我，为什么啊？"诸葛亮对这位老人实在没办法，就把他的官罢免了，让他闭门思过。诸葛亮死后，刘禅看在旧日情面上，让他当官，结果来敏还是满嘴放炮，同样因为这个原因，两度当官，又两度被罢免。或许是骂骂咧咧地释放了胸中的闲气，这位老人居然一直活到蜀汉灭亡，享年九十七岁。

来敏不过是倚老卖老骂大街，最多让同僚们不满，另一位的事情，却要严重得多，他就是廖立。

廖立年龄和诸葛亮差不多，也是荆州地区的一位俊杰，曾经被诸葛亮称为与庞统并列的良臣。刘备夺取荆州后，廖立担任长沙太守，等到公元215年孙刘两家爆发第一次荆州争夺战，吕蒙攻占长沙，廖立三十六计走为上，逃出城去。刘备知道这事后也不怪他，改派他当巴郡太守。以后刘备称汉中王，廖立转为侍中（皇帝的顾问），刘禅继位后，又担任长水校尉（相当于首都卫戍的特种部队指挥官）。

廖立虽然是狂士，他可同时是诸葛亮的支持者。加上又曾得到诸葛亮的好评，他更是得意，认为诸葛亮才能第一，自己第二，现在这官太小了，不足以匹配自己的大才。怀着这种怨气，廖立扫视朝廷上的高官，觉得这个不行，那个没用；越看别人没用，越觉得自己委屈；越觉得自己委屈，就越产生了对同僚的愤恨，连李严这样的二把手他都不放在眼里。

北伐前夕，诸葛亮的秘书李邵、蒋琬和廖立聊天，廖立一肚子怨愤，不自觉地来了个总爆发。他施展滔滔辩舌，居然从刘备开始点名痛骂：

"咱们先帝刘备是个笨蛋，当年打下汉中以后不进攻关中，反而去和孙权争夺荆州，结果导致几万大军大败而归，国家元气大伤。至于关羽，就是个匹夫，有勇无谋不会带兵，只知道猛冲猛打，几次战败，损失了大量部队。"

骂完了死人，又开始骂活人。廖立把他看不惯的群臣，一个一个骂过去：

"向朗、文恭，都是凡夫俗子。文恭当治中的时候，做事毫无原则；向朗过去奉承马良兄弟，把他们夸为圣人，现在做长史，也只知道溜须拍马。郭攸之这家伙只不过是个小跟班，不足以商讨大事，现在却当上了侍中。蜀郡太守王连也是个平庸低俗的家伙，贪得无厌，聚敛钱财，使得百姓都苦不堪言。"

这段骂辞，堪称蜀汉版的"击鼓骂曹"。"击鼓骂曹"是文学虚构，廖立骂群臣却是史实。不同的是，祢衡瞧不上曹操，所以把人家手下一一痛骂，而廖立本身就是蜀汉的大臣。祢衡通过骂曹操众文武官员，矛头直指曹操，而廖立虽骂了先帝刘备，骂了蜀汉群臣，对诸葛亮却无丝毫不敬。他是真心崇拜诸葛亮的，或许还希望通过这番骂帮助诸葛亮优化人力资源配置。

然而，诸葛亮不能放纵这种随意指责朝政、破坏同僚关系和朝廷形象的行为。他欣赏廖立的才能，若是在山林隐士的位置上，大可交了这个损友，听他指桑骂槐，聊以为乐。但如今在丞相的位置上，他需要保证的是整个国家机构的正常运转，保证整个团队的凝聚力。廖立这种做派，完全是站在个人的角度，罔顾他人感受破口大骂，是必须加以遏制的。

于是，诸葛亮上表给刘禅，请求对廖立进行处罚。当然了，上表给刘禅，其实就是诸葛亮自己左手交给右手。很快，廖立被罢免官职，废为平民，然后发配到了蜀汉西边偏僻的汶山郡（汶川一带）。

一个心高志大的才子，在四十来岁的黄金年龄，转眼从朝廷官员沦落为流放的平民。这种落差足够摧垮很多人。但廖立也有志气和尊严。他默默地接受了命运，带着妻儿老小去了汶山，埋头耕地，养殖牲口，过着"田园生活"。好歹是中央官员下放，比起一般的农民还是要宽裕不少的。对于流放他的诸葛亮，廖立并未怨恨。边远地区的生活让他冷静下来。反思过去的多年，他明白了自己的问题。就这样，廖立老老实实地"劳动改造"，等待着有一天诸葛亮起用自己。

直到公元234年，诸葛亮的死讯传来，廖立禁不住流下了热泪。他叹息道："诸葛丞相死了，我只能一辈子待在这种边远地区了。"不过，这种田园生活，适度的劳动，又远离了对朝廷政务的殚精竭虑和权力斗争的钩心斗角，对廖立个人的健康和修养倒颇有好处。后来姜维带兵经过汶山时，曾经拜访过廖立，那时已年迈的廖立依然是高谈阔论，意气风发，越老越精神。这一点，比诸葛亮幸福多了。

第八章 量才礼士任贤良

诚意聘贤

诸葛亮自从加入刘备集团，便一直努力为集团发掘人才，尤其帮刘备从荆州网罗了大批贤能。到他独掌全国大权时，能管辖的基本只有益州一地，在人才选拔上的空间更小。这当然是无可奈何的事情。

但即使如此，诸葛亮还是数着米煮饭，想方设法从四川本地人和外来的"移民"中探寻各方面有才干的人，为蜀汉政权添砖加瓦。他曾对属下说，各项工作中，对国家最重要的就是选拔人才，所以你们都要多多地推荐各方面人才。

诸葛亮当初是被刘备三顾茅庐，恳切请出山来的。到他做了当家人，也把刘备当年邀请他的诚意拿出来，同样恳切地去敦请他看中的人才。

比如有一位四川的大学问家——梓潼人杜微。杜微在刘璋时代当过从事，后来借口生病辞职，刘备入蜀之后，也想请杜微做官，杜微借口自己耳聋，闭门不出，刘备最后也拿他没办法。

等到公元224年诸葛亮担任益州牧时，他再次请年迈的杜微出来做官。杜微依然再三推辞，但诸葛亮三番五次邀请杜微，最后用车子把杜微给载到了丞相府中。

见面之后，杜微还是推说自己耳聋，问他什么都瞪着眼作迷茫状。

诸葛亮微微一笑。杜老先生耳聋的事儿，他早有准备。

于是，诸葛亮拿出了他的法宝——笔墨纸砚。

接下来，诸葛亮很诚恳地一笔一画，写在纸上给杜微看：

"我早听说您的德行，非常渴望得到您的教诲，但因为才德低下，没有缘分向您请教。很多人都曾赞叹您的崇高志向，初次见面，仰慕已久。我本领平庸，担任益州的长官，德行浅薄而任重道远，所以始终怀着忧虑。我们皇上今年才十八岁，天资仁爱聪敏，礼贤下士，天下的人也都怀念汉室。所以，我想与您一起顺应上天和老百姓的意愿，辅佐英明的皇上，兴复汉室，立下青史留名的功劳。"

杜微看了诸葛亮写的字，还是口口声声说自己年老多病，请求不当官回家。

诸葛亮继续亲笔写字，游说杜微。他揭批了曹丕的罪恶，继而阐述自己立志灭魏兴汉的决心，并对杜微再三相劝。

最后，诸葛亮说，我请您当官，只希望凭您的德行辅佐朝廷，不会让您去管打仗的！

看诸葛亮如此有诚意，杜微也不好再推辞。到末了，杜微担任谏议大夫，专门提意见、发议论，不负责具体事务。这倒是挺适合他的。

再比如广汉人秦宓，是四川本地的另一位大学问家，从小就以才学闻名，博览群书，口齿伶俐。他又颇有名士风范，不是那种趋炎附势的人，州郡里多次征他当官，他都不肯去；面对朋友的一再举荐，他还以许由、庄周自比，表示甘愿清贫的志向。

刘备占领益州后，再三让秦宓当官，他推脱不过，才当了从事祭酒；没多久，因为反对刘备进攻江东，又被免官下了监狱。大约刘备征战半生，喜欢干脆果决的人，对拿腔拿调的读书人，多少有点潜意识的反感。

这样一个读书人，又是刘备曾经贬斥的，诸葛亮却对其颇为看重。公元224年，诸葛亮把秦宓提拔为别驾，接着又晋升为左中郎将、长水校尉。秦宓看诸葛亮诚意邀请，才当了这个官，可是潇洒自如的作风没有一点改变。而诸葛亮对他推崇如一。后来在东吴使者张温来访时，秦宓靠着自己的学问，在辩论中折服张温，立下了一个大功劳。

杜微、秦宓这种大学问家，在政务上没有太多建树，诸葛亮拉他们入朝，并不指望他们真的干什么活，而是做出推德重贤的表率。同时蜀汉迫切需要能干活的。尤其连年与曹魏打仗，又要防止南方少数民族地区的叛乱，那些军事出色，或者军政两手都硬的人才，就显得颇为宝贵。

这一方面，诸葛亮提拔了一批在原有岗位上表现突出的本土化中级干部。比如云南人吕凯，传说是吕不韦的后辈，担任永昌郡的地方官，在当地素有威信，得到军民的拥戴。南方叛乱时，吕凯和王伉等人坚守城池，挡住了叛军，为后来诸葛亮平叛起到很好的配合作用。等南方叛乱平息后，诸葛亮便上表朝廷，提拔吕凯为云南太守，王伉为永昌太守。

再如巴西人马忠（又名狐笃），刘备入川时担任县长，夷陵之败后带着地方征集的补充士兵去增援前方，得到刘备的赏识。诸葛亮开府后，就提拔马忠为自己直属的军事指挥官，后来曾镇守南方，又曾担任诸葛亮的参军，并讨平西部、南部边境地区羌族和南蛮部落的叛乱，最后成为显赫一方的大员。

还有马忠的老乡，巴西人王平（又名何平），过去担任的是副将。公元228年的街亭之战中，马谡不听诸葛亮的安排打了败仗，王平却临危不乱，整顿军队安然退回。这么一比较，就显出王平的不平凡来。诸葛亮按军纪杀了马谡后，就提拔王平为参军。此后，这位大字不识的"土包子"，逐渐成长为蜀汉一等统兵大将，屡立战功，威震北境。

老子英雄儿好汉

俗话说上阵父子兵，诸葛亮从刘备时代老一辈官员的子弟中拣选了一批人才。比如董和的儿子董允、霍峻的儿子霍弋、马良的弟弟马谡等。

江陵人董和，最初是刘璋的手下，又曾经和诸葛亮一起共事，一直当诸葛亮的助手，诸葛亮对他的才干和踏实很推崇。董和的儿子董允，曾经给刘禅当过太子舍人。诸葛亮看他颇有其父之风，为人正直，处事公允，就把他提拔为黄门侍郎，后来诸葛亮要北伐时，又升董允为侍中，领虎贲中郎将，统率皇宫的亲兵，成为都城内的军政大员。

董允也未曾辜负诸葛亮的期望。皇帝刘禅趁着诸葛丞相不在，想享受大好人生，准备多选几个美女进宫。谁知每次要求一提，董允立刻引经据典地说："陛下虽然可以多娶些老婆，但也是有规章制度的。按照自古以来的规矩，皇帝的妃嫔不能超过十二个。现在宫中的编制已经满了，所以陛下您就委屈一下吧！"

于是在董允的力谏之下，刘禅堂堂一个皇帝，想要多找几个女人都不行。有这样的人看守皇宫，诸葛亮还有什么不放心的呢！

小贴士

董允的功劳

诸葛亮死后，刘禅失去了直接约束，开始宠幸宦官黄皓。董允在这种情况下，对上忠言规劝刘禅，对下严厉警告黄皓。后主对董允的规劝还是要敷衍几分，黄皓更是畏惧董允，不敢为非作歹。可以说，董允一直是诸葛亮留在刘禅身边的定海神针，在诸葛亮外出打仗和诸葛亮死后都是如此。直到董允死后，黄皓才渐渐揽权，干涉国政，弄得朝纲混乱。那时候，一般官员和老百姓纷纷追忆起董允的好处来，都说若是董允在，黄皓哪里敢这么嚣张。

董和的江陵老乡霍峻，最初是刘表的部下，后来跟着刘备入川。益州之战期间，他曾经带着几百兵力守葭萌关，先是挫败了张鲁用诡计夺关的计划，后来又在刘璋军队的围攻下坚守葭萌关一年之久，保证了刘备大军始终有一个根据地，可谓是战功斐然。

霍峻的儿子霍弋，也曾当过刘禅的太子舍人。刘禅登基后，诸葛亮把霍弋带在身边当记室（相当于秘书），让他和自己的养子诸葛乔一起跟随自己左右。霍峻年龄与诸葛亮相当，诸葛亮就把霍弋当自己的子弟培养锻炼。诸葛亮死后，霍弋在军政方面立下很多功劳，最后成为镇守南方的一把手。

另一位比他们都著名的，就是失街亭的主角马谡了。当初襄阳马家，兄弟五人都是大才子，名气最大的是老四，就是马良。马良是诸葛亮的朋友和支持者，写得一手好文章，后来在夷陵之战中遇害。老五马谡文章写得不如四哥漂亮，但比四哥能说话，尤其喜欢军事，对于行军打仗的话题，颇有见地。诸葛亮因而对他颇为欣赏。

有人却持相反意见，那就是刘备。刘备入益州的时候，马谡就跟在他身边当助理，在益州一路打了两三年的仗。刘备本身又是征战多年的老兵，马谡在军事上的能耐，刘备比诸葛亮看得明白。

所以在白帝城托孤的时候，刘备专门嘱托诸葛亮说："马谡这人啊，言过其实，不可大用，你一定要当心！"

诸葛亮对刘备这话不以为意。虽然是君臣鱼水情，但高卧隆中的儒相，和浴血疆场的统帅，毕竟阅历有别，看问题的角度也不同。何况，当时刘备已经六十三岁，临死前的一番评价，没准被诸葛亮认为是胡言乱语。总之，诸葛亮坚信自己也是会看人的，马谡重用与否，应该根据自己考察的结果，而不是先帝刘备死前的一句话。

抱着这个原则，诸葛亮让马谡担任自己的参军（参谋），经常和他讨论军事。马谡在参谋这个岗位上干得还真不错，表现颇对诸葛亮胃口。这样，马谡在诸葛亮的班子中稳步上升——这种上升，将在最后让他自己和诸葛亮，乃至整个蜀汉都咽下苦果。

此外，襄阳名士向朗，资历老，学问大，被诸葛亮任命为步兵校尉、丞相府长史。向朗的侄儿向宠善于带兵打仗，在夷陵之战中跟随刘备，各路军队都被陆逊杀败了，只有向宠带领的一支人马保持着严整的营盘。所以，诸葛亮任命他为卫戍部队指挥官。

还有关羽的二儿子关兴，少年英俊，才华出众，诸葛亮对这小伙子非常赏识，他二十来岁就当了侍中、中监军，可惜没几年就病死了。《三国演义》中把他塑造为一员猛将，冲锋陷阵，屡立战功之后才病死，大约是为了增加关羽的将门虎威。

至于诸葛亮自己的子弟，当然也会任用。诸葛亮的弟弟诸葛均在蜀汉为官，最后官至长水校尉。诸葛亮和夫人黄氏结婚后多年都没有孩子，为了继承香火，就把哥哥诸葛瑾的次子诸葛乔过继过来，在蜀汉担任驸马都尉（管理马匹车辆的官职）。诸葛亮对他要求很严格，安排他从事一些基础工作——比如督促运送军粮——以此来培养和锻炼他。

不拘一格用人才

通常来说，在治平之世，选拔人才通常循序渐进，论资排辈；而在战乱之世，对人才的需求来得更加猛烈，往往破格录用，有才干的人可能得到飞速晋升。曹操、刘备都不拘一格用人，诸葛亮也学到了刘备的几分手段。

早在刘备争夺汉中时，犍为太守李严部下的功曹杨洪因为和李严意见不一，辞职不干。李严就推荐杨洪到成都去当从事。杨洪到成都后，诸葛亮与他谈汉中战事，觉得这人挺有见识。恰好原来的蜀郡太守法正跟着刘备去汉中打仗了，诸葛亮就把杨洪火速提拔为蜀郡太守，官职一下和老上司李严持平了，可谓跃升。

杨洪的表现也确实对得起诸葛亮的重用。就在几年后，刘备在白帝城病重，把诸葛亮召过去听遗命，汉嘉太守黄元趁机造反。这时候成都空虚，朝野惊慌，杨洪却镇定自若，迅速找到太子刘禅，把他的亲兵调出来，再安排两个将军带领太子亲兵去进攻叛军。杨洪还预料到叛军行动，运筹帷幄，分毫不差，很快将黄元擒获斩首。在处理人事政务关系时候，杨洪秉公无私，为人称道。这位得到闪电提拔的太守，没有给诸葛丞相丢脸。

无独有偶，杨洪当蜀郡太守时，手下的郡吏何祗，也是一个人才。

他家庭贫寒，长得五大三粗，又特喜欢大吃大喝，花钱月光，一般人都看不起他。诸葛亮听说何祗不好好干活，成天游手好闲，工作做得一塌糊涂，就亲自前来调查。何祗知道诸葛亮要来，就连夜做功课处理公务。等诸葛亮早上到衙门时，一问衙门的工作，何祗侃侃而谈，对答如流。诸葛亮颇为惊异，听说这小子胡作非为，想不到也是个人才。丞相就提拔他当了成都县令，又兼了郫县令。何祗一人管两县，干得相当出色，诸葛亮又给他升官，没几年他就当上了汶山太守，也和他的老上司杨洪平级了。

汶山有很多少数民族部落，动不动就叛乱，何祗过去之后，一面好言安抚，一面对不听话的严厉惩处，这么恩威并施，少数民族都很服他，汶山很快安定下来。后来何祗被调到广汉去当太守，前脚刚走，汶山的少数民族后脚又叛乱了，并且宣称"除非把何祗大人调回来，我们才不造反"。朝廷没办法，只得另外选了何祗同族的一个人当汶山太守，当地百姓才勉强接受了这个任命。由此可见何祗的能耐。

杨洪、何祗两人迅速和老上司平级的例子，也被蜀汉朝野作为诸葛亮用人的经典故事加以传扬。

再如前面说到的蒋琬，刘备曾要杀他，是诸葛亮把他保下来。刘备称汉中王时，蒋琬只是一个尚书郎。到诸葛亮开府时，就要再提拔蒋琬。蒋琬非常谦虚，坚持推让其他几位同僚，这让诸葛亮更加欣赏他。再后来诸葛亮连年北伐时，蒋琬往往留镇丞相府，负责给诸葛亮提供后勤支持，正如当年诸葛亮给刘备提供后勤支持一样。等到诸葛亮去世，这位最初官小位薄的臣子，居然得以成

绵阳蒋琬墓

为诸葛亮的继承人。而蒋琬此后的表现确实出类拔萃。身居高位，既不得意忘形，又不惊慌失措，从容地处理国家大事，而且心胸开阔，让大家心服口服。刘禅也放心大胆地把国政继续交给蒋琬，正如以前交给诸葛亮一样。

蒋琬的胸襟

　　蒋琬当上大将军后，有一次和文官杨戏讨论工作，提出一条意见，杨戏没有回答他，有人就说："杨戏这是轻视领导，应该惩罚。"蒋琬说："怎么能罚呢？显然杨戏不同意我的观点，他既不肯违背本心附和我，又不肯当面冲撞我，所以就不说话，这是杨戏的忠直啊。"另一个官员杨敏骂蒋琬"做事昏庸糊涂，不如前任"，相关部门要处罚杨敏，蒋琬说："我本来就不如前任诸葛丞相，他说得没错，干吗处罚？"相关部门说："那他还说您昏庸糊涂呢，证据在哪儿？"蒋琬说："既然我不如前任，那么事情一定做得有不合理的地方。既然事情不合理，那当然就是昏庸糊涂了。别再问下去了。"后来杨敏因为其他事情被下了监狱，大家都想他死定了，结果蒋琬又免了他的重罪。

　　此外，还有江夏人费祎，论起辈分来算刘璋的拐弯表侄子。他本来是到益州来游学读书，恰好入川后，刘备也把四川打下来了，干脆就留四川了，身份和地位都不算高。

　　某一次，蜀汉老干部许靖不幸死了儿子，官员士人都纷纷去吊丧。费祎和董允是好哥们，准备蹭董允的车一起过去。董允就向老爹董和请求给辆车。董和想故意刁难下这俩小子，只给了他们一辆很小很简陋的车子。董允的脸顿时拉下来了，站在那里说也不是动也不是。这时费祎不慌不忙，自己先爬上车去了，董允这才跟着上车。

　　等到了追悼会现场，朝廷的权贵都来了，诸葛亮也在内。这帮达官贵人的车子，当然是一辆赛过一辆，衬托得董允他们的小车更破更土。看着大家投过来的目光，董允脸上尴尬得很，费祎却神情自若。

　　等丧礼结束后回到家中，董和专门向车夫询问现场的情况，这俩小子表现如何啊？了解清楚后，董老爹对儿子说："哎，儿子啊，我以前一直不知道你和费祎到底谁比较优秀，从今天开始，我算是知道了。"

　　董允听了这话，恨不得找个地缝钻进去。

　　然而，当天注意到这两人差别的，并不仅仅是董和一人。慧眼如炬的诸葛亮，也由此对费祎另眼相看。等到公元225年诸葛亮南征得胜，凯旋成都时，文武百官出城几十里迎接，里面资历老的、官阶高的不计其数，诸葛亮偏偏把费祎拉上自己的车，让费祎和自己一同入城。

费祎就这样坐在诸葛亮的旁边，颠颠簸簸地进了成都。这一刻，他的表情依然泰然自若，就和几年前坐着董和的破车去参加丧礼时一样。蜀汉的官员们看着费祎，眼神却没法自若了。

此后，费祎奉命出使江东。孙权生性喜欢搞怪，手下更有一群辩论高手，以诸葛亮的侄儿诸葛恪为首，每次费祎一去，就遭到唇枪舌剑的围攻。费祎总是据理回答，应对自如。有时候孙权故意在宴会上把费祎灌醉，然后问他国家大事，想看他出洋相。费祎这时候就推脱"我已经醉了"，闭口不谈，等宴会散了之后，退回招待之所，他再将孙权问的问题一条一条整理出来，然后逐一回答，井井有条。孙权看他连酒宴上的恶作剧都处理得这样漂亮，大为倾倒，感叹道："你这样的贤德之人，以后必然当上蜀汉的高官，只怕今后来我江东的次数会很有限了。"

果然，不久诸葛亮就开始让费祎担任重要职务。而费祎最终在诸葛亮、蒋琬之后，成为刘禅一朝的第三任宰相。

魏延的反骨？假的！

诸葛亮要兴复汉室，北伐中原，离不开勇猛的将军和出色的谋士。在他所重用的人中有那么两位，一个骁勇善战，一个军政纯熟。遗憾的是，这两位偏偏是死对头，让诸葛亮伤透了脑筋。

这两位，就是著名的魏延和杨仪。

在《三国演义》中，魏延简直被写成了诸葛亮的死对头，说他第一次在襄阳造蔡瑁的反，第二次在长沙造韩玄的反，所以被诸葛亮看出"脑后有反骨，日久必反"，当时就想杀魏延。《三国演义》还写魏延多次违抗诸葛亮军令，甚至在"七星灯借寿"时扑灭灯火，直接送掉诸葛亮的命；又写诸葛亮对魏延早有防备，上方谷火烧司马懿时企图把魏延一起烧死，最后临死还遗计安排马岱卧底杀了魏延。总之，在罗贯中笔下，蜀汉丞相和最出色的武将之间的斗争，到了你死我活的程度。

这既丑化了魏延，也诬蔑了诸葛亮。受此影响，又给不少读者另一重相反的印象，认为诸葛亮处心积虑地打压魏延。其实这都是不对的。

历史上的魏延，并非降将，他出生于义阳，距离新野很近，很可能是刘备在荆州期间招募的班底。在跟随刘备取益州、打汉中过程中，他表现得不如黄忠抢眼，但也立下不少功劳。

五丈原的魏延塑像，由刘希平老师提供

对魏延的才能，刘备看得最清楚。打下汉中之后要安排一员大将镇守，当时朝廷官员都认为张飞最合适，张飞自己也觉得非他莫属。谁知刘备却提拔资历尚浅的魏延为镇远将军，领汉中太守。这让全体官员都大惊失色。刘备为了给魏延一个表现的机会，特意召集群臣聚会，然后当众问魏延："我让你干这么重要的职务，你准备怎么干呢？"魏延回答："若是曹操带着天下大军来，我为您挡住他；要是曹操的部下带着十万人马来，我为您消灭他！"刘备看着自己的爱将这般豪迈，乐得合不拢嘴；百官也纷纷夸奖魏延有担当。

豪言壮语本身不能证明实力，但勇气和魄力至少可以稍微压制疑虑。从这一刻起，魏延确立了自己在蜀汉第二代将领中头牌的地位。魏延既善于统率士卒，自己作战勇猛，同时还好动脑筋，对战略战术有独到的见解，确实是一位难得的将才。

到诸葛亮掌握大权时，蜀汉老一辈名将基本凋零殆尽。魏延这样既有名望，又有战绩的中生代将领，诸葛亮当然要加以重用。因此在公元223年刘禅继位时，就加封魏延为都亭侯。公元227年诸葛亮准备北伐时，又任命魏延为前军都督、丞相司马、凉州刺史。蜀汉数次北伐曹魏，在北伐军团中，魏延基本是仅次于诸葛亮的二号人物，诸葛亮多次派他独当一面，而魏延也对得起诸葛亮的信任，频频杀敌立功。

魏延当然是有缺点的，他像很多有才能的人一样，脾气大，而且刚愎自用，不善于和人相处。魏延对敌人是猛冲猛打，对自己人也是猛冲猛打。尤其老一辈的张飞、马超等先后去世，魏延成为武将中的老大，既有出类拔萃的能力，自然有超乎常人的傲气。他趾高气扬，一点不肯让人，平日待人接物，也是很不客气。

这种情商上的毛病，说起来可大可小。蜀汉同僚也好，上司诸葛亮也好，知道魏延这样的脾气，都忍着他，让着他。有一位刘琰，过去是刘备的老部下，资历比诸葛亮还老，官拜车骑将军（刘备称帝时张飞就是车骑将军），跟在诸葛亮身边参议军政。就因为他和魏延发生争执，说了些讽刺魏延的胡言乱语，诸葛亮就很严肃地责备了刘琰一顿，把他赶回成都去，不让他在军中待着了。

诸葛亮对魏延通常来说还是比较维护的。魏延对诸葛亮和整个蜀汉政权，也是忠诚的。

至于著名的"子午谷之争"，只不过是统帅和大将在军事策略上的分歧，魏延有他的战略观点，诸葛亮也有自己的看法，最后谁官大听谁的，仅此而已。魏延固然对此感到遗憾，甚至愤愤不平，说诸葛亮胆小，恼恨自己的才能不得发挥，但他决不至于因此就仇视诸葛亮，以后照样按照诸葛亮的部署勇猛杀敌。诸葛亮和魏延在同朝为臣的十余年中，应该是观点有分歧，但团结合作，谈不上谁打压谁，更谈不上谁陷害谁。

不共戴天的左右手

如果说，光诸葛亮和魏延，事情还好办，但多了个杨仪，事情就复杂了。

杨仪是襄阳人，一度在曹操手下当官，后来"弃暗投明"，自己跑去见关羽，关羽派他进四川去见刘备。刘备最喜欢发掘人才，和杨仪聊了聊军事政治，拍案叫绝，立刻留他在身边当了参谋。等刘备称汉中王的时候，杨仪就当上了尚书。

到诸葛亮时代，杨仪担任参军、长史等辅佐官职。官衔虽不太高，却是"师爷"一类的要职，做的是诸如编制部队、调动粮草兵器等工作，看似琐碎，实际极为重要。

杨仪确实才华过人，对这些让一般人头大的工作，提纲挈领，干起来行云流水一般，因此诸葛亮对他甚为倚重。

魏延和杨仪这一武一文，可以说是刘备留给诸葛亮最宝贵的财富之一，一个是业务总监，一个是行政总监，都是蜀汉这盘棋不可或缺的重要人手。用好这两个人，蜀汉的事业成功希望就大大增加。他们也可以说是诸葛亮在北伐中的左右手。

遗憾的是，这左右手之间，却都容不下对方。

原因很简单：魏延和杨仪这两个人，都是属于有才气，也有脾气，而且心胸不那么宽广的人。

魏延固然是"两头冒尖"，杨仪也是个恃才而骄的人。魏延是武夫，有些蛮横霸道。杨仪是文人，他不像魏延那么横，但却有文人的性格——犟。他不但脾气犟，而且心眼小，记仇，还有些酸气。早在刘备时代，杨仪就曾得罪尚书令刘巴，因此从尚书的实权职位上被改任为"弘农太守"（只是虚职）。前面说过，刘巴是属于连刘备都不放在眼里的狠人，刘备巴巴地追了小半个中国才把他追到。这样的人杨仪都能得罪，他的个性也可见一斑。

所以，当魏延和杨仪在诸葛亮军中相聚，就形成了一个尴尬的局面：没人敢惹魏延，除了杨仪。

两人最初只是小摩擦、小分歧，随后矛盾越来越大。魏延认为杨仪只是搬弄口舌的酸儒，杨仪认为魏延只是仗势欺人的匹夫。这两人之间性格的冲突，渐渐发展为不共戴天的仇怨。有时候魏延竟然拔出刀来，威胁着要砍杨仪的脑袋，而杨仪则吓得一把鼻涕一把泪，场面颇有几分滑稽。

对诸葛亮来说，这真是无语又无奈。诸葛丞相对魏延和杨仪都是非常倚重的，少了哪一个，北伐大计都会受到严重影响。刘琰这种没什么能力的老干部，得罪了魏延可以把他赶回成都去，但杨仪和魏延却是缺一不可的。诸葛亮本人又不具备刘备那样的气场。他要处理的事情实在太多，很难有精力和手段调解部下之间这种莫名其妙的矛盾。他能做的，也就是安排好他们的分工，或者说几句大道理。而这些大道理对于魏延和杨仪来说，丝毫不能减轻他们彼此之间的厌恶感。

每逢魏延拔刀时，就要靠诸葛亮的另一位助手费祎坐到他们俩中间，好言好语，说圆场话，调停，安抚魏延，宽慰杨仪，鼓励他们共同为国家出力，才能把闹剧收场。靠了费祎的大力匡救，才勉强维系着魏延杨仪的"和平共处"。这在费祎本人，是他能力和人品的体现；但在诸葛亮或整个蜀汉，却是一种悲哀。

在诸葛亮当政的时间里，尤其在北伐开始后，这种无可救药的内讧就在持续上演，甚至闹得"外国友人"都知道了。

费祎有一次出使东吴，孙权设宴招待。宴会上孙权喝多了，口无遮拦地对费祎说："魏延、杨仪这两个都是没什么德行的小人，虽然也有鸡鸣狗盗的才能可以为国家效力，但一旦诸葛亮死了，他们失去制约，必然要造成祸乱。你们蜀汉的人怎么这么糊涂，不加以防备，这不是把祸患遗留给子孙吗？依我说，赶紧把这俩都扑杀填埋了。"费祎见孙权满嘴酒气来这么一句，一下愣住了。幸亏边上的人提醒，费祎整理了一下思路，回答说："魏延和杨仪只有私人矛盾，并没有不轨的野心。他们的才能确实很出色，我国为了消灭曹魏，对他们量才使用。如果因为这个就舍弃不用，等于是因为担心风浪就完全放弃船只，这才是糊涂呢。"孙权听了，哈哈大笑，不再拿这件事寻开心了。

费祎这话应对虽然巧妙，但不过是外交辞令而已，根本的矛盾确实如孙权所说的那样。诸葛亮听了这番对答，也只是赞扬费祎的急智和辩才，他肯定是笑不出来的。

不管如何，诸葛亮终究是在蜀汉这一亩三分地上，量才使用，逐渐把蜀汉的人力资源架子搭建起来了。

这也为他下一步的建设和开拓打好了基础。

第九章　南中泸水瘴烟散

风雨飘摇的公元223年

公元223年夏天的蜀汉，正处在风口浪尖。

前一年在夷陵之战中损失了大量精兵，顶梁柱刘备随之轰然倒塌，登基的小皇帝刘禅年方十七。诸葛亮秉政之后，虽然大力选用人才，安抚人心，但整个局势不容乐观。北面是死对头曹魏，东边是刚打过一场大战的孙权，西边和南边又有边境豪强和少数民族的造反，就连巴掌大的四川境内都不宁静。

这个关头，真是既不能安内，更不能攘外，用诸葛亮的话说，"此诚危急存亡之秋也"。

所以就在这一年，魏国的一群大官们，什么司徒华歆、司空王朗、尚书令陈群、太史令许芝、谒者仆射诸葛璋等，他们非常乐观，也非常"好心"，觉得都到这一步了，你小小蜀汉还玩什么？不如早早投降了吧。他们纷纷写信给诸葛亮，劝他看清形势，顺应天意，乖乖地给魏国做附庸吧。

要知道，孙权前些年向魏国称臣，这会儿名义上还是魏国的诸侯。要是诸葛亮手一抖真投降了，那魏国就从名义上统一天下了。

然而，诸葛亮是不肯屈服的。他当初选择刘备，已经抱定了坚守汉朝"正统"的信念，更何况曹魏篡汉的过程，在他看来也是形同胡闹。看着北边的名士高官们书信不断，他也不一个一个回信了，就给他们统一来了封公开信，算是答复。

在信中，诸葛亮先拿当年的项羽做例子，说项羽只凭武力，不讲道义，虽然曾一度称霸天下，最后还是身死国灭。曹操没有接受教训，也会落得同样的下场。曹操自己运气好先死了，他的子孙也一定会遭祸害的。

接下来，诸葛亮指责华歆、王朗等一帮人为曹魏篡汉摇旗呐喊，就和当初王莽篡汉时那帮无耻文人一样，也要遭报应。

针对魏国大臣们"魏蜀强弱悬殊"的说辞，诸葛亮又举出光武帝刘秀在昆阳之战大败四十万新莽军的战例，说明战争胜败在于正邪，而不在于多寡。曹操当初带着几十万大军，照样在汉中吃了败仗，而曹丕比他老爹更过分，居然篡位，你们这些人就算口若悬河，也不能洗脱他的罪名。

最后，诸葛亮严词宣告：天理昭然，不是不报，时候未到。我是一定要北伐的。当初轩辕黄帝带着几万兵卒，就能击败蚩尤，平定天下。何况我蜀汉还有几十万正义之师，讨伐你们这些乱臣贼子，自当势如破竹，除残去秽，以张天下大义！

这番话写得气势如虹，言辞犀利，可谓掷地有声，读来振奋人心。罗贯中后来正是依据这一番话，在《三国演义》中编出"骂死王朗"一段话来。

然而，批判的武器不能代替武器的批判，最终决定国家存亡的还是实力。诸葛亮深知这一点。打完嘴仗之后，他继续埋头思考策略，改善蜀汉当前四面受敌的恶劣环境。

四方之中，北面的曹魏虽然从政治上是不共戴天的死敌，但自从公元219年刘备夺取汉中和关羽北伐失败后，已经有三四年没有打仗。两国之间隔着高耸的秦岭，道路险要。如果发生大规模的战争，进攻一方难度挺大，曹丕也很难下定决心翻过秦岭来找麻烦。再加上镇守汉中的魏延是骁勇善战的猛将，一时半会儿这个方向反而是最安宁的。

西边的汶山等郡，是汉族和少数民族杂居地区，虽然有时会出些叛乱什么的，但距离成都不太远，蜀汉中央力量可以及时赶到，总的来说问题不大。诸葛亮任命像何祗这样的能臣担任地方官，逐渐把这一处也摆平了。

剩下两个方向情况却要复杂得多。

孙权就不多说了，与蜀汉集团恩怨交织十多年，联合抗曹也是他，袭取荆州、火烧夷陵也是他，现在还顶着曹魏附庸的名分。

虽说在夷陵之战后，孙权立刻和曹魏大举开战，又曾向刘备求和，似乎有改善关系的味道，但那是刘备在世的时候，老爷子虎倒威风在，孙权也得掂量掂量。

现在刘备死了，刘禅继位，谁知道孙权这个滑头又会打什么主意？所以蜀汉方面对江东丝毫不敢松懈，专门由实权仅次于诸葛亮的军政二把手李严镇守白帝城，防范江东可能的入侵。

南边的情况就更乱了。所谓"南中地区"，就是指益州南部的牂柯、越嶲、建宁、永昌等几个郡，大致在现在的云南、贵州、川西南一带。论面积，差不多占了蜀汉国土的一半。那里自然环境复杂，天高皇帝远，又有羌人、夷人等少数民族聚居。早在刘璋时代，成都对这边的控制力就不强。刘备入川后，也只是勉强保持名义上的统治而已。刘备争夺汉中期间，越嶲的夷王（少数民族首领）高定就曾起兵造反，被李严杀败。

等到刘备和东吴翻脸之后，孙权通过交州（今天两广地区）对南中各郡煽风点火。南中一带更加波澜迭起。建宁郡的豪强大户雍闿杀死了太守正昂，并且派人联络孙权。刘备派张裔去接替太守。这位张裔当初在刘璋手下为官，曾经和张飞、诸葛亮在德阳大战一场，虽然大败，好歹也是见过世面的。谁知一到益州，他就被雍闿抓住，捆起来经交州（两广地区）送到江东去了。

等到刘备去世后，雍闿更加猖狂，认为这下蜀汉没人能治他了。他公然接受了孙权的任命，自称永昌太守。李严写了长达六页的一封信给他，给他说明利害，劝他不要造反。雍闿相当傲慢，只回了一页纸说："俗话说天无二日，士无二王。但现在你们都自称自己是正统，让我们这些偏远地区的人很困惑，不知道该服从哪一个啊！"言下之意，你们自己既然扯不清楚，我乐得当土皇帝。

雍闿造反，不但给整个南中地区带来很大震动，而且他四处一扩张，就把成都和南中地区之间的联络给切断了。接着，雍闿又请出一位在南方大名鼎鼎的领袖人物，四处联络同道，共同反抗蜀汉。

这位老大哥的名字大家都知道，叫孟获。

《三国演义》说孟获是南方少数民族的"南蛮王"，还给他配了个美貌泼辣的老婆"祝融夫人"。历史上，孟获确实在南中的汉人和夷人中有巨大威望，属于一呼百应的人物，孟获振臂一呼，各夷人寨子都纷纷响应雍闿。越嶲的夷王高定本来就一直和蜀汉不对付，当然是兴高采烈地加入雍闿的阵营。牂柯的地方官朱褒也起兵造反，整个南中完全失控。

只有永昌郡的功曹吕凯、府丞王伉带着军民坚守城池，挡住了雍闿扩张的步伐，这永昌郡算是为蜀汉政权在南中保留了一块根据地。但永昌郡位于建宁郡的西边，虽然没有屈服雍闿，却被雍闿隔断了连通成都的路，蜀汉这批忠臣也只是困守一块"飞地"罢了。

北部是强大的死敌，东方是背叛的盟友，南方是蜂起的叛军。对于初掌国政的诸葛亮而言，这实在不能算一个好的开端。

他就是在这种情形下，开始了自己在蜀汉的苦心经营之路。

雍闿的诡计

雍闿在建宁郡起兵造反后，生怕当地的夷人不听他的，就叫孟获去给夷人各部落说："官府要向你们征收三百条黑狗，而且连胸前的毛都必须是黑的；还要三千根坚硬的大木材，每根必须长三丈以上，你们自己想，能不能办到？"当地所有的黑狗，胸前毛都是浅色的；而坚硬的大木材一般只能长到两丈左右。夷人首领们发现自己完全无法满足"官府的勒索"，雍闿趁机就煽动他们一起造反。

建宁郡原先叫"益州郡"（是地市级行政单位，和省级行政单位"益州"不同），诸葛亮平定南中后才改名建宁郡。本书为便于区分，统称建宁郡，请读者注意不要被误导。

联吴破冰

面对南中各郡一片叫反，蜀国朝廷百官惶惶不安。有人给诸葛亮建议：赶紧趁着南方刚刚叛乱，出兵去平定他们！不然咱这一半国土就要丢了！

然而，诸葛亮没有同意。

因为他对这件事看得更透彻：南中问题，归根结底是一个政治问题。

刘备死了，新上任的刘禅-诸葛亮班子威望不够，所以南中的人心不稳，一些野心家趁机煽动造反，这是内因。

孙权和蜀汉敌对，对南中豪强加以诱降，南中本地也有人认为江东比蜀汉强，所以一勾引就上船，借江东为外援，谋求脱蜀自立，这是外因。

这内外两方面的根子不拔除，单纯派兵去打，就算能把叛乱一时镇压下来，后患还是无穷。更何况，现在蜀汉刚刚死了主心骨刘备，又在过去四年中连遭丢失荆州、火烧夷陵两场大败，国力损耗巨大。这时候再强行南下打仗，不仅会给国家带来沉重负担，从军事上也没有必胜把握。

若是勉强上马出征，一旦战场上遭遇点意外，被南中绊住手脚，魏国、江东孙权再有什么打算，那就回天无力。

看清这一点后，诸葛亮对南中采取了温和的手段，只是不断派遣使者去安抚那些叛乱的郡县，尽可能让他们别闹得太嚣张，就算公然和蜀汉作对，也请声音稍微小一点。

军事上，诸葛亮仅仅加强了叛乱地区和未叛乱地区边境的防备，不让叛乱继续波及蜀汉领土的北部，甚至朝廷任命的南中各郡太守，都不敢到当地上任，而是停留在邻近的县城里面，每天也就到交界处走一圈，望望风水，这称为"遥领官职"。

同时，诸葛亮在内部组织发展生产，开垦土地，让老百姓生活好起来，再多囤积粮食。这些才是真正该做的。就算派兵打仗，也得让士兵都吃饱肚子不是？

诸葛亮把战略重心放在了南中问题的幕后策源地——江东。

这会儿，孙权的身份很尴尬。他自己在公元220年向曹魏投降，接受了曹丕的"吴王"册封，名义上算是放弃了汉朝诸侯的身份，而变成"大魏藩属"。但是在公元222年夷陵之战刚打完，曹丕立刻派三路大军南下攻打江东，被孙权打回去，两家就此决裂。到公元223年，孙权更是派出大将贺齐主动进攻魏国的蕲春，俘虏了太守晋宗。

敌人的敌人就是朋友。从战略来说，蜀汉和江东两支弱旅，存在联合起来抗击强大曹魏的需要。最大的问题是两家因为之前的战争产生了隔阂。这个障碍必须想办法消除。

诸葛亮沉思着。

恰逢尚书邓芝对诸葛亮说："丞相，先帝被烧之后，孙权派人求和，先帝也派了费祎等人前去出使。现在先帝死了，新皇上年龄小，为了稳固外交环境，应该再派遣使者前去，重新确立友好关系，免得孙权生异心。"

诸葛亮眼前一亮，点头道："是啊，我一直在思考这个问题，就是没有合适的人选，现在有了。"

邓芝问："谁呀？"

诸葛亮道："装什么傻，就是你啊。"

于是，他就派了邓芝为使者，在公元223年冬天到达江东。

不出诸葛亮和邓芝所料，孙权首鼠两端的毛病从赤壁之战起一直没改过来。现在他虽然在跟曹魏开打，可是毕竟还有名分上的藩属关系，而且对蜀汉实力也没数，生怕找上一个软弱的盟友会吃亏，于是就这么两头犹豫。

他甚至不肯接见邓芝，生怕见了面之后，就被邓芝的花言巧语说服进而吃亏。

邓芝等了几天没动静，就发了一份文件给孙权，说我这次来不光是为了蜀国，也为了你的好处。你不见我，那就吃亏了！

这种幼稚到家的说辞，孙权也信了。他害怕吃亏，赶紧接见邓芝。宾主展开了友好而亲切的交谈。

孙权倒很耿直，开门见山："我是愿意和你们蜀国联合对抗魏国的，但就怕你们君主年幼，国家弱小，周边形势又恶劣，被魏国一打连自保都难，我和你们联盟不是反而被你们拖累了吗？"

邓芝说："咱们加起来有四个州的地盘。您是当世的英雄，而我们的皇帝虽然年幼，比您大一岁的诸葛亮丞相可是豪杰。我们有蜀道险阻，你们有长江天险，把两家的地利人和联合起来，进可以并吞天下，退也可以鼎足而立，这道理很明显。大王您要是继续给魏国当乖小弟，曹丕这厮一会儿要您入朝见他，一会儿要您的儿子去当人质，您不听他的话就说您藩属造反，起兵来讨伐。真到这一步，我们也只好过来落井下石，顺流而下抢地盘了，那您就完了。"

孙权一听，这话有些耳熟，好像很久以前，周瑜和鲁肃也对他说过。这位英雄又自己琢磨了很久，终于下定决心，断绝了和魏国的外交关系，转而与蜀汉联合。为了表示诚意，还把前几年被雍闿绑了送江东的张裔给放回去了。

> **小贴士**
>
> ### 张裔奔命
>
> 诸葛亮派邓芝出使东吴，叮嘱他顺便把张裔带回来。两国结盟后，邓芝就向孙权请求放回张裔。张裔到江东这几年一直很低调，孙权也不觉得他多有能耐，就同意了。等到张裔临走前，孙权召见他，和他开玩笑说："四川的寡妇卓文君，居然和司马相如私奔，你们四川的风俗怎么如此这般啊？"张裔应声回答："吴越地区朱买臣的老婆，因为嫌弃丈夫穷苦，五十岁离婚再嫁，后来丈夫发达后，她又羞愤而死。两个相比起来，我看还是卓文君要贤惠一些。"孙权又问："你这次回去一定可以在蜀汉当官，准备怎么报答我？"张裔回答："我作为太守被叛军绑架到贵国，有负皇帝的希望，属于戴罪回国，将要接受朝廷审判。万一有幸不被朝廷杀头，那么五十八岁以前的生命算父母给我

的，五十八岁以后的算大王赐给我的。"孙权听得哈哈大笑，非常开心，也挺佩服张裔。张裔出官之后，想起刚才的情形，非常懊悔，觉得自己装疯卖傻不彻底，还是暴露了，于是赶紧上船，昼夜兼程往西边赶。果然孙权很快回过味来，觉得张裔这么有能耐的人才不能放回蜀汉，就派人紧追不舍。一个追一个逃，等追兵赶到两国边境时，张裔已经跑过去几十里了，就差这半天工夫没有赶上。

从张裔逃离东吴的一波三折，可以看出吴蜀之间这种联盟确实存在着不稳定因素，诸葛亮还远没有到高枕无忧的时候。

"吴蜀和平"杯辩论赛

第二年（公元224年），孙权派张温出使蜀汉，达成互访。

在成都的宴会上，蜀汉官员都到了，就大学问家秦宓没到。前面说过，他当初因为反对伐吴，被刘备罢官下狱，后来是诸葛亮重新敦请来当官的。虽然当了官，他大大咧咧的作风一直没变，国家宴会居然迟到了。诸葛亮对他分外敬重，屡次让人去催请。这让张温看着很是奇怪，问："这人谁啊？"诸葛亮回答："是我们益州的学士。"张温冷笑一声，不以为意。

等秦宓终于姗姗到来时，张温问他："你真的有学问吗？"秦宓道："我们益州，五尺童子都有学问，何况我呢？"

张温还不服气，他自以为读书多，学问大，准备好好教训下这个四川大学问家。

秦宓微微一笑，水来土掩，兵来将挡，莫非还怕你不成？

于是，一场辩论赛展开了。

张温先问："天有头吗？"

秦宓回答："有。"

张温问："天的头在什么方向？"

秦宓说："在西方。《诗经·大雅·皇矣》有'乃眷西顾'，按这个推理，天的头在西方。"

张温又问："天有耳朵吗？"

秦宓说："有耳朵。俗话说，天高听卑（上天虽然位置高远，却能洞悉最低微的事情），《诗经·小雅·鹤鸣》又说'鹤鸣于九皋，声闻于天'，没有耳朵怎么听啊？"

张温又问："天有脚吗？"

秦宓说："有啊。《诗经·小雅·白华》说'天步艰难，之子不犹'。没有脚怎么迈步？"

张温又问："天有姓吗？"

秦宓说："有啊，天姓刘。"

张温问："你怎么知道姓刘呢？"

秦宓说："天子姓刘，所以天也姓刘！"

张温又问："太阳是从我们东边出来的，对吧？"

秦宓回答："对呀，太阳从你们东边出来，到了我们西边就落下来了。"

秦宓把胸中学问施展开来，引经据典，对答如流。张温见识了秦宓的厉害，先前的不屑之心一扫而光，转而佩服得五体投地，从此对蜀中人物不敢小看。秦宓也算是为蜀汉大大长了一回脸，对得起诸葛亮的重用了。

这场激烈的辩论赛，称得上是学术交流，无伤感情。从此，两国关系趋于正常化，吴蜀双赢。

孙权很开心。等到邓芝再次出使江东时，孙权满脸友好地对邓芝说："现在吴蜀一条心，共同对抗魏国。等我们灭掉曹魏，平分天下，到时候我们各自统治一半土地，岂不是很快乐吗？"

这种不着边际的幻想当然是不切实际的，但好歹符合眼前吴蜀联合的气氛。然而，邓芝一点不准备给孙权这个面子，他耸耸肩膀说：

"天无二日，士无二王啊。真要等咱们两家灭了曹魏之后，大王您最好能顺应天命，归降我们大汉，达成天下一统。若是您不肯归降的话，那么两家君主各自发扬仁德，两家臣子各自恪尽忠诚，战争才刚刚开始呢！"

孙权听了大笑："你说话居然实诚到这个地步了！"

邓芝出使江东，促使两国确立盟约，使天下形势产生了决定性的变化。双方结束了数年战争敌对，重新回到赤壁之战时两家联合的局面。

这使得他们面对强大的曹魏，不但具有招架之功，而且有了还手之力。孙权专门写信给诸葛亮，称赞邓芝立下的大功。

对诸葛亮而言，派遣邓芝与江东重新确立为盟友，是他执政后的第一个战略胜利。尽管"跨有荆益""两路出兵"的计划无法实现，但至少荆州是在一个盟友而非敌对势力的掌握中，防御时可以指望其增援，进攻时可以获得策应，这无论如何都好过单打独斗。

更直接的结果是，与孙权同盟，蜀汉在国防方面的压力减轻许多，诸葛亮的注意力可以从东边更多转移到南边来了。

瘴气三月下益州

蜀汉与孙权结盟之后，在接下来的两年里，曹丕和孙权大打出手，鲜卑族军队也入侵曹魏的北方，蜀汉则获得了相对安宁的环境。诸葛亮还是让魏延守住北边汉中，李严守住东边永安，他自己在国内大力发展生产，积蓄粮食，生产蜀锦出口创外汇，一边训练军队，同时派人搜集南中地区的各项情报。

> **小贴士**
>
> **曹丕伐吴**
>
> 吴蜀结盟后，曹丕对孙权大为不满，不顾辛毗等人的劝谏，再次大举出兵攻打。公元224年秋，曹丕亲自带兵到长江边，被大将徐盛挡住。公元225年秋天，曹丕又带着十多万大军兵临长江，被江东敢死队偷袭，连车子和冠盖都给人抢去了，只好灰溜溜退兵。

转眼到了公元225年。经过两年的休养生息，诸葛亮认为军力和物力储备已经足够，同时随着吴蜀结盟，孙权不再煽动声援叛军，南中地区叛乱的政治外援已经被斩断。

各方面条件齐备，诸葛亮决定对南中叛乱分子动手了。

长史王连反对诸葛亮亲自带兵。他倒不是怕诸葛亮打不赢，而是觉得南中地区属于"不毛之地"，疫病流行，诸葛亮身为一国执政要员，不应该亲自去那种地方，万一有个闪失，对国家损害太大。他认为派一员大将去就行了。

　　诸葛亮也知道王连的好心，但他认为南中地区关系重大，这一趟过去不仅要行军打仗，还必须辅以政治手段，其他人很难像他这样考虑周全，也不一定能像他一样尽心尽力。王连苦苦劝告了很久，诸葛亮甚至因此而把行程推后了很多日子。

　　最终，诸葛亮还是决定，亲自带兵南下。这是公元225年农历三月的事。

　　诸葛亮颇为欣赏的参军马谡这次没有跟着。他送诸葛亮出城时，一直送了几十里路。诸葛亮对他说："南征这事，咱俩已经共同谋划一年多了，你还有什么建议吗？"

　　马谡回答："南中地区主要距离远，地势险要，所以一贯对朝廷不服从。就算今天打败了他们，明天又会造反。而且您的大战略是要举全国兵力北伐曹魏，那就必然造成国内空虚，一旦被南中的人知道，他们更要造反。那么能不能把造反的人全部杀光以绝后患呢？也不行，一来这样太残忍了，不是仁义之人的作为；二来，短时间内也不可能做到。"

　　接着，马谡给出了他的结论：

　　"兵法上说，攻心为上，攻城为下，心战为上，兵战为下。希望您收服南中那些人的心。"

　　诸葛亮点了点头。马谡的这个分析建议，在他看来是太贴切了。

　　随后，诸葛亮带着蜀汉军队，开始了平定南中的军事行动。

　　在《三国演义》中，这几个月占据了全书整整三十分之一的篇幅，参战的双方兵力庞大，蜀汉方面是"川将数十员，川军五十万"，赵云、魏延为首的将星倾巢出动；南中叛军一方也是动辄蛮兵数万、数十万，还有各种稀奇古怪的兵种，比如木鹿大王的猛兽军团、兀突骨的藤甲兵等。

　　实际上，这场战争从军事规模来说比书中描写的要小得多。蜀汉一方的兵力不过三五万，叛乱方人数可能多一点，而且多数是军民不分的乌合之众，其战斗力无法与蜀汉精兵相抗衡。南中平乱，对诸葛亮而言，主要难在地理位置复杂，以及需要尽快收服人心。

　　诸葛亮在南征时，采用了四路兵马齐头并进的做法。他自己带领主力部队往西进攻越巂郡，对付夷王高定；大将马忠带兵从东路进攻牂柯郡，对付叛将朱褒；大将李恢往南进攻建宁，牵制叛乱的祸根雍闿。而永昌郡的吕凯、王伉等则坚守最西边的本郡，牵制部分叛军。

　　雍闿、高定、朱褒这些人，过去是仗着天高皇帝远胡作非为，真要和朝

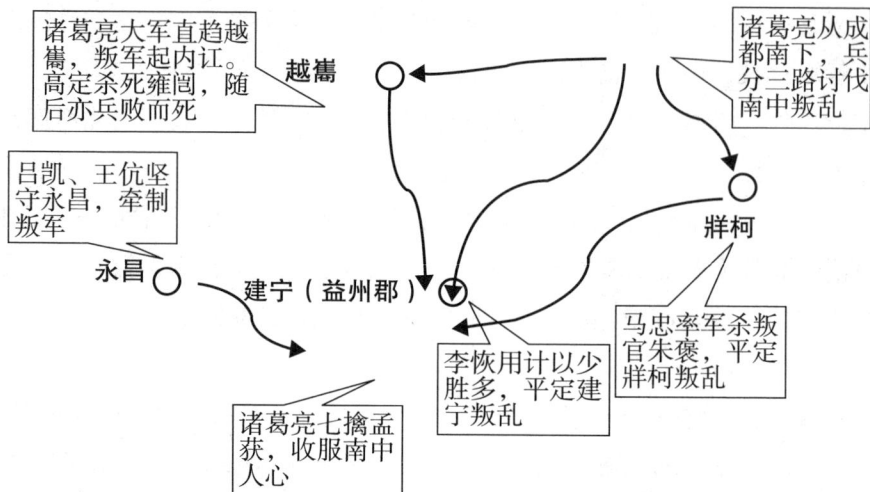

诸葛亮平定南中示意图

廷的精兵对抗，根本不够打。诸葛亮大军直逼越巂，三下五除二，打得高定溃不成军，雍闿赶紧带兵跑到越巂去帮忙，结果诸葛亮又是用兵又是用计，令两家起了内讧。可怜雍闿好心没好报，给高定的手下杀了。高定集合了两家兵马再跟诸葛亮打，又被打败，大本营和老婆孩子都被蜀军抢去。他不甘心失败，又纠集几千残部，杀人歃血，还想跟诸葛亮决一死战，最后再次一败涂地，自己的脑袋也给蜀军砍去了。越巂郡基本平定。

与此同时，马忠也带兵一路进击，一口气打下好几个县城，把朱褒杀了。牂柯郡平定。

李恢这一路却遇到点麻烦。他带领少数精兵，向建宁郡进发，谁知建宁郡是叛军的大本营，雍闿虽然不在，留下的党羽却不少，再加上当地其他对蜀汉不满的部落，以及想趁乱捞一把的人聚集在一起，人多势众，反而把李恢的队伍给包围在昆明。当时诸葛亮的主力还在越巂和叛军作战，彼此之间没有互通消息，李恢看着城外黑压压的叛军，也禁不住有些紧张。

关键时刻，李恢灵机一动，对这些叛军要起了计谋。他本来就是建宁郡俞元的人，和当地这些叛军都是老乡，就派人去给叛军头目说："老乡啊，别打了。告诉你们一个秘密，诸葛亮的官兵粮食快吃完了，他们要撤退了。我本是建宁人，心中其实一直牵挂着故乡和乡亲啊！现在诸葛亮滚蛋了，咱们乡里乡亲正好携手合作，共同为家乡建设出力！我把这么机密的事情都给你们说了，够坦诚了吧。"

叛军一看这老乡这么知趣，大喜过望，马上举办盛大酒宴，庆祝打跑了诸葛亮。大家围着篝火大吃大喝，载歌载舞，沉浸在胜利的喜悦中，谁还想着打仗、戒备？

谁知道李恢就趁这个当口儿，带领军队猛冲出来。他的那些老乡们原本就是乌合之众，仗着人多打打顺风仗还行，一遇到突然袭击顿时就做鸟兽散。李恢一路追亡逐北，杀得建宁郡的叛军四散奔逃，很快把全郡叛军肃清。

三路官兵都取得了胜利，诸葛亮、马忠、李恢会师，永昌的吕凯、王伉也终于迎来了盼望已久的救星。

七擒孟获

然而，南中的事情到这里并没有结束。雍闿、高定、朱褒虽然都死了，南方的群众领袖孟获可还活着。他纠集了雍闿的余部，再加上高定、朱褒等人的残兵败将，继续和诸葛亮作战，颇有点"野火烧不尽，春风吹又生"的架势。

眼前叛军的实力比起当初，已经有所削弱。但诸葛亮不想像对付雍闿等人一样对付孟获。因为孟获在南中地区的汉人和夷人中，有着很高的威望。单纯杀掉他，对蜀汉后方稳定没什么好处。相反，在我方优势下，应该对现有资源展开尽量多的利用……

于是，诸葛亮决定实践马谡的"攻心为上"。

首先，诸葛亮对刚刚收复的南中各郡，一手军事，一手政治，双管齐下。他除了部署必要的部队追击叛军残部，将更多精力用于恢复当地生产，安定民心。同时，他悬出重赏，在整个南中地区活捉孟获。

孟获虽然得民心，但得民心未必能打胜仗，他很快被诸葛亮打败并活捉。比照通常的待遇，叛军首脑都应该被砍头。孟获也做好了血洒故土的准备。可是，出乎他的意料，诸葛亮没有杀他，反而摆出酒肉招待他，并且带着他参观自己的营寨和阵地。

孟获酒足饭饱，又大饱眼福地溜达了一圈，诸葛亮问他："老孟，你看我的队伍如何？"

孟获直言不讳："以前我不知道官兵的虚实，所以打了败仗。如果你的部队就是这个样子，那我一定可以战胜你！"

诸葛亮微微一笑："那好，我放你回去，你整顿人马再来作战吧。"

孟获被释放之后，果然重整旗鼓，前来交锋。这次虽然他对蜀军多了些了解，然而毕竟本身的战力劣势在那里，他淳朴的脑子又如何比得上诸葛亮？没多久，孟获又一次兵败被擒。这下可再没话说了。

然而，诸葛亮并未逼迫孟获投降，反而再次放了他。

双方就这样上演类似的一幕幕喜剧。孟获每次被擒，都鼓足余勇，整兵来战，但同时他每次被擒，自己的兵力也会受到损失，而且士气更加低落。就这样，孟获越打越没信心，越打输得越干脆，而诸葛亮每次都和颜悦色地优待俘虏，并且释放他。

每个人都是有脸皮的，有良心的，南中地区的孟获更是一个直肠子。等到第七次被擒后，诸葛亮依然要释放他，孟获终于感动了。他不肯再走，流着泪对诸葛亮说："丞相天威，我们南中人再也不造反了！"

小贴士

七擒孟获真伪

有史学家认为"七擒孟获"是虚构的，理由是诸葛亮在南中打仗一共只有几个月，在如此短的时间内应该来不及七擒；尤其诸葛亮深入南中，应该速战速决，哪有工夫慢慢玩这种把戏？不过要考虑到，历史上的七擒孟获并非如《三国演义》中那样百万大军跨越万水千山的征战杀伐，很可能就是在小半个云南省范围内进行的山头河边追击。而诸葛亮在之前已经击溃了南中叛军主力，斩杀了一批首脑，对孟获的七擒更类似于蜀军已经确立优势下的"追剿残匪"军事行动，这种擒纵只是费点事，不会有太大的伤亡代价。诸葛亮有两个战略目的，第一个是直接消灭眼前的叛乱，这个已经达到了；第二个是尽可能安抚南中人心，而七擒孟获正是达成这个目的的重要手段。那么以诸葛亮的谨慎和耐心，在这件事情上多花些时间实在太正常了。因此，"七擒孟获"是否确有其事，需要有更多史料证实或证伪。此外，在云南地区还存在不同的民间传说。有说"孟获七擒诸葛亮"的，还有说

"诸葛亮七擒孟获，孟获五擒诸葛亮"的，大抵都是在七擒孟获基础上衍生出来的。

巴掌与枣儿

孟获既然被降服，诸葛亮平定南中的任务就算圆满完成了。作为收尾工作，诸葛亮对南中的行政区划进行了一些调整，把益州郡改名为建宁郡，又另外分设了兴古、云南两个郡，使得每个郡行政面积减小，便于管理。他把李恢、吕凯、王伉这些云南功臣，以及马忠这样的智勇双全之士任命为各郡太守，管理地方。除此之外的中下级官吏，很多直接选择南中地区的汉人和夷人头目们担任。

有的部下对此有疑虑，认为南中人不可靠，应该多留一些成都带来的官吏在当地，加强控制力。

诸葛亮自有他的主张。他说，这种情况下留太多官吏是很麻烦的。如果把各级官职都留给中央来的人，你要不要再留些军队来保护他们呢？这些南中人，尤其是夷人在战乱中也死了不少人，难保不对外地人产生仇恨。要是没有军队保护，说不定官吏会被杀害；可留下军队呢，要供养这些军队就需要粮食，粮食不可能千里迢迢从成都运来，那就只有从本地征集，这又是一个麻烦；此外，这些南中的汉人和夷人先前叛乱，本来心里就惴惴不安，你留下太多官吏，他们感到自己不被信任，反而会加强激变的风险，而且他们内部出了任何纠纷冲突，屎盆子都会第一个往咱们的人头上扣，徒增猜忌。所以，我既不在南中留军队，也不从南中征集粮食，官吏也少派，尽可能让汉人和夷人顺其自然地生活，大致保持稳定就可以了。

部下们听诸葛亮这样说，自然也就不好再反驳。但完全顺其自然，真的就能保证平安无事吗？

放心，诸葛亮还有更狠的一招呢！

"攻心为上""仁义为本"确实是诸葛亮此次平定南中的指导思想，但这同样只是手段。诸葛亮的根本目的，是要保证南中地区尽可能纳入蜀汉有效统治体系，让这一大片领土成为蜀汉的资源而不是负担。

显示足够的信任，收复南中人心是一方面。另一方面，对于存在的叛乱隐患，也必须大力铲除。

诸葛亮对此的具体措施是移民和编户口。

在平定南中之乱的过程中，诸葛亮对南中人，尤其是少数民族的骁勇彪悍，留下了深刻的印象。这些勇士留在南中，说不定会再叛乱十次八次，但如果加以有效统治利用，岂不是可以作为战场上的一支劲旅吗？于是诸葛亮从南中选择了勇猛彪悍的一万多家民众，把他们全部搬迁到蜀郡（成都一带）居住，并从中选拔精锐的士兵，编组成一支"特种军团"，号称"无当飞军"，让王平担任指挥官。

而剩下的那些民众呢？诸葛亮把他们分配给顺从朝廷的南中土豪们作为部属。这样，既加强了对民众的管理，也让那部分和蜀汉朝廷接近的土豪得到了好处。此外，诸葛亮又鼓励土豪们拿出钱财布匹，招募夷人勇士作为部下，招募得多的，还可以当大官。这样，原本不服管束的少数民族，因为贪图钱财布匹，纷纷接受汉族豪强们的改编。孟获等当地的头面人物都被封了官职，其中孟获官至御史中丞，相当于纪律监察官员。当然，让孟获这直肠子真的去监察蜀汉那帮官僚，也就是个笑话罢了。

自古以来，引诱人去干某些事，比起强迫人去干某些事，总是更容易实现的，只要你能找到最合适的诱饵。诸葛亮抓住土豪重权位、夷人贪钱财的弱点，轻易实现了自己的目的。

依靠土豪的支持和编户政策，诸葛亮对南中的人力实现了有效控制。南中出产的黄金、白银、朱砂、黑漆和牲畜等也源源不断地运入成都，供应蜀汉朝廷和军队使用。原本蜀汉政权的"盲肠炎"，现在被打造成为一台"造血机"，为诸葛亮的宏大战略提供着有力的支持。

公元225年12月，诸葛亮功德圆满，带领南征大军返回了成都。

按照《资治通鉴》的记载，说是通过此次"七擒孟获"，从此直到诸葛亮去世，南中的夷人都没有造反，这是错误的。实际上，就在诸葛亮班师之后不久，南中就又发生了叛乱，夷人杀害当地守将，被李恢迅速剿灭。公元233年，南中夷人首领刘胄又起兵造反，后来被马忠带领张嶷、张翼等将领平定。南中地区形势复杂，指望靠一次几个月的军事行动再加上孟获个人的效忠，就彻底根除叛乱，这是不可能的。但诸葛亮的雷霆一击加上釜底抽薪的政治手段，确实让南中地区相对安定，以后发生的叛乱都是小打小闹，像之前那种数郡一起叛乱、动摇国家根基的事情再也不会发生了。

磨刀霍霍

诸葛亮用了将近三年时间，完成联盟东吴、剿抚南蛮两大战略任务。这样一来，在刘禅继位初年对蜀汉最直接的两大威胁，已经变害为利，转化为两大助力。诸葛亮的思路开始指向终极目标——北伐曹魏。

回到成都之后，公元226年全年，诸葛亮都在忙于进行北伐的筹备工作。

在之前三年里面，蜀汉的军事格局是：李严驻守东部的永安，防备江东；诸葛亮自己坐镇成都，管理四川大部；北面的汉中由魏延驻守。

接下来诸葛亮要北伐的话，他的重心就要移到汉中去，那么四川的军事交给谁统管？万一南中再发生叛乱，谁来主持平定？

当然，只能是二把手李严了。

于是，在公元226年春天，李严从驻扎了几年的永安调动到巴郡（重庆），修筑江州城，作为蜀汉国土腹心部的一个军事基地。东部边境的防守，留给李严手下的都督陈到负责。至于诸葛亮自己，他调度益州的人力物力，准

白帝城

备把大本营搬到汉中，以汉中为基地北伐。当时诸葛亮的哥哥诸葛瑾，还写信给弟弟，担心李严调走后东部的防御力量太弱。诸葛亮回信说，陈到是刘备手下的老将，带的兵也是当年刘备的精兵，没问题的。

"小赵云"陈到

陈到是汝南人，跟随刘备较早，与赵云并称，称得上是第一代将领中的"忠勇打手"。他虽然资历老，但为人低调，官职不算太高，事迹流传下来也很少，《三国演义》中甚至连名字都没出现。

诸葛亮本人并非军事天才，但他曾饱读兵书，在投奔刘备十多年间，也曾旁观和亲自参加过多场大战。他自知，要靠"神机妙算"来打仗，是存在风险的。曹操、刘备都是天下一等一的军事人才，可就连他们，也曾在五六十岁的年纪，被三四十岁的周瑜、陆逊用计打败。可见胜败乃兵家常事，谁也不能保证自己不打败仗。

然而，诸葛亮受刘备重托，他不能够承担这种损失，不愿意进行冒险。

因此，他换了一种思路，试图尽可能打造一支战斗力很强的军队，依靠军队本身的实力，而不是巧妙的奇谋战术来取得胜利。

蜀汉军事方面的弱点，首先是国狭人少，兵源不足，全国军队加起来也没多少。

其次，西南地区马匹少，难以组建大规模的骑兵。而要用步兵为主力，与魏国铁骑在关中平原上相互冲杀，这个滋味可不好受。

为了解决这个难题，诸葛亮从两方面入手。

首先，改良军队的装备，打造锋利的刀剑、坚韧的战甲。有了好的装备，士兵肉搏战斗力自然得到提高，部队的损耗也会小。蜀汉铁矿丰富，正好加强这方面的能力。当时蜀汉有位叫蒲元的铁匠，最擅长打造锋利的短刀，他打造的刀不但从选材、火候等方面严格要求，而且连淬火用的水都必须从固定的河流中取得。据说蒲元为诸葛亮打造的几千把钢刀削铁如泥，能够一刀将装满铁珠的竹筒劈为两片，铁珠也都一分为二。此外，今天流传下来的很多史料里面，都记载着诸葛亮亲自过问匕首、斧头、头盔等军事装备的生产和配备工作。

除了强化常规兵器、铠甲，诸葛亮还设计了一些新式武器，比如著名的诸葛连弩，能发射八寸长的短箭，一发十箭，相当于古代的冲锋枪，用于中程距离的伏击和阻敌，效果很好。

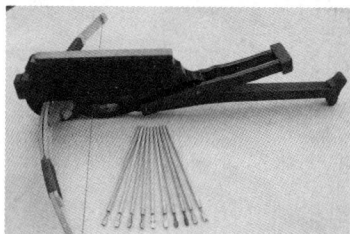

诸葛连弩

其次，诸葛亮在提高单位部队战斗力上下功夫。面对蜀汉为数不多的军队，他狠抓基础训练，平时多流汗，战时少流血。他训练军队，不但制定了详尽的军令、军法、军规，而且注重细节；不但讲了安营扎寨应该怎么布置，行军应敌应该注意什么，甚至当敌军骑兵冲过来时，第一时间怎么躲，弓箭手怎么发射，长矛手怎样配合，一丝一毫都设计得细致入微。蜀汉士兵只要按照他的条例努力训练，熟能生巧，自然就成为强大精准的战争机器。

在士兵严格训练的基础上，诸葛亮又研究出各种阵法，最著名的叫"八阵图"。

中国传统的评书和古典小说，已经把"阵法"变成了神鬼莫测的玩意儿。比如在《三国演义》中，诸葛亮不用一兵一卒，仅仅用一堆堆石头摆成的八阵图，竟然能引起阴风大作，神鬼怒号，大将陆逊进阵后就再也出不来。这实在太夸张了。

其实，阵法一点不神秘，就是古代军队冷兵器作战的队形，按照某种队形，打起来可以少吃亏多占便宜，大家记录下来下次照搬，就成了阵法。

比如春秋时期打仗使用战车，一辆战车后面跟几十个步兵。敌方是步兵围着战车走，我方变个花样，战车在前，步兵在后，双方打起来，我军的战车可以先碾压敌军前排步兵，等双方战车交锋后，我军步兵再一起上来痛打已经被冲散的敌军步兵，这就是一种阵法，美其名曰"鱼鳞阵"。

再比如后来的步兵交锋中，敌人冲来时，我方第一排弓箭手，第二排盾牌手，第三排长枪手。弓箭手先在阵前发射一排箭，然后退到第三线射敌人的后援，原本第二线的盾牌手变成第一线挡住敌人，原本第三线的长矛手躲在盾牌后面攒刺敌人，这也是一种阵法，而且是最基本的阵法。

诸葛亮的"八阵图"，是在古代《六韬》《司马法》《孙子兵法》等兵书战阵基础上发展而来。大致来说，这个阵法，把全军分为天、地、风、云、龙、虎、鸟、蛇八个分阵，每个分阵又有若干个小阵，分别按照一定队形和位置排列开来。在两军野战时，根据不同的战场形势，各个分阵、小阵变换阵形，或分进合击，或首尾救应，确保己方各部队构成一个有机整体，避免落单，

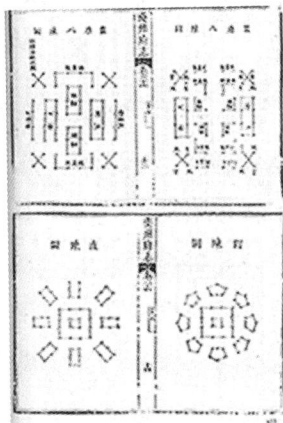

八阵图谱

同时对敌军分割包围，各个击破，从而取得战场优势。

"八阵图"当然无法像小说中的"法宝"一样每战必胜，但它确实能在野战时更多杀伤敌人，减少己方损失。诸葛亮自己记载，在"八阵图"编练完成之后，部队在战场上即使失利，也基本可以保证主力退下来，不至于发生全军溃败乃至覆灭的惨景。

此外，诸葛亮打仗非常重视情报工作，在他的军事条令中，将军怎样探测地理条件，怎样招募当地人当向导，怎样派人侦察敌情，怎样用信号旗传递信息，都有详细的规定。

依靠装备和训练上的苦心积累，诸葛亮在数年中编练出一支能征善战的队伍。征讨南中时，诸葛亮给这支队伍提供了实战演练的机会。而返回成都后，他又用了一年时间，完成了修整任务，同时把南中地区选出来的精悍壮丁也编入队伍，进一步强化战斗力。

在今后数年中，诸葛亮就依靠这支兵力，频繁北伐，在中国战争历史上书写了不浓不淡的一笔。

形势一片大好

回顾历史可以发现，从公元219年末关羽败走麦城开始，几年来蜀汉接连走霉运，法正死、张飞死、夷陵败、刘备死、南中叛……真是喝口凉水都塞牙。

然而，等到公元223年刘禅继位，诸葛亮掌权，接下来的几年，则是形势越来越好，好事情一件接一件。

就在诸葛亮平定南中回川，开始规划北伐时，又一个大好消息传来。

公元226年夏天，魏文帝曹丕病逝，年仅40岁。

作为三国的第一位皇帝，曹丕虽然天资聪明，文采出众，但从治理国家的综合才干来看，不如曹操，与刘备、孙权也有些差距。在他的统治下，曹魏政权始终弥漫着一股轻浮的色彩。他人品也不好，因为私怨，对功臣旧勋毫不留情地加以诛杀，让曹魏政权人心惶惶。曹丕在位的短短7年中，本来有历史上最好的统一三国的机会——夷陵之战，但曹丕没有抓住，先是坐山观虎斗，眼巴巴地等蜀军败溃后，转而又去向胜利者，同时是自己名义上的藩属江东进攻，结果灰头土脸地被打了回来。在其后几年，曹魏在东南方向和孙权纠缠不休，北边又遭到鲜卑人接连入侵，反而陷入被动。

而曹丕直到临死之前，才勉强把自己的长子曹睿立为继承人，新旧交替之际又进一步带来人心和政治格局的波动。

蜀汉的这个死对头，目前处在最虚弱的状态。

曹丕的狂性

曹丕为人刻薄寡恩，心胸狭窄。大臣鲍勋的父亲鲍信，当初曾与曹操一起并肩抵抗董卓，剿灭黄巾军，最后力战身死，算得上曹家的恩人。可就因为曹丕宠妃郭氏的兄弟犯罪，鲍勋秉公执法，拒绝了曹丕的求情，从而遭到嫉恨。曹丕称帝之后，某次有个官员在经过尚未完工的兵营时，没有走规定的道路，被起诉"扰乱兵营秩序"。鲍勋认为兵营还没完工，不算犯罪，曹丕抓住这个机会，说鲍勋颠倒黑白，把他抓起来审判。判决结果是监禁和罚金，曹丕大怒："鲍勋早该死了，你们居然想留他的命！"就把判决的人也抓起来，逼迫其判处鲍勋死刑。钟繇、华歆、陈群、辛毗等元老大臣纷纷向曹丕诉说鲍家的功劳，曹丕一概不听，还把专门负责司法的高柔叫到宫中，另外派人去处死了鲍勋，这才放高柔回办公地点。

曹丕的堂叔父曹洪，曾在战场救过曹操的命，但因为吝啬，不肯借钱给曹丕，从而两人结下梁子。曹丕称帝后就抓住曹洪一个门客犯法的机会，要把曹洪处死，百官纷纷求情也没用。最后，还是卞太后出来，逼着郭皇后吹枕头风，才救了曹洪的命

曹睿的亲生母亲甄宓，因为年老色衰，被曹丕赐死，另立宠妃郭氏为皇后。曹睿因此一直得不到曹丕的喜爱，所以继承人的位置直到曹丕死前才确认。曹睿继位后，追封自己的生母为文昭皇后，又向郭太后报复。

曹丕新死，无疑是进攻魏国的大好机会。但诸葛亮并没有立刻出兵。

原因很简单，他还没做好准备。

蜀汉国小人少，而从汉中出发进攻魏国，需要翻越秦岭，无论粮食还是

军械的损耗，都不是小数字。诸葛亮的性格又是一贯谨慎，他不可能在准备不充分的情况下发动一次仓促的进攻。关羽和刘备在荆州的失败，已经给了他太深刻的教训。

所以他要积蓄，积蓄，等待，等待，直到万事齐备，这才开动。哪怕眼前机会非常诱人，他也不为所动。

好消息接踵而来。孙权得知曹丕死的消息，也觉得这是个大好机会。他可不像诸葛亮那么谨慎，而且这几年江东和魏国边境线上的战争一直没停息过。所以，孙权立刻大举增兵，向魏国发动了猛烈进攻。

当年秋天，孙权亲自带兵进攻江夏，被魏国大将文聘击退。

随后，孙权又派诸葛亮的哥哥诸葛瑾进攻襄阳，也被击退。

这一次襄阳保卫战，在战史上微不足道，但魏国一方指挥官却非常重要。他叫司马懿，时任魏国骠骑大将军。

这位名门子弟，比诸葛亮大两岁。20年前，他一再推脱后，被曹操强行征召为官；10年前，他成为曹丕的心腹；20年后，他将发动政变，夺取曹魏帝国的实权；40年后，他的孙子司马炎将完全篡夺曹魏政权，建立晋朝，并实现三分归一统。

当然，眼下的司马懿还只是魏国的大将之一。在击退诸葛瑾后，他还将给诸葛亮带来大麻烦。

孙权的这种进攻，虽然不足以动摇魏国根本，但至少吸引了魏国的主要注意力。对蜀汉即将进行的北伐颇有好处。诸葛亮看在眼里，心中自然是美滋滋的。

仿佛上天还要再给诸葛亮加上一点惊喜，又掉下来一块蛋糕：过去的叛将孟达也来投诚，表示愿意再次反魏投蜀。

公元220年孟达背叛蜀汉，本是迫不得已。后来诸葛亮执政，李严是二把手，孟达和李严私人关系不错，对诸葛亮的才能和人品也颇为敬佩。诸葛亮要想北伐，需要尽量削弱敌人，强化己方，对这样一个人当然要加以笼络。

于是，诸葛亮平定南蛮之后，就写信给孟达说："以你的才能和志向，怎么能空挂一个虚名，而终老林泉呢？当初你离开蜀汉，完全是因为刘封欺人太甚，辜负了先帝刘备对待士人的诚意，错不在你；听说你后来在魏国，也说过我的好话。现在写这封信，表达一下我们彼此的交情。"

孟达接到这封信，颇为感动，当即写信答谢。从此诸葛亮和孟达之间书信往来不断。

蜀汉二把手李严也来凑热闹，写信给孟达说，我和诸葛亮一起受刘备的临终托付，肩上的担子好重，多么希望有一个得力的同伴来帮我们分担。你来不来呢？

要说孟达到魏国之后，虽然蒙曹丕看重，官爵不小，但一直没机会做出什么大事，想想总觉得虚度光阴，对不起自己的满腹才华和平生志向。看到这种诱惑，也不禁心动。但毕竟曹丕对自己也不错，要背叛他也挺不好意思的。

等到公元226年曹丕去世，而且孟达在魏国朝廷的其他亲密朋友和靠山，比如桓阶、夏侯尚等人，也先后去世。曹睿上台，虽对曹丕有哀伤之情，恐怕更多的还是愤恨。那么孟达作为曹丕看重的臣子，又是降将，日子就相当难过了。

到了这份上，孟达开始真心和诸葛亮联络，准备举起叛旗，再度投回蜀汉阵营来。

小贴士

孟达反魏的地理意义

孟达担任魏国的新城太守，镇守上庸、西城、房陵一带，汉水中游的这片地区西接汉中，南连永安，东下则是襄阳一带。如果孟达真的带着这片土地归蜀汉，那么蜀汉就有可能开辟进攻魏国的第二条路线，即先从上庸东下进攻襄阳，然后从襄阳北上宛城，战略拓展的空间将大大增加，甚至之前因为荆州完全丢失而破产的两路出兵计划也可能恢复。

一句话，天时、地利、人和均具备了。北伐曹魏、兴复汉室的一切内外部条件，都如此充分。诸葛亮终于要迈出实际行动的步伐了。

第十章 陇上街亭戈甲伤

七拼八凑出师表

经过公元226年一年的准备，诸葛亮认为时机成熟，可以正式北伐了。

于是，在公元227年暮春，诸葛亮向皇帝刘禅上了一道表章，这就是千古闻名的《出师表》。

这篇八百多字的表文，被历代文人奉为经典，被历代爱国志士当作热血檄文，被选入中学课本。

然而，它到底好在哪里？

诸葛亮的另一篇雄文《隆中对》，主题鲜明，重点突出，就是在为刘备分析天下形势，制订战略计划。全文逻辑严明，一气呵成，结论清晰，说服力强。

而这篇说是叫"出师表"的文章，其实该叫"出师前上的表"。它里面也讲了"出师北伐"的事情，但除此之外，东拉西扯，说的事情特别多，特别杂。难怪最后两句是"临表涕零，不知所言"，没准刘禅读了也是这反应呢。

细细重读一遍，我们可以从这篇大臣给皇帝上的表文中，读出丰富的意味。

从里面能读出"强横"。作为一个大臣，对皇帝指手画脚，你应该这样，你不应该那样，而且公然扬言"宫中府中，俱为一体"，意思是你宫中的事儿，也要按我丞相府的规定来办。刘禅这皇帝当得可真够窝囊的！

从里面能读出"惊悚"。开篇就是"天下三分，益州疲敝，此诚危急存亡之秋也"，吓唬皇帝。

从里面能读出"自恋"，读出"倚老卖老"。回顾当初先帝如何三顾茅庐把他请出来，"受任于败军之际，奉命于危难之间"，后来又"临崩寄臣以大事"，真是眉飞色舞，大力摆谱。

从里面能读出"哀怨"，什么"未尝不痛恨于桓灵"，什么"受命以来，夙夜忧叹，恐托付不效"，指桑骂槐，好像在讽刺皇帝昏庸。

从里面更能读出"絮叨"，咱们朝廷上，哪些人是忠臣，应该听他们的话，不听的话会有什么坏处，如果他们不肯进忠言也应该如何惩罚……可以

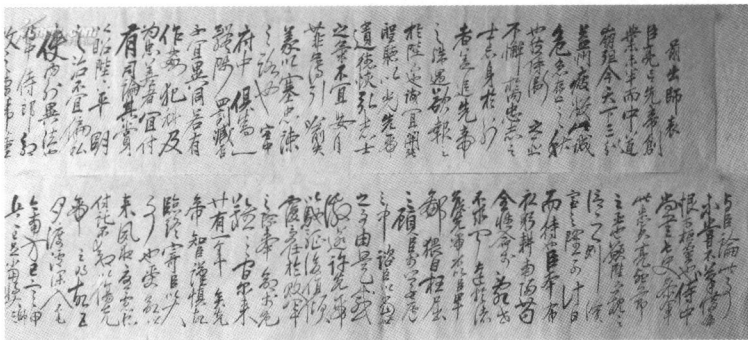

岳飞手书《出师表》

想象刘禅同学跟小学生上政治课一样坐在御案前，捂着耳朵苦着脸，忍受"相父"的碎碎念。

然而，把这些糅合在一起，我们更能读出"忠诚"，读出"关爱"。好像一个父亲将要为家庭谋生计而出门打工，临行前对他儿子的谆谆嘱托。

可能有些琐碎，可能有些颠三倒四，可能会先入为主，老生常谈……然而饱含的，确确实实是一片舐犊深情。诸葛亮对小皇帝刘禅，兼具了君臣、师生乃至父子的情感。正因为诸葛亮爱他，关心他，所以才会对离开后的事情如此提心吊胆，才会放心不下，一遍一遍回头叮嘱，才会不顾他的逆反和厌烦，絮絮叨叨反复说着千遍的陈词滥调，还生怕他听不进去。

诸葛亮写表文的时候，或许更能感受到刘备病榻前托孤的心情吧。

《出师表》递上去之后，刘禅也跟着下了一道诏书，向天下宣扬讨伐曹魏贼子。当然，这诏书从文笔来看，估计就算不是诸葛亮写好让刘禅签字，也是手下那帮文人写的，他估计懒得动那脑筋。

出师表，由奉节县旅游局提供

之后，诸葛亮留下长史张裔、参军蒋琬等人管理丞相府的事务，让侍中郭攸之、费祎和侍郎董允管理刘禅宫廷的事务，让向宠等带领御林军守卫首都，整个后方的防务交给驻扎江州的李严负责。

诸葛亮自己，则带着吴懿、赵云、邓芝、杨仪、马谡、王平等一大群将领谋士，以及蜀汉的主力部队，浩浩荡荡前往汉中，与魏延会合，准备北伐。

磨磨蹭蹭害死人

诸葛亮的最大优点就是谨慎，一丝不苟，计虑充分。他自己的《出师表》中都说"先帝知臣谨慎，故临崩寄臣以大事也"。

但他最大的缺点也是谨慎。逐鹿天下，有时候不可能计出万全；军事战争，其本质就有冒险。你什么都要讲万无一失，固然可以避免一些风险，但也会错失很多机会。如果原本有优势，保险一点没错；但本身敌强我弱，再一味谨慎，则可能变成被动挨打。

从他第一次北伐出师便可见一斑。诸葛亮平定南中，是在公元225年底。次年夏天曹丕死，魏国朝野混乱，正是攻击的好时机，所以孙权过了三个月就分兵进攻江夏、襄阳。

而诸葛亮呢？他依旧出于"准备万全，方能动兵"的准则，继续在成都安心搞军备建设。直到过了将近一年，在227年暮春，才上《出师表》，带着大队人马到汉中。

这个过程，够得上"十月怀胎"了。诸葛亮自己固然用这大半年进行了更充分的准备，但魏国方面有这大半年的调整缓冲，从中央到地方的准备更是完全不一样的，曹睿的屁股坐稳了，朝廷人事结构变动基本也搞完了。这必然给诸葛亮未来的北伐带来更大阻力。

还有一桩逸事。诸葛亮的亲儿子诸葛瞻，是在公元227年出生的。

前面说了，诸葛亮与黄夫人结婚二十余年，没有孩子，所以还专门把大哥诸葛瑾的次子诸葛乔收养作为后嗣。这次汉中战备，诸葛乔也和其他的贵官子弟一起，很辛苦地带着几百名民工搬运粮食，忙得汗流浃背。

不过，没有亲儿子总归有点不爽，所以诸葛亮又娶了妾室，生下诸葛瞻来。这年诸葛亮已经48岁了，比刘备得刘禅时年龄还大，对这个乖儿子自然当宝贝宠。为政务军务操碎了心的诸葛亮，就算闭上眼睛，听着儿子亮开嗓门的啼哭，闻着婴儿身上散发出来的奶香，也能驱散繁重工作的疲劳，他真想就这样沉浸其中。然而，军国大事在肩上，他顾不得多享受天伦之乐，更没时间对儿子启蒙教育，就又一头扎进北伐的漫长准备之中。

而那位给诸葛亮立下大功的小妾，也挺苦的。诸葛亮清正廉洁，两袖清风，小妾连件多余的漂亮外衣都没有（妾无副服）。

公元227年春天，蜀军到了汉中，该开打了吧？还不。诸葛亮继续在汉中进行整备工作，修道路，备战具，屯粮草。公元227年眼看着一晃就要过去了。

那会儿虽然信息传递不如今天发达，但你几万大军这么大的动静，在汉中又一待就是一年，哪里瞒得过人家？更何况刘禅还往天下发了一道讨魏诏书呢！魏明帝曹睿很快得知了消息。这家伙年少气盛，甚至想主动调集大军，抢先进攻汉中。

真要是这么打过来，那才正中诸葛亮下怀。反客为主，正好杀你个片甲不留啦！可是曹睿左右有明白人。大臣孙资说："秦岭道路太险了。当年太祖打汉中张鲁的时候，就相当危险，回来还一个劲地说汉中简直就是地狱。以他老人家的英明神武，也没有对孙权、刘备穷追猛打，这就叫知难而退。现在咱们镇守南方，防备孙权，已经占用了十五六万大军，要是再去打汉中，必然要添兵，而且汉中地势险要，粮食转运困难，打过去对国力损耗太大。从来打仗都是守易攻难，如今这种形势，我们只要派遣精兵良将守住险要位置，使孙刘不能打过来，然后休养生息。咱们地盘大人口多啊，要不了几年，经济发展起来，收拾他们就不费吹灰之力了。"

孙资这么一说，曹睿也不是傻瓜，他打消主动进攻的念头，派大将曹真在关中地区加强戒备。这样一来，诸葛亮北伐的困难就更大了。

在诸葛亮漫长的准备过程中，又遭遇了另一个损失：孟达死了。

曹丕死后，孟达在魏国日子很不好过，所以在诸葛亮、李严的撺掇下准备再次叛魏归蜀。结果，他的计划被当初一起叛蜀归魏的伙伴申仪给告发了。孟达也发觉自己被怀疑了。这时候，司马懿又写来书信，安抚孟达，叫他老老实实给曹魏干活，别起异心。这让孟达相当头疼：司马懿这奸贼，他到底是知道还是不知道啊？

头疼之下，孟达写信给诸葛亮讨主意。诸葛亮还没有和司马懿打过交道，但他早从哥哥诸葛瑾那里听说过司马懿的手段，因此回信催孟达赶紧起兵，司马懿厉害得很！

孟达这会儿反而坦然了，他写信给诸葛亮说："您别着急。司马懿在宛城，距离洛阳八百里，离我一千二百里。他就算准备攻打我，光上奏朝廷讨论，反复就要一个月，到时候我早就准备好了，怕什么？"

孟达一厢情愿地做美梦，殊不知这会儿司马懿已经在宛城准备收拾他了。司马懿手下的将领都说："孟达的问题，咱们要慎重处理，一面充分调查情况，一面汇报请示朝廷，再出动兵马。"司马懿大怒："孟达为人一向没有信义，现在他正疑惑无措，是我们最好的动手机会！还要报告朝廷，黄花菜都凉了！"他一边继续写信敷衍孟达，一面带领大军，兼程杀到新城。

猛然看见城下张牙舞爪的魏兵，孟达终于慌了。他给诸葛亮写了最后一封信，信上说："天啊，才八天司马懿就到城下了，太快了……"

然后，就没有然后了。

孟达反魏时，诸葛亮和孙权都派出小部队向新城方向接应。然而，蜀汉这边，原本很多人就对联合孟达一事持反对意见。著名的不同政见者费诗就曾对诸葛亮说，孟达这家伙，当初在刘璋手下就不忠不义；后来又背叛先帝。这种反复无信的家伙，您还给他写什么信！诸葛亮本人呢，也并不太信任孟达，派出的接应部队只是聊以应付。至于孙权，历来是投机分子，当然更不会尽全力救援孟达了。

两家都是这个态度，司马懿又早有算计，分派了部队阻击孙刘两个方向的援军，这两家也不会为了孟达玩命增援。

这样一来，孟达当然只有死路一条。司马懿猛攻十六天后，城中开门投降，孟达被斩。

这是发生在公元228年春的事。尽管孟达在诸葛亮的北伐大战略中并不是必须的一环，但他的反叛被闪电般地平息，直接让蜀汉失去了一颗棋子。

小贴士

诸葛亮存心害孟达?

近来有一种观点，认为诸葛亮是存心害孟达，并且归纳出两条动机。其一是诸葛亮和李严争权，担心孟达归蜀后李严系实力大增，动摇自己的地位；其二是孟达当年攻克房陵时，杀了房陵太守蒯祺，而蒯祺是诸葛亮的姐夫。实际上，这两个观点说得都有些牵强。诸葛亮在蜀汉的权势地位远胜于李严，而孟达即使投蜀，也只是一个叛而复回的"失足自新者"。诸葛亮若要和李严搞政治斗争，有没有孟达在都不会产生决定影响。再者，以诸葛亮的权势，真要整死孟达，等孟达反魏投蜀之后再报复，显然也是更容易、更保险的。

此外，根据《晋书》的说法，诸葛亮当初为了促使孟达尽早反叛，曾故意把和孟达往来的书信泄露给申仪；而在元朝《全相三国志平话》中，诸葛亮先让孟达造反，之后孟达屡次催促援军，诸葛亮都故意不来，孟达知道中计，自缢身亡。

几年后，司马懿与诸葛亮在战场对峙时，曾经批评诸葛亮，说他"多谋少决"。至少在孟达叛魏事件中，这个评价是有道理的。

子午谷之争

公元228年初，几乎就在孟达被司马懿干掉的同时，蜀汉打造已久的战争机器终于开动，诸葛亮正式出兵北伐。

当时，从蜀汉占据的汉中地区（今天陕西省南部），到曹魏占据的关中雍州地区（今天陕西省中部和甘肃省东南部），横亘着中国地理南北分界线——秦岭。无论蜀汉北伐，还是曹魏南征，翻越千里险峻的秦岭都是攻击方必须克服的困难。

从汉中到关中，主要有五条道路，从东到西如下：

第一条路是子午谷，从汉中东部直插长安城下，最快捷。但这条路也最险峻，地形崎岖，不利于大军行动。

第二条道是骆谷，从汉中东部通往雍州中部的扶风郡一带，距离长安百余里。这条路同样险峻。

第三条路是褒斜道，从汉中首府南郑城外，经过褒谷、箕谷、斜谷，一路到达雍州中部的郿县、五丈原一带，距离长安将近二百里。

第四条路是从南郑西边的沔阳北上，经过故道、散关，通往陈仓，距离长安约三百里。

最西边的第五条路，就是从汉中先往西北，穿过羌人、氐人聚居的武都、阴平地区，到达战略要地祁山。祁山交汇雍州西部的陇西、南安、天水等各郡。这一条路基本上是绕着秦岭在走，路线迂回，但道路平坦宽阔，便于大军行进。

由于诸葛亮在前一年就大举经营汉中，刘禅也发了诏书，因此魏国方面对蜀汉可能的进攻，也有了一定准备。

负责雍州西部防御的，是雍州刺史郭淮。此公当年曾跟随曹操打汉中，后辅佐夏侯渊守汉中。再后来，刘备进攻汉中，夏侯渊被黄忠砍了。千钧一发之际，郭淮积极配合张郃，整编残部，挡住了刘备的猛攻。曹操撤离汉中后，郭淮奉命镇守关中地区多年，对地理、民俗和少数民族情况都相当了解，堪称是智勇双全的将领。

在雍州东部镇守长安的，则是曹操的女婿夏侯楙。这位大少爷就完全没法和郭淮比了。他老爹夏侯惇当初就是有名的肉脚将军，夏侯楙更是彻头彻尾的花花公子，靠着曹丕的宠幸当上安西将军，奉命镇守长安，却对军事一窍不通，在长安城里只顾着假公济私做生意赚钱，还趁老婆不在找了一堆妓女寻欢作乐，不务正业。

这种情况下，久镇汉中的魏延，提出了一条策略。他说："夏侯楙这家伙又胆小又愚蠢。丞相请给我五千精兵为先锋，五千人在后面运输粮食，我带着他们从子午谷直扑长安，不到十天就能到长安城下。夏侯楙这蠢猪听说我魏大将军来了，肯定吓得弃城逃跑，长安城中就只剩一批文官，我自然马到成功。打下长安之后，我就可以依靠城内和附近的粮草支持。丞相你的主力部队则走褒斜道过来，大概二十来天可以和我会合。这样一来，整个关中地区就是咱们的了！"

看着信心十足的魏延，诸葛亮没有同意。理由很简单，魏延的这个计划太冒险了。成功的希望全部寄托在夏侯楙不战而逃上。万一魏延的奇兵被堵在子午谷中，或者虽然到了长安城下，夏侯楙没有逃跑，又或者诸葛亮的主力没有及时赶到，都会造成魏延的一万人马变成强敌包围下的孤军。弄不好这支精兵会覆灭，这对蜀汉的打击太大了。手下这几万兵来得不容易啊。

因此，诸葛亮驳回了魏延的提案。

魏延很崩溃，打仗哪有不冒险的啊，你居然信不过我能干掉夏侯楙吗？我出的主意，我自己冲锋陷阵，我都不怕，你怕什么？

诸葛亮也很崩溃，你不能指望长安除了夏侯楙连一个明白人也没有啊，你死了对蜀汉也是损失啊，一万精兵咱也损失不起啊，再说这仗真要打输了，可不单是你的一万人要完蛋，我的主力也跑不了啊。真要玩砸了，我怎么对得起先帝的信任。

哥俩争了一阵，最后当然是谁官大听谁的。魏延气鼓鼓的，私下发牢骚："诸

现在的子午谷

葛亮这家伙太胆小了，哎，我真是怀才不遇啊！"以后，几乎每次北伐，魏延都要向诸葛亮唠叨，希望给他一万人马实行分路进兵，而诸葛亮每次都很坚决地否定。这几乎成了他俩的保留节目。

这就是千古悬案"子午谷"，也一直为后来人津津乐道，争论不休。

其实，魏延和诸葛亮两人的想法都有其道理。魏延的方案风险大，一旦成功收益也大，同时不确定因素更多；诸葛亮则是一如既往的谨慎，即使是伐魏这种本已冒险的事，他也试图把风险掌控在自己能把握的范围内。

这两种思路谈不上绝对的谁对谁错，诸葛亮固然可以被评价为过于保守，但魏延的一锤子买卖也有风险。说到底，蜀汉的整体实力太弱，北伐魏国本来就是勉力而为，兵力捉襟见肘，在保险系数和胜利期望上不可能都占，人长被子短，不是露头就是露脚。

只不过，在真实历史中，最后按诸葛亮的战略走了；又因为种种原因，尤其是马谡的乱来，造成诸葛亮的战略失败了，损失很大，这就给后世无尽的遐想，禁不住感叹如果按魏延的策略，最多也不过是失败吧，不会更坏了……这种事后的反推，作为架空娱乐挺有趣，要据此就定性诸葛亮和魏延当初方略的优劣，其实也是没有说服力的。

子午谷杂事

　　数年之后，魏军从子午谷南征汉中，遇上大雨，栈道被冲毁，吃尽了苦头。明朝末年的农民军高迎祥（第一代闯王）带着数万人马从子午谷北上，陕西巡抚孙传庭设下伏兵，堵在子午谷北口。因为地势狭窄，高迎祥军前后不能救应，逃也没处逃，最后被俘虏，凌迟处死。

　　此外，魏延的奇兵战略有两个版本，一个版本是从子午谷直接攻克长安，与诸葛亮主力会师；另一个版本则是魏延的奇兵越过长安，攻克潼关，截断曹魏关东主力对雍州的增援，然后由诸葛亮的主力将雍州地区加以占领消化。在前一个版本中，魏延预料关东的魏军要20多天才来得及聚集，但实际战争中，后来张郃的驰援速度大大超过了蜀汉的估计。当时整个蜀汉对魏军的反应速度可能都低估了，一旦按魏延的计策，战场将比真实历史更靠东三百里，那么中原魏军来得更快，蜀军承受的打击也更大。

舍近求远

　　诸葛亮驳回了魏延从子午谷抄近路直驱长安的计策，倒不仅仅是担心魏延的奇兵被灭掉。在他看来，东边穿秦岭的几条路都比较险要，一旦遇上雨季，道路还有可能被冲毁。不但部队行进困难，粮食辎重转运也辛苦，还可能被敌人堵住，进退不得。六年前刘备在夷陵地区遭遇的麻烦，太刻骨铭心了。

　　而且，如果一来就直扑雍州东部的重镇长安，魏国可以很快从中原调动主力部队反击，雍州、凉州的部队再从西边牵制，蜀军远道而来，在两面夹击下可能吃亏。

　　所以，诸葛亮在最初几次北伐中，更倾向于比较远的一条道，就是从最西边绕过秦岭，出祁山，攻占雍州西部的几个郡，在那里站稳脚跟之后，顺势攻取更西边的凉州（甘肃一带）。这些地方是羌族、氐族等少数民族的聚居地，魏国统治比较薄弱；蜀汉如果能占领这一大片地方，就可以获得人口和马匹，然后再从南面和西面两个方向夹击长安。

换言之，诸葛亮采取的是蚕食战略。先蚕食雍州西部，再蚕食凉州，然后蚕食雍州东部（长安）。把整个雍州吃光后，再考虑进攻并州或中原。

六出"祁山"

《三国演义》中说"六出祁山"，这里是用"出祁山"指代"伐魏"。历史上，诸葛亮时代蜀汉曾经六次北伐（诸葛亮自己参与了五次，第四次是魏延和吴懿带领），其中第一次、第三次、第四次和第五次北伐主力都是从祁山这个方向出击的，第二次则是从散关、陈仓一路出击，最后一次是从褒谷、斜谷出击。

在公元228年春天，诸葛亮准备充分的第一次北伐中，就是采取这样的战略。在《三国演义》中，诸葛亮一出祁山打得有声有色，赵云力斩五将，关兴张苞大败魏军，诸葛亮生擒夏侯楙，反间计收姜维，骂死王朗，踏雪破羌兵，智计败曹真……连败曹魏主力，真是战果斐然。

其实，这些都是虚构的。一出祁山时，诸葛亮甚至没有和曹魏主力决战的决心。诸葛亮的兵法中，比较推崇"避实击虚""田忌赛马"。他认为更合理的战法是选择魏军薄弱的环节，集中相对优势加以击破和歼灭。

为了进一步达到"出其不意"的效果，诸葛亮还玩了个声东击西之计。他派老将军赵云和外交专家邓芝带着一支人马，大张旗鼓，从褒谷、斜谷一线（第三条道）北上，伪装成主力的模样。诸葛亮希望这样一来，能够把魏军注意力吸引到雍州中部郿县一带。至于吸引到之后，赵云会不会有危险？没太大关系，大不了往斜谷边打边退就是。而诸葛亮自己，则带着数万大军，以及魏延、吴懿、吴班、马谡、王平等一群文武官员，浩浩荡荡向祁山大路杀去。

这个两路出兵、分进合击的战略，大约是从当年刘备取益州的"左勾右直组合拳"上得到的启发，也符合诸葛亮"田忌赛马"的思路，拿赵云当下马去牵制曹魏的上马（主力部队），自己带着上马（主力部队）试图去吃曹魏的中马（雍州西部）。

当赵云和邓芝虚张声势从斜谷杀过来的时候，一时半会确实蒙住了魏军。曹睿派自己的堂叔大将军曹真带领大队人马赶到郿县布防，并且向斜谷、箕谷方向进军，准备对蜀汉的"主力"迎头痛击。同时命令雍州刺史郭淮带着西边各郡的太守们，调集兵马和粮食，准备策应主力部队。总之，曹魏防御的重心，被赵云成功地调动到了偏东的位置。

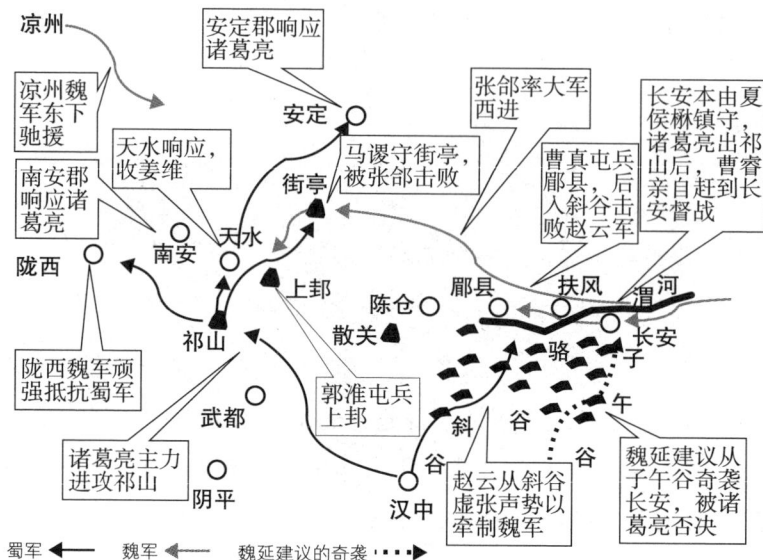

第一次北伐示意图

就在魏国左翼布防而右边露出空当之时，诸葛亮带领的数万蜀汉大军，旗帜鲜明地出现在两国边境的西面。

多年来，在魏国人心目中，蜀汉能打仗的，就刘备、关羽、张飞几个人。诸葛亮什么的，就是个搞内政的，哪里会打仗啊。

然而这一次，举着"大汉"旗号的，却是一支从未见过的部队。他们装备精良，阵法娴熟，号令严明，军纪肃然，简直就是一台战争机器。魏国最南边武都、阴平等郡的边防部队，闪电般被击溃了。接着，诸葛亮大军直插天水郡祁山寨。

魏国雍州刺史郭淮，此时正在天水郡视察，陪同的是天水郡太守马遵。猛然听到诸葛亮大军出现在边境上，身经百战的郭淮也不禁吓了一跳。他迅速拍马往东，赶往雍州的后勤基地上邽去固守。

马遵看刺史大人跑了，心想还是跟着刺史大人安全点，他也想跑上邽去。

这时身边有个小伙子出来说："老大，我觉得您还是该回冀县（天水郡首府）去，带领大家保卫家园。"

马遵大怒："要我回冀县去当诸葛亮的俘虏吗？我看你是叛贼！对，你们都是叛贼!"他进一步怀疑身边这些人都和诸葛亮有了勾结,就丢下自己的随从,连夜逃去上邽了。到了上邽,他吩咐把城门关起来,不让后面的人进城。

先前劝马遵的那个小伙子,是天水冀县本地人,名叫姜维,出生在一个军官世家,父亲死于沙场,自己现在是郡中的一个带兵将领。姜维看马遵这么无能,叹了口气,带着几个同僚还想跟去上邽,可是到那里发现城门已经关了。

姜维等人没办法,还是回冀县吧。谁知回到冀县时,发现老家已经投降了诸葛亮。当地的官吏和百姓兴高采烈地簇拥着姜维,前去见诸葛亮。姜维只得硬着头皮去了。

诸葛亮看到姜维,和他聊了聊军国大事,不禁眼前一亮。这个小伙子见地不凡,而且透出一股子狠劲,是个可造之才!

诸葛亮困居蜀中,最头疼的问题之一,就是人才缺乏。现在得了姜维,就像得到宝贝一样。而姜维对于眼前这位身材高大,面容俊朗,作风沉稳,谈吐不俗的大汉丞相,也不禁油然而生敬意。当时曹丕篡汉也才七八年,西边这些居民,对魏国没什么忠诚度。姜维当即决定,从此跟着诸葛丞相打天下了。

这或许是诸葛亮第一次北伐最大的收获。

曹真的主力被赵云骗到斜谷,雍州西部就空虚得很,随着诸葛亮的大军进逼祁山,一阵人仰马翻。不但天水郡的地方官吏和老百姓起来响应蜀汉,天水西边的南安郡和东边的安定郡,也都纷纷派人找诸葛亮投诚。忠于曹魏的太守抱头鼠窜,逃之夭夭。短时间内,蜀汉大军连收三郡,诸葛亮的战略似乎就要大功告成了。

然而,胜利的曙光中隐藏着阴霾:魏军并没有受到致命打击。

郭淮的雍州地方军,已经在上邽一带完成了集结,对响应诸葛亮的各郡构成威胁。

魏国陇西郡太守游楚,带领全郡坚决抵抗蜀汉大军。

魏国凉州刺史徐邈,闻讯也派出部队向东策应。

总之,整个战区局势犬牙交错,双方的兵力相互牵制,谁都不能说自己取得了先机。

另外,当诸葛亮出兵祁山、三郡反叛的消息传来,年少气盛的魏明帝曹睿迅速做出了反应。曹真的军队上当了，深入斜谷，一时退不回来，这不算什么，魏国还有的是机动部队，就是路远了点。

他命令左将军张郃立刻带领精锐步兵、骑兵五万，从洛阳地区急行向西截击诸葛亮，而曹睿自己也火速赶到长安坐镇，并且源源不断地从中原调动军队入关，作为曹真、张郃他们的后援。

曹魏的战略重心迅速往西线倾斜。自从公元219年刘备和曹操争夺汉中之后，曹刘两家已经有差不多十年没有展开大规模会战。

这种局面现在被打破了。诸葛亮过去统兵作战虽然也有不少次，但对手仅限于入川时全无斗志的刘璋手下，或者平定南中时的反叛军。这些人无论是从兵力还是战斗力，当然不能同张郃率领的五万曹魏正规军（而且还有大量骑兵）相提并论。

诸葛亮面临着独立带兵打仗以来的第一次重大考验。

小贴士

曹真中计

曹真被赵云引诱进斜谷之事，在《三国志》有关诸葛亮、赵云的传记中有记叙，在曹睿、曹真的传记中则没有提，文字间隐隐指曹真、张郃分别对付赵云和诸葛亮是魏军的预定计划而非中计。但在张郃的传记中，只说了曹睿令张郃驰援街亭，压根没提曹真。加上曹真之前已经受命都督西线，若真是洞察敌情下的预定分工，他不可能自己追着赵云的偏师，而让副将张郃去和诸葛亮主力拼命。因此，曹睿、曹真传记避讳的可能性更大，司马光在《资治通鉴》也认为曹真确有中计。

失街亭

面对曹魏五万主力西进，仗应该怎么打？一千七百多年后的毛泽东给出了建议：

诸葛亮亲自率领主力，在街亭和张郃决战。只要能击溃张郃，西部这些郡就如在囊中了。

归根结底就是四个字：集中兵力。

这也是《孙子兵法》和克劳塞维茨《战争论》中反复强调的重要原则。遗憾的是，由于具体环境的多样，古往今来的统帅们很容易违背这一点，不必要地分兵。

今日街亭

诸葛亮最终的部署是：

派出一部分兵力，前往街亭（在安定郡南部）阻击张郃，其余部队继续围攻祁山的营寨，以及雍州西部尚未投降的郡县。

从"事后诸葛亮"的角度，我们可以揣摩下"事前诸葛亮"的心态。

首先，他对自己去和张郃主力会战，能否获胜没有太大把握。

其次，他觉得，只要街亭能挡住魏军一段时间，他就可以很快把雍州西部平定。

但他忽略了，或者回避了第三点：万一街亭挡不住张郃的话，那整个雍州西部的形势，将彻底崩盘。

接下来，就是人选问题了。

当时军中一致认为，守街亭这种重要的任务，应该交给勇猛的魏延，或者刘备的大舅子吴懿。这两位都是经验丰富的名将。

然而，诸葛亮做出了让他悔恨终身的决定：派参军马谡为主将。这让众将都一片哗然。

诸葛亮的理由是，马谡人聪明，精通谋略，脑子灵活。

但刘备在临死前就曾说过，马谡是"言过其实"，不可大用。

或许诸葛亮自以为经过多年相处，他对马谡的了解比刘备更深入；又或者诸葛亮对马谡伴随自己出谋划策，尤其平定南中时的种种"优质方案"体验颇好。可是他忘了，出谋划策和独当一面是不同的概念。

独当一面不仅需要谋略，也需要决断力，甚至还需要耐心，需要勇气，需要一点看不见摸不着的"直觉"。马谡的这些方面，并没有受过考验。

总之，马谡在同僚们质疑的目光中，带着两万左右的兵力，以及副将王平、张休、李盛、黄袭等人，去往街亭。诸葛亮给他的要求是：在街亭当道扎营，一定要把张郃挡住！

在《三国演义》中，马谡到了街亭，看见地势险要，哈哈大笑，志得意满，认为"兵法云，居高临下，势如破竹"，放言要把魏军全部歼灭，于是爬上山蓄势去了。

历史上的马谡，到了街亭，很可能心情完全相反。因为街亭地势并不算特别险要，马谡现在需要考虑的不是消灭魏军，而是怎么让自己的两万人不被张郃的五万人消灭。

不曾独当一面的弱点暴露无遗，马谡没有当道与魏军决战的勇气，反而起了逃避之心。最终，马谡决定上山扎营，居高临下，就算不能"势如破竹"，至少可以据险自保。

这就严重违背了诸葛亮的要求，也等于把自己一军的安危放在了战略全局之上。

经验丰富、为人实在的王平一再劝谏马谡，还是听诸葛丞相的，当道扎营才好。马谡对王平的建议充耳不闻。其他几个副将也对"文盲"王平冷嘲热讽。

末了，两万蜀军还是如一窝蚂蚁一样爬到山上去了。

很快，张郃率领的五万人马杀奔街亭而来。

相比三十九岁的马谡，老将张郃光是从军打仗的经验就有四十多年，俩人根本不在一个档次。他一眼就看出了蜀军布阵的弱点：在山上，没水。

马谡是襄阳人，长江流域的孩子大概没尝过缺水的滋味。张郃是河间人，他可见过干旱。

于是，张郃分派精兵把山包围起来，截断了蜀军取水的道路。

人没饭吃还能扛一两天，没水喝半天都顶不住。这下子，蜀军立刻就慌了。

然后，张郃趁夜色亲率五万魏军，对蜀军发动了雷霆般的袭击。

五万对两万，经验丰富的名将对纸上谈兵的参谋，士气旺盛的大军对人心惶惶的渴兵。

极短时间内，街亭蜀军溃败。几个将军都找不到部队，混在败兵中一起逃跑。

张郃扬声大笑：小兔崽子，和老夫斗还差一截呢！他下令全军勇猛追击，一定要把蜀军全部消灭！

正在这时，连串的战鼓响起。张郃定睛看时，路边还有一队蜀军列队，阵法严谨，刀枪林立，丝毫不曾混乱。

张郃经验丰富，他认为现在己方已经大获全胜，没必要再冒险，碰上伏兵就亏了。他改变策略，把分出去追击的队伍都收回来，稍加整顿后，再沿大路杀奔祁山。

路边的这支蜀军，正是裨将军王平的直属队伍。他们只有一千余人，但却依靠指挥官的镇定和勇气在强敌面前保全自己。随后，王平把军队排成警戒作战的队形，不慌不忙后撤。沿途，他还收罗了不少马谡等部的溃兵。

小贴士

街亭位置之谜

古战场街亭的位置，目前通常认为是在甘肃省秦安县陇城镇，即在祁山的东北方向，马谡在这里的目的是阻援；但也有观点认为是在陕西省凤县双石铺，位于祁山东南。这种设定使得街亭成为蜀汉大军的退路和粮道。如果是后者，那么街亭一失，北伐大军的退路就遭到了严重威胁，倒是较为符合《三国演义》里面的描写。

空城计？假的！

街亭溃败的消息传来，整个雍州西部，形势顿时大变。上邽一带的郭淮，见来了靠山，立刻大胆出击，在列柳城击败高翔的部队。

蜀汉"分路围攻"的策略，随着马谡阻援部队的溃败和张郃大军的逼近，瞬间破产。蜀汉剩余兵力从数量上与敌人相当，但处于分散状态，而且新近败北，锐气已挫。凉州和中原的魏军，又源源不断地往这里聚集。

在这种情况下，第一次北伐败局已定。诸葛亮至少明白不应再做无益的恋战。他迅速集合分散的部队，向原路撤退。先前攻克的南安、天水、安定三个郡当然带不走，只带走了西县的一千多户老百姓。那时候蜀汉人口只有一百万上下，一千多户老百姓大小也算是补充了。

按照《三国演义》，这期间发生了诸葛亮"空城计"吓退司马懿的故事。这个故事的不合理处很明显，司马懿真带着大军到西县，就算怀疑诸葛亮城中有伏兵，也正好停下来寻求会战，怎么会就吓走了？况且历史上司马懿要直到三年后蜀汉第五次北伐时，才接替曹真和诸葛亮交手的。

小贴士

"空城计"的由来

"空城计"最初出处见于晋代郭冲整理的《条亮五事》，说诸葛亮让魏延带着大军在前面北伐，自己带一万人马在阳平城留守，结果魏延和魏国的大军走岔道了，致使司马懿的二十万大军直接冲到阳平城下。诸葛亮直面司马懿的主力，危急关头，就令军队全部隐蔽起来，大开城门，派人出去扫地。司马懿知道诸葛亮为人谨慎，认为他这么大胆，一定有伏兵，就撤退了。这段记载与史料相悖，又有诸多不合理处，故而史家不予采信。但文学家未曾放过，于是罗贯中在《三国演义》中，先将夺取街亭的戏份转移到司马懿头上，然后顺势而下，写诸葛亮用空城计吓退司马懿，并成为《三国演义》中的经典一幕。

在蜀汉撤退过程中，张郃军团大举追击，原本被压制的郭淮等部也趁机反攻。故而诸葛亮各路人马都遭到了轻重不一的损失。先前投降诸葛亮的三个郡再次沦陷，遭到魏军严厉的报复性惩罚。

几乎同一时间，在雍州中部的箕谷，曹真也向赵云、邓芝发动了猛攻。赵云、邓芝本来就是诱敌部队，战斗力不强，遭到曹真的精锐突袭，马上就吃了亏，士兵们散在箕谷里一片慌乱。接着曹真挥军大进，要把这支孤军消灭在箕谷。

危急关头，老将赵子龙"浑身是胆"的性格再度发挥作用。他带领一队人马，摆出玩命的架势，断后死战。箕谷本来地势就狭窄，大军发挥不开，拼的就是狭路相逢勇者胜。赵云一玩命，魏军的气焰就下去了，蜀军将士们看见主将如此勇猛，也不再慌乱。这样，邓芝趁机把原本分散的兵士都整合起来，然后沿着褒斜道缓缓后撤。赵云亲自断后，挡住曹真，一边退，一边把沿途栈道烧毁。曹真看赵云防备很严，自己犯不着和这老头子在这种地方拼命，也就停止追赶，转往西边参加对叛乱各郡的围攻去了。

武侯祠的赵云塑像，由蒋吃货提供

原本敌我实力最悬殊的赵云、邓芝这一路，损失反而是最小的。虽然也伤亡了一些士兵，但活着的官兵始终在一起保持建制，一个没落下，连军用物资也基本都带回来了。

等到诸葛亮、赵云两路人马先后退回汉中，蜀汉的第一次北伐也就完全结束了。

本次北伐，机遇是很难得的。魏军对雍州方向的防备并不十分严密，尤其对诸葛亮不走斜谷而绕祁山的路子心理准备不足，所以蜀军一出，关西震动，蜀军一口气就得了三个郡。

然而，蜀汉先胜后败，三郡得而复失，精心训练的部队损失颇重，铩羽而归。

不管这板子该打在诸葛亮的用人上，还是打在诸葛亮的最初战略上，总之，他迎来了统军历程中的第一次严重挫折。

当然，这次大规模北伐，对于曹魏的震撼还是相当强烈的。不但魏明帝曹睿亲自赶到长安坐镇，而且在战争尚未分出胜败的时候，中原地区竟然传出谣言，说皇帝曹睿已经死在长安，随行的文武大臣们准备回来拥立曹睿的叔叔曹植为皇帝。这个消息让留在首都洛阳的大臣们，以及曹睿的奶奶太皇太后卞氏非常恐慌。后来终于传来胜利消息，他们这才放下心来。曹睿班师回朝，卞太后悲喜交集，抱着孙子热泪长流，还愤愤地说："一定要把造谣的家伙抓出来从重严惩！"曹睿倒很淡定，他说："全天下都在说这谣言，怎么抓啊。算了，我回来就是了。"

从此以后，曹魏的战略防御，也从"重东轻西"转而向西线倾斜。

这也意味着今后的北伐，不再有这一次那么好的"乘虚而入"机会了。

痛定思痛

第一次北伐失败，最直接的原因，就是街亭兵败。而直接责任人，当然就是马谡。

胜败乃兵家常事，打败仗不一定要杀头，况且带着两万人去对付张郃的五万大军，输了也正常。

马谡的问题在于，他不但打了败仗，而且违背诸葛亮要求的"当道扎营"，擅自上山，导致未战先败，大军迅速崩溃。

不然，就算输，也不会输这么快。

听主帅的部署，打了败仗，主帅也有责任；不听主帅的，打赢了也是违令，何况打输了，更何况输得这样快、这样惨！

更过分的是，马谡在兵败之后，害怕遭到处罚，一时鬼迷心窍，竟然离开队伍潜逃。这能逃到哪儿去啊？马谡的前辈老乡向朗包庇他，知情不报，还给他打掩护，但天网恢恢，他最终还是被朝廷抓了起来，下了监狱。

这下子，全体将士都恨得咬牙切齿：都是这个废物，大好的北伐前景，被他一个人葬送了！

不管马谡真实责任到底有多大，他现在已经成为朝野集中的出气筒，罪魁祸首。

看着马谡这么不成器，诸葛亮气得捶胸顿足。原本对马谡寄予厚望，甚至顶着大家的压力，让他代替魏延、吴懿把守街亭，结果闹出这种事来！

诸葛亮做出了决定：按照军法，处死马谡。

这当然很让人心痛，然而他别无选择。甚至，正因为马谡是他的心腹爱将，他更必须严格执行军法，不得包庇。

当然，也有人提出异议。毕竟马谡智谋出色，在蜀汉也算是难得的人才。蒋琬对诸葛亮说："春秋时楚国大将成得臣打了败仗，被楚王杀掉，敌对的晋文公因而庆幸。现在天下还没定，就处死这样的智谋之士，也有些可惜。"

诸葛亮流着泪说："当年孙武之所以能天下无敌，是靠军法严明。正因为现在天下还没定，我自己就更不能徇情违法，否则还怎么讨伐曹魏，兴复汉室！"

还有广汉愤青李邈也过来，振振有词地对诸葛亮说："秦国赦免了孟明视，用他称霸西方；楚国杀了成得臣，结果多年被压制。您自己想清楚啊！"

诸葛亮心中正在难受，被他这么一搅和，实在受不了，就把他轰回成都去了。

诸葛亮的痛苦，监狱中的马谡比谁都清楚。他非常悔恨，悔恨自己眼高手低，悔恨自己自以为是，不听诸葛亮的话，葬送了北伐大业，又连累诸葛亮处于这种矛盾中。如果有一种方法能够挽回，他什么都愿意做。

可惜没有。于是马谡做了他唯一能做的：在狱中自杀，向诸葛亮和所有同僚谢罪，死时年仅39岁。

临死之前，他写了一封遗书给诸葛亮说："您对我就像对儿子，我对您也像对父亲。希望您像当初舜帝杀鲧用禹一样，照顾我的儿子，使我们平生的交情不因此破坏，那么我在九泉之下也无怨无恨。"

马谡犯了军令，该死，但诸葛亮并不掩盖自己的悲痛。他亲自祭祀马谡，又像对待自己的孩子一样，抚养马谡的儿子。在祭祀时，诸葛亮挥泪不止。蜀汉的文武大臣和士兵，看到诸葛丞相这样难过，也都为之流泪。

杀了马谡，朝野的不满可以平了，但诸葛亮还要进一步追究责任。

第一个责任人，就是自己。他上表给刘禅说："我用人不明，执法不严，才造成了马谡在街亭违令，赵云在箕谷疏于戒备。按照一贯原则，应该处罚主帅，请求陛下把我贬官三级，以儆效尤。"刘后主就把诸葛亮贬为右将军，但依然管丞相的事，职权完全不变。

朝廷对街亭之败的其他责任人也严加惩处。马谡的几个副将，张休、李盛鼓动马谡违令，一并处斩；黄袭等被剥夺军权；向朗在马谡逃亡时包庇隐瞒，贬为平民。此外，箕谷方向兵败，赵云难辞其咎，从镇东将军贬为镇军将军。

打了败仗要处罚，但同时对于表现好的也有奖励。表现最好的当然是王平，他不但曾多次忠言劝告马谡，而且在马谡全军溃败时，还能保全自己的军队，甚至还整合了不少马谡的溃兵。这成就让诸葛亮大为惊喜，就提拔王平为参军（顶上马谡以前的职务）、讨寇将军，并且加封为亭侯，又大大扩充其实权。从此，王平一跃成为蜀汉的重要将领，在此后多年中立下赫赫战功。

此外，赵云虽然在箕谷打败仗被贬官，但他败而不乱，亲自断后，使得军队和辎重都保全下来，这一点也是要赏罚分明的。诸葛亮准备把带回来的军用物资给赵云，让他赏赐士兵。这时赵云说："打了败仗，还赏赐什么？请把这些财物先放进库房，等冬天再按惯例赏赐吧！"

看着忠心耿耿的老将军，诸葛亮不禁感叹，要是马谡能有赵云的一半稳重就好了。可惜，赵老将军也很快就去世了。

从人事上说，第一次北伐也有一点收获，那就是姜维。

这一年，姜维年仅27岁，恰好和诸葛亮出山的年龄相同。姜维年龄虽轻，却极有进取精神，思维缜密，尤其在军事方面很有天赋，而且胆子特大，行事果决。这让诸葛亮非常欣赏，称赞他为"凉州上士"。回到汉中之后，诸葛亮就任命姜维负责军粮仓库的管理，并且加封，为奉义将军，封当阳亭侯。后来，他又选取了全军最精锐的五千多名步兵，让姜维负责训练。

从那时起，姜维成为诸葛亮的心腹爱将，勤勤恳恳于蜀汉的事业，并在蒋琬、费祎之后继任为蜀汉的军事最高统帅，进行了多次北伐，直到为蜀汉流尽最后一滴血。

小贴士 姜维的选择

按《三国演义》，姜维是个孝子，对老母非常孝敬。诸葛亮先打下姜维老母所在的冀县，姜维为了救母，领兵到冀县，诸葛亮派魏延诈降，放姜维入城，然后才得以收服姜维。但历史上，姜维是因为被上官放弃，走投无路，才去诸葛亮那里投降。后来，他跟随诸葛亮一起南撤，他的母亲和妻儿都留在了天水，从此母子、夫妻分离。据说老母曾写信要姜维回来，但姜维为了追随诸葛亮，实现自己的"远志"，最终还是选择留在蜀汉。所幸魏国也没有为难姜维的家人。

该罚的罚，该赏的赏，但第一次北伐失利的结果终究是无法挽回。有的蜀汉官员很不服气，对诸葛亮说，这次咱们兵力不够，下次再多派些兵马去，一定能打赢！诸葛亮说："咱们的兵马在祁山、箕谷都不少了，之所以被敌人打败，主要是我作为主将犯了错误。今后我准备精兵简政，进一步严明赏罚，检讨错误，才能更好地应对各种局面。不然的话，兵再多有什么用呢？希望诸位多为国家大事出谋划策，尽管指出我的错误，这样我们才能兴复汉室。"

诸葛亮这么说了，他也这么做了。他一方面向全国引咎自责，检讨自己的错误，另一方面选拔勤勉的官员，奖励作战英勇的将士，同时训练军队，打造兵器，准备下一次北伐。

第十一章　志复中原心不死

鞠躬尽瘁？假的？

诸葛亮精心筹备的第一次北伐，以全面失败而告终，但在稍后的时间，盟友孙权却打了一个漂亮仗。鄱阳太守周舫写了封假投降的书信，引诱魏国大司马曹休带领大军南下。等曹休到了石亭一带，陆逊率领的主力围上来一阵痛打，杀得曹休大败，狼狈北逃。曹休又气又急，没几天就病死了。这是发生在公元228年秋天的事。为了石亭这边的大战，魏国方面兵力大受牵制，魏明帝曹睿把机动兵力纷纷往东线调动，还任命司马懿为总司令，张郃为前线总指挥，准备从荆州东下，狠狠地报复孙权。

江东方面赶紧给蜀汉打招呼，说我们这边已经打起来了，你们不能干看着啊，也来帮忙戳一刀吧。

于是，诸葛亮准备进行第二次北伐。

这时距离第一次北伐败回已经过了半年，创伤平息得差不多了。但从人心上，大家还有顾虑。毕竟，第一次准备那么充分，结果大败而归，谁能担保这一次会是什么结果啊？

诸葛亮也明白这个道理，然而他别无选择。

据说，诸葛亮这次又写了另一份表章给刘禅，称为《后出师表》。如果说，《出师表》主要是对北伐出师后的一应琐事向刘禅做交代，那么《后出师表》里面，则是旗帜鲜明地回答了一个问题：

为什么要北伐？

文章一开始，诸葛亮就阐明了主题：先帝因为汉贼不两立，王业不偏安，所以托付我讨伐曹魏。我的才能有限，而且敌强我弱，伐魏胜算很小。但是不北伐的话，就更是坐以待毙。与其如此，还不如奋力一搏。

接下来，诸葛亮从六个方面论证了冒险伐魏的必要性。第一，当初汉高祖刘邦如此英明，手下萧何、韩信、张良如此厉害，都还是几经生死，才打下江山，现在以刘禅、诸葛亮的水平，怎么可能指望不冒险呢？第二，三十年前刘繇、王朗等人按兵不动，结果孙策坐大，吞并江东，这是近世的教训。第三，曹操智谋过人，用兵如神，依然征战多次遇险，现在我诸葛亮远不如曹操，又怎可能安安稳稳地定天下？第四，曹操曾多次打败仗，吃大亏，所以我诸葛亮也不可能有什么"必胜之策"。第五，最近一年多以来，已经有七十多个将领病死了，精锐士兵病故一千多人，这些都是先帝几十年中带出来的四方精锐，靠益州一个州是没法弥补的，再等几年，还会死得更多，那时候力量更弱，只能趁早北伐。第六，敌强我弱，就算不北伐，也依然要维持庞大的军备，而要用一个州去和大半个天下持久对峙，恐怕就更不可能了。

最后，诸葛亮感叹："天下的大事，是变化多端、很难预计的。当初先帝在当阳兵败时，曹操都觉得天下已经快统一了，结果赤壁一战后，先帝东连孙权，西取益州，又占领汉中，斩杀夏侯渊，这就换成曹操痛苦了。可是转眼间孙权背盟，关羽丧命，夷陵兵败，曹丕篡汉，又被命运狠狠地折腾了一把。所以，谁也说不准事情最终的成败。我自己，只能做到鞠躬尽瘁，死而后已。"

这一篇文章，留下了不少千古名典，比如"汉贼不两立"。而其中最著名的一句，则是"鞠躬尽瘁，死而后已"。这是一句让人读起来就感动的话，也广泛被后世用来形容那些为一个目标努力到最后的人。

遗憾的是，这一篇《后出师表》最早可见于张俨的《默记》，很可能不是诸葛亮写的。从笔法上，《后出师表》跟诸葛亮的其他文章也有些差异，而且存在一些硬伤，比如里面提到的赵云去世时间和其他史料有冲突。

不过，全文的论调，确实切合诸葛亮的身份和当时的局势，也基本清楚地解释了，为什么在明知敌强我弱的情况下，诸葛亮还要实施在某些人看来简直是找死的北伐战略。

诸葛亮当然也希望能够平灭曹魏，但这个终极目标，傻瓜都知道很难实现；退而求其次，能够开疆拓土，稍微改变双方力量对比，也是可以的。然而在整体实力相差悬殊的前提下，前两个目标的达到，既需要自己的努力，也需要敌方的"配合"。或者一句话说，希望或许是存在的，道路必然是艰苦卓绝的。

那么再退而求其次，至少可以把战略调整为"以攻代守"，或者说"进取而败，胜过坐以待毙"。

顶着压力上，很难。而明知希望渺茫，还要顶着前方压力、后方疑虑坚持下去，那就更是难上加难。公元228年夏天之后的诸葛亮，就处在这样一种状况下。以他的明睿，不可能没意识到希望渺茫，但他还是要做下去，为了自己年轻时的理想，也为了对刘备的承诺。

成败是非的事，谁又能说得准呢？从个人来说，只要能对得起自己的理想和良知，尽了最大努力，那也就足以无愧于心。

李敖曾写过一首《孔明歌》，用词颇为通俗，但有嚼头：

"……孔明只要出山清，不要清君侧。心知最后一场空，但他不说破。孔明鞠躬又尽瘁，只有做做做。但问耕耘好不好，不再问收获……"

莫名其妙的武装旅行团

公元228年底，诸葛亮借着陆逊大破曹休的当口，又发动了第二次北伐。

这一次北伐，诸葛亮走的是从东到西第四条路。几万蜀军浩浩荡荡，途经散关进攻陈仓（在今天的陕西省宝鸡）。

魏延照例要求自己带一万精兵作为奇兵，截击曹魏的援军，诸葛亮还是没有同意。魏延只好跟随诸葛亮的主力一起打仗。

魏国的大将军曹真英明神武，早在半年前，就料到诸葛亮必然会再次北伐。他更英明地预料到诸葛亮很可能会从陈仓这一条路走，因此特意派老将郝昭在陈仓守卫。郝昭打了几十年仗，经验丰富，用几个月时间把陈仓修筑得固若金汤，铜墙铁壁一般。

诸葛亮的大军一到陈仓城下，就迎头撞上个坚壁。诸葛亮先派郝昭的老乡靳详去劝降，被郝昭回绝。接着诸葛亮开始攻城。

蜀军有数万之众，而郝昭的兵只有一千多，双方众寡悬殊。但古代战争进攻坚城是最困难的，《孙子兵法》都说攻城为下。诸葛亮的兵力虽然比郝昭占优势，但这些兵是他蜀汉的老本，不可能为了一个陈仓城就消耗干净，因此诸葛亮充分发挥他"军事工程"的特长，攻城也颇有技术特点。郝昭本人恰好又是守城的高人，两家隔着城墙斗法，十分精彩。诸葛亮用云梯攻城，郝昭就用火箭射云梯；诸葛亮用冲车撞城，郝昭就用大石磨拴了绳子飞打；诸葛亮在城外竖起高达百尺的井阑，射击城中，用泥球填平城壕，郝昭就在城内再修筑一层堡垒抵挡；诸葛亮挖地道通向城中，郝昭就在城内预先挖壕沟截断地道……

　　这一边诸葛亮的主力被郝昭挡在陈仓城下，那一边魏国自然不能看戏。大将军曹真听说诸葛亮又来了，立刻派大将费曜、王双等带领关中的主力部队前往救援陈仓。皇帝曹睿还生怕不保险，赶紧冲到河南，把正准备配合司马懿攻打东吴的老将张郃调过来，命令他带着三万中央军和皇帝直属的武卫军、虎贲军等精锐部队，编成一支庞大的军团，也赶到西边去抵抗诸葛亮。

　　临行之前，曹睿专门设酒宴给张郃践行，一边有些担心地问："会不会等你赶到那边时，陈仓已经被诸葛亮打下来了呢？"

　　张郃扳着指头算了算说："陛下别担心，估计等我赶到陈仓，诸葛亮已经撤军走了！"

　　曹睿心想，这是讽刺我吗？他不再言语，催着张郃赶紧往西边赶。

　　这时在陈仓，诸葛亮攻打了二十多天，没有取得丝毫的进展，而费曜、王双带领的关西援军已到达陈仓附近，张郃带领的魏国中央军也正在朝这边赶来。

　　诸葛亮如果要继续在这里待下去，就得和源源不断赶到的魏军进行主力会战了。

　　魏延嚷嚷道："怕什么，跟他们打啊。丞相你带主力在陈仓城下布阵，我带一万精兵迂回到他们侧翼……"

　　诸葛亮摇摇扇子：别说了。

　　诸葛亮果断地采取了新的措施，他撤军了，只在陈仓城外丢下残破的营寨和各种军营垃圾。

　　这下魏军高兴坏了。诸葛亮这么胆小，还敢侵犯我大魏疆土，这次定要乘胜追击，杀他个片甲不留！

　　带着这种美好愿望，魏国大将王双率领精锐部队，踏过蜀军丢弃的营寨和破烂，展开了勇猛追击。

　　追击了一段，王双忽然觉得有些不对劲。定睛看时，蜀兵出现在道路两边的高地上，耳畔响起如雷的战鼓声和喊杀声。

　　接下来，王双光荣地成为死在诸葛亮手上的第一位留下名字的魏将，他的部下也被杀得尸横遍野，丢盔弃甲。

　　干掉王双的追击部队后，诸葛亮不动声色，继续撤退，很快退回了汉中。

而这会儿，魏国的张郃带着三万多魏军，还在往陈仓方向赶呢！真让他说中了，等他赶到陈仓城下时，只能以迟到者的身份，参加"庆祝再次击退蜀寇诸葛亮"的盛会了。

诸葛亮时代的第二次北伐到此结束。

这次会战前后持续一个月左右，蜀汉方面进攻陈仓未果，但在退兵时伏击魏军，杀了魏将王双。综合来评价，可以称为"战略上没有成果，战术上得利"。相比第一次北伐的全线兵败，当然是有了进步。不过对于蜀汉而言，这一战最大的意义或许在于通过斩杀王双，让军心得到振奋。

这场会战，魏国最大的功臣当然是郝昭，他凭借一千多人马，就在陈仓挡住了蜀国主力。因为这功劳，他被曹睿封为关内侯。

提前预知诸葛亮动向，用人得当的大将军曹真，也得到更实际的奖励：曹睿增加了他的封邑。

甚至急匆匆从前线赶回，连诸葛亮的影子都没看到的左将军张郃，也被晋升为征西车骑将军。

但另一个问题困扰着史学家们：诸葛亮这一仗的战略目的到底是什么？

据说，张郃之所以算准他赶到陈仓时，诸葛亮必然退军，是因为他知道诸葛亮没有带足够的粮食。而按照《三国志》的记载，诸葛亮确实是"粮尽，引去"。

问题是，谁家打仗只带一个月的粮食？

诸葛亮只带一个月粮食出来，就算郝昭猝死，让他一口气打下了陈仓，他接下来想干什么？把主力撤回汉中去，然后换曹魏军队来围攻陈仓，双方交换角色玩？

费曜已经来了，张郃在路上了，诸葛亮就撤退了，可见他根本没有和曹魏主力会战的准备。但要在关中开拓领土，怎么可能不进行主力会战呢？

因此，我们可以得出一个结论，或者说猜测：第二次北伐，诸葛亮并没有很具体的"开疆拓土"的战略目标。

他带着几万人马翻山越岭，要做的，仅仅是趁着陆逊击败曹休，曹魏注意力东移的这个机会，发动一次攻势。如果能攻克陈仓，那固然好；不能攻克陈仓，那就进行一两场战术有利的战斗，取得一点歼敌的战果，然后果断撤退。这样，一方面策应盟友，另一方面鼓舞一下因为初次北伐兵败而遭到重挫的国内人心，为以后更加积极的计划打下基础。

结果呢，这两方面目的都达到了，张郃以及三万多魏军被从东线吸引到了西线，盟友陆逊的压力减轻了，同时成功斩杀王双，驱散了年初兵败的阴霾。

从这个角度说，诸葛亮第二次北伐的结果，对于吴蜀双方来说，是双赢的。还有人认为诸葛亮这次走陈仓道的进攻，是声东击西，调动魏军在这一线的防御，从而为下次夺取武都、阴平二郡创造条件，这也有可能。《三国演义》中自然是不甘心令诸葛亮的北伐这么平淡收场的，又虚构出姜维献书以诈降计诱杀费曜，以及诸葛亮杀败曹真再撤兵的剧情。其实，费曜第四次北伐还曾出来被吴懿打败。

夺取二郡

诸葛亮第二次北伐，不但从战场上稍微捞到了一点便宜，而且更试探出了魏军的行动惯例，这大大激发了诸葛亮的积极性。

于是，在短短个把月后，就在公元229年春天，第三次北伐又隆重开始了。

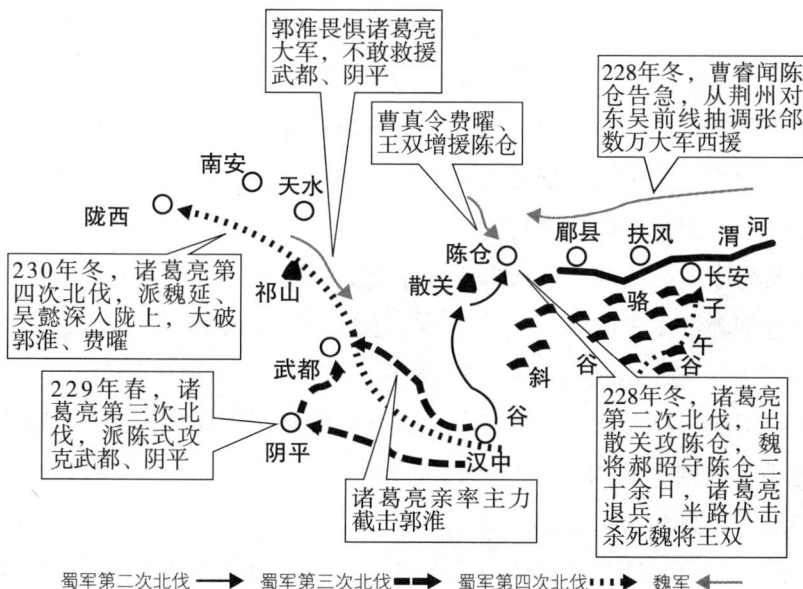

第二、三、四次蜀军北伐示意图

这一次，诸葛亮走的方向和第一次北伐类似，但没那么远。他派出大将陈式，带兵进攻雍州西南角的武都、阴平两个郡。

大将陈式

历史上的陈式是蜀汉重要的第二代将领，在刘备攻打汉中时就曾独当一面，在夷陵之战中又曾作为吴班的副将统率水军，但史料对其生平的记载较少。在《三国演义》中，陈式被丑化为一个能力低下、头脑简单、自以为是的小人，说他在定军山曾被夏侯渊生擒，又写他和魏延一起违抗诸葛亮的军令，最后被诸葛亮处斩。还有传说陈式是《三国志》作者陈寿的父亲，所以陈寿要贬损诸葛亮。这当然更是无稽之谈。

武都、阴平位于魏蜀交界处的拉锯区，眼看蜀军一路杀过来，两郡的守将慌忙告急。雍州刺史郭淮闻讯，立刻带领直属部队南下救援。

郭淮和陈式当年在汉中就曾经打过交道，这次再度交战，谁怕谁！郭淮信心满满，要叫这家伙有来无回。

行到半路，郭淮得到另一条情报。他的冷汗下来了。

这条情报是：诸葛亮率领大军，正在向魏军侧翼行动。

郭淮当机立断，全军前队改后队，后队改前队，撤！

郭淮一走，失去外援的武都、阴平再也抵挡不住陈式的围攻，先后投降。诸葛亮见好就收，打着胜鼓返回汉中。

至此，第三次北伐结束。蜀汉成功夺取武都、阴平两郡，取得了首场战略胜利。武都、阴平两个郡是魏蜀交界的要地，占领了这里，蜀汉下一次从西线进攻时，就有了有力的据点。

诸葛亮原本的战略目的或许不止于此，他也许还想利用武都、阴平围点打援，重创郭淮率领的雍州魏军主力。不过，郭淮狡猾不肯上当，那么就这样也不错了。至于诸葛亮的进一步愿望，交给罗贯中来帮他实现。《三国演义》中描写第三次北伐，不但郭淮被诸葛亮围点打援成功，而且把诸葛亮这次的对手从郭淮扩展为司马懿、郭淮、孙礼、张郃、戴陵等一堆曹魏大将，让他们集体被诸葛亮痛扁。

一年时间内，诸葛亮连续发动了三次北伐，出兵动静一次比一次小，战果倒是一次比一次大。这么下去，又让人看到了一线希望。

皇帝刘禅也很高兴。他对军国大事没有太多的概念，但打胜仗的消息总比打败仗好。当初首次北伐失败，诸葛丞相自请贬官三级，从丞相降为右将军，现在打了胜仗，占领两个郡，应该升官了。于是，他下诏书恢复了诸葛亮的丞相职位。

这时候，东边又一件烦心的事传来：孙权称帝了，还派使者把消息送到成都。

这让蜀汉的大臣们非常头疼。自古以来，中国讲求正统，天无二日。刘备称帝，打的是"继承汉朝正统"的旗号，那么篡夺汉朝的曹魏就是乱臣贼子，蜀汉和曹魏从政治上不共戴天。但是孙权呢？过去他是"吴王"，吴王和汉帝是可以并存的。现在他也自称皇帝了，那么蜀汉这个皇帝的正统性如何保证？

因为有这样的顾虑，蜀汉很多大臣都认为，孙权称帝是妄自尊大，蜀国作为正统，不能任由他胡作非为！应该昭告天下，严厉批判孙权这种行为，并且和他断绝联盟关系！

诸葛亮面对群情激昂的这帮人，眼睛一瞪：孙权早就想当皇帝了，可咱们为什么容忍他？因为咱们单挑打不过魏国！所以才要借助他的力量一起打啊！这几年合作得还不错！现在要是因为这事和孙权翻脸绝盟，那他就变成了敌人，咱们就得派兵往东去讨伐他，灭了他才好打中原。可是你们觉得凭你们能灭了孙权吗？咱们都去打孙权，准备让曹魏得利吗？

诸葛亮又耐心地做大家的思想工作：当年汉文帝也曾拉下面子跟匈奴和亲，咱先帝也曾和孙权结盟，这是深谋远虑的表现。现在有人觉得孙权不愿意出兵打曹魏，这是错误的！他不是不想打曹魏，只是打不过而已！只要我们大举进攻曹魏，孙权一定会出兵一起抢地盘的！再说，就算他不出兵打曹魏，只要他不来打我们，我们的北伐至少没有后顾之忧，而曹魏中原的军队还得留下一部分防着孙权，我们西线的压力也会减少嘛！这样一比较，你们还急着追究孙权称帝的罪过吗？

大伙儿没话说了。统一思想后，诸葛亮就派大臣陈震去东吴，向孙权表示热烈祝贺。孙权看蜀汉承认了自己的帝位，乐坏了，就和蜀汉加强了盟约，并且提前瓜分了天下，约定灭了魏国后，豫州、青州、徐州、幽州归东吴，兖州、冀州、并州、凉州归蜀汉，司州则以函谷关为界。

两家分完了魏国，就高高兴兴地各自继续准备北伐了。当年冬天，诸葛亮在汉中首府南郑的附近，修筑了汉城、乐城两座城堡，作为南郑的卫星城——可见，他并没有一味地想着进攻。相反，诸葛亮深知，拥有强大兵力的魏国，绝不会容忍蜀汉这样接二连三地北伐，而毫不反击。他已经提前在为即将到来的暴风雨做准备了。

魏延大展宏图

诸葛亮三次北伐，加上孙权称帝，吴蜀瓜分天下，让年轻的魏明帝曹睿非常不爽。同样不爽的还有已经从大将军升为大司马的曹真。诸葛亮前两次北伐，都可以说败在他手上，但第二次却折了大将王双，而第三次更是丢失了武都、阴平，这让这位曹魏西线总指挥如鲠在喉，总想找个机会，狠狠出一口恶气。

于是在公元230年初秋，曹真向曹睿上表，请求讨伐蜀汉。他说：蜀汉已经几次侵略我国，再也不能忍受了！出动大军，分几路讨伐，一定可以胜利！

曹睿年少气盛，当然同意。在曹真的主持下，魏国制定了规模宏大的伐蜀计划。

前面诸葛亮伐魏，兵力有限，主力部队只能走一条线，最多加上一路疑兵。魏延想自己单独带一路奇兵走子午谷诸葛亮都不同意。

但魏国不同，其国力和军力比蜀汉强大得多，所以这次兵分四路，每一路都是实实在在：

大司马曹真的中央军主力部队，从长安出发，经郿县走斜谷、褒谷南下（走的第三条道）。

征西车骑将军张郃的别动队，也从长安出发，走子午谷（魏延的最爱）南下（走的第一条道）。

雍州刺史郭淮、后将军费曜等率领的雍州、凉州部队，从西边的武都、祁山一线东进（走的第五条道）。

除了这三路大军从北方翻秦岭或者绕秦岭，还有大将军司马懿的荆州部队，从东边逆汉水西进。

各路大军一起平推到汉中，寻求和蜀汉主力决战。

这次出兵，魏国朝廷里面的陈群、钟繇等一群文官也是意见很大，但曹真仗着自己的权势，独断专行。八月，二十万魏军如同数条巨龙，在几百里的战线上，浩浩荡荡穿山越岭，矛头直指汉中。

诸葛亮直愣愣地盯着潮水般涌过来的魏军，羡慕不已：这些兵力，要是给他用来北伐该多好啊……

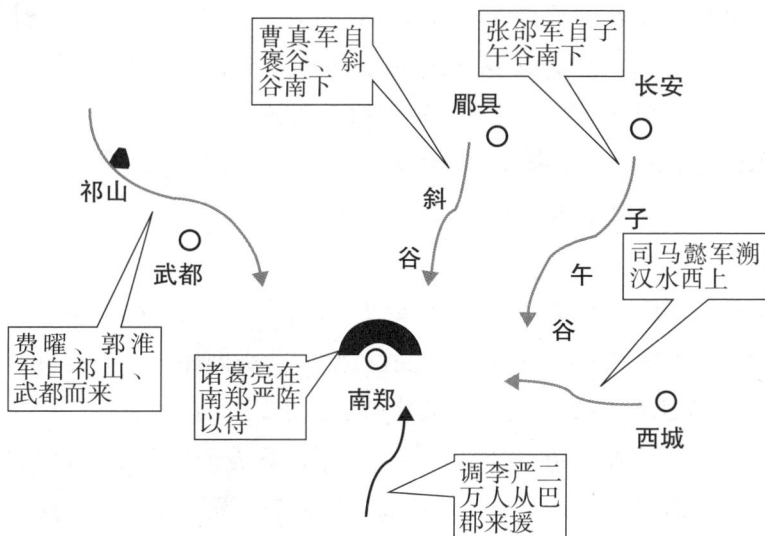

魏军四路伐蜀示意图

回过神来，诸葛亮开始和手下人一起商量防御事宜："相对咱们千里迢迢翻山越岭去北伐，魏国打过来当然是更好的。水来土掩，兵来将挡，魏军要来汉中，咱们就在汉中和魏军决一死战！"

不过，诸葛亮估摸了一下自己在汉中的兵力，觉得还差了点。怎么办呢？他往南瞅瞅巴郡，李严这几年在那里还攒了一支队伍，可以弄过来一起干。

不过，李严私心重，挺在乎个人的权益。早在239年，他就和诸葛亮商量，希望把益州东部的五个郡单独成立一个州叫"巴州"，自己担任州刺史。诸葛亮没批准。这会儿诸葛亮为了抽调东南军团参战，给李严说："你带着兵来汉中，回头我北伐了，汉中的事就你说了算！"

李严还有点恋恋不舍，毕竟他在东边经营了那么久："那，江州怎么办呢?"

诸葛亮知道李严的想法。他任命李严的儿子李丰为江州都督,接替李严在当地的职务;同时,又任命李严为中都护,署丞相府事,这样诸葛亮外出北伐,李严就能统领全局。

这下子李严满意了,高高兴兴地带着两万大军北上。诸葛亮又把在平定南方叛乱时立下大功的马忠调来当参军,强化参谋班子。

魏国四路大军一起指向汉中,诸葛亮也在汉中的成固、赤坂一带集结了主力,严阵以待。眼看双方大规模交战就要展开。这一仗,如果魏国得胜,那么蜀汉既要丢失汉中,又要损失主力部队,估计国家也就支撑不了多久了;反之,如果蜀汉得胜,那么它就能给予魏国军队沉重打击,孙权看到这情形也乐得趁机下手,诸葛亮的北伐大计就能得到更强势的推进。

全天下的人都盯着这一战。结果,天公不作美,正值秋天,下起瓢泼大雨来了。

这雨一下就是三十多天,山溪汇成了山洪,大小河流水位暴涨。

蜀军在汉中地区的城池和堡垒驻扎,吃的苦头倒还小;魏军可惨了。翻越几百里山路过来,沿途栈道全被冲垮了,土路成了沼泽地,又遇到了塌方、泥石流。士兵在大雨下瑟瑟发抖,将军们看着天气骂娘。道路全毁了,进退两难,后面粮食运不上来,就这么连饿带冻,死了不少人。魏国大臣们本来就反对出兵,正好一个个上书主张收兵。曹睿看这样下去不行,就发诏书,让曹真回来了。

魏国这一次声势浩大的南征,就这样无疾而终。曹真当然是郁闷得很,以诸葛亮为首的蜀汉将帅们,精心准备的汉中保卫战没打,也有些遗憾。

这时候,魏延又跳了出来:"丞相,给我一万精兵吧?"

这一次,诸葛亮没有反驳。他问:"打哪里?"

魏延舔舔嘴唇:"西边。"

诸葛亮也微笑道:"好。我让吴懿和你一起去。"

于是,蜀汉丞相司马、凉州刺史魏延,以及刘备的妻舅讨逆将军吴懿,带领一支精兵,趁着曹魏退兵的当口,发动了反攻。他们走第五条道,穿过第三次北伐时收复的武都、阴平地区,绕过秦岭,直驱魏国的雍州、凉州交界处。

魏国的后将军费曜和雍州刺史郭淮,刚刚从四路伐蜀的苦旅中退回来,前脚到家，后脚蜀军就杀上门来。这还有什么说的？赶紧带兵打吧。两军在南安郡的阳溪一带发生激战。

郭淮、费曜都是久经沙场的老将，战斗经验丰富。然而这一次他们却觉得有些不对了。魏延好容易得到一次独立带兵的机会，发了疯一样猛冲猛打，他要把自己憋了几年的委屈，都向魏国贼将发泄出来！郭淮被魏延一顿猛攻，凄惨得很。费曜赶紧前去增援，又被吴懿迎头痛击。

史书上的记载很言简意赅：魏延"大破淮等"，吴懿"破魏将费曜"。在这短短几个字后面，是魏军将士遍地的尸体、丢弃的铠甲，是郭淮、费曜失魂落魄的溃逃，以及魏延、吴懿意气风发的狂吼。

这是诸葛亮时代的第四次北伐（虽然诸葛亮自己没有直接参与），虽然诸葛亮还是没能夺下地盘，至少在战场上取得了不小的胜利。因为这个功绩，魏延被升为征西大将军、前军师，同时还被封为南郑县侯。老魏几年的压抑算是一扫而光了。吴懿也升为左将军，封高阳乡侯。

小贴士

《三国演义》中的第四次北伐

罗贯中对魏延有偏见，所以在《三国演义》中完全不提这痛快淋漓的一仗，反而虚构诸葛亮趁曹真、司马懿退兵，亲自北伐，魏延违令吃了败仗，诸葛亮大破曹真，还写封信把曹真活活气死，又摆八卦阵大败司马懿。但这就弄得没法收场了，于是罗贯中又编排出"刘阿斗听信谣言，召回诸葛亮"的段子，把刘禅和诸葛亮都侮辱了一番。

打了这么大的胜仗，朝野自然都很高兴。李严又给诸葛亮说："丞相您看，曹魏的大军南征，不战而退；咱们的西路军又大获全胜。魏延、吴懿都升官晋爵了，但您的功劳不是最大吗？"

诸葛亮道："那您的意思是？"

李严说："我看，您可以称王，进九锡了。"

诸葛亮愣了一下，严肃地说："我本是一个庸才，先帝提拔我，让我位极人臣，赏赐无数。现在我还没能剿灭曹魏贼子，报答先帝的恩情，怎么能自己光想着封官晋爵呢？要是咱们最后灭了魏国，杀了曹睿，统一天下，那咱们一起升官，别说九锡，十锡也可以受！"

小贴士

九锡

　　"九锡"是古代皇帝赏给大臣的九种礼仪物品，如车马、衣服、乐器、兵器、卫队等。赏赐九锡是极大的殊荣，历史上通常只见于权臣或重要的藩国。诸葛亮说的"十锡可受"，意思是真能灭曹兴汉，那么再大的荣誉也受得起，而不是说真有一种档次更高的"十锡"。

　　李严本来是想趁胜利拍拍诸葛亮的马屁，顺便自己也再升个官，结果被诸葛亮反讽了一把，只得作罢。

第十二章　星沉渭畔意苍茫

司马懿初体验

三年之中,蜀汉四次北伐。

第一次是主力部队全面战败。

第二次诸葛亮主力出动,没有打下陈仓,但退兵时伏击追兵,杀敌军大将王双。

第三次陈式偏师攻克了武都、阴平二郡,诸葛亮主力吓退了魏国雍州部队。

第四次仅仅出动魏延一支偏师,就杀得魏国雍州地方部队大败。

整体趋势来看,蜀汉军的磨合越来越好,战场形势越来越有利,因此诸葛亮很快又开始策划第五次北伐。

这一次,诸葛亮决心在关中地区和魏国展开主力会战。要主力会战,就得有持久的粮草供应。为此诸葛亮采取了两个措施。

一方面,他让蜀汉的二号实权人物李严管理汉中地区,征集粮草,供应前方。

另一方面,他研发了一种叫作"木牛流马"的运输工具,专门用于山地运粮,比以前效率大有提高。

小贴士

木牛流马

诸葛亮制造的"木牛流马",是专门用于山地运粮的机械,史书上有记载一些技术参数,却没有具体的制作方法和图纸。一种观点认为木牛流马就是两种木轮车,可以很方便地翻山越岭;也有人认为是更加复杂的人力步行机械,近来还有人研究出各种"复制品"。

公元231年春天,诸葛亮带着魏延、王平、吴懿、吴班、高翔、姜维、杨仪等文武官员,率领数万大军,再度出师北伐。

这一次,诸葛亮依然走的是最西边的大路,目标直指祁山。他不指望这一次就吞下整个关中,但如果能击溃魏军主力,在雍州西部站稳脚跟,那么就可以一边向东继续压迫魏国,一边向西蚕食凉州地区,获得少数民族的人力资源和战马,逐渐改变魏蜀之间的实力对比。

不甘寂寞的魏延，再次提出自己带一支军队单独行动。当然，诸葛亮还是觉得，魏延这样的猛将，放在自己身边用着比较顺手。

这时候，过去一直负责西线总指挥的魏国大司马曹真，恰好生了重病，并且很快病死了。在《三国演义》中曹真被写成一个有勇无谋的将领，主要表现就是不断中诸葛亮的计，以及反衬出司马懿的老奸巨猾。实际上，他在蜀军前四次北伐中一直是诸葛亮的强劲对手，算上魏军南征，共计和诸葛亮交锋（包括未遂）五次，也给诸葛亮添了不少麻烦。

现在魏国失去曹真，谁来抵挡诸葛亮呢？

那必然是司马懿了。

在这之前，司马懿曾经擒杀孟达，以及参加曹真组织的四路伐蜀。但具体到所谓的"六出祁山"，司马懿其实只在最后两次才和诸葛亮对上。

诸葛亮大军兵临祁山时，魏国方面的防御兵力是这样的：

大将贾栩、魏平守卫祁山营寨。

雍州刺史郭淮的军队，位于祁山北的冀县一带。

后将军费曜、征蜀护军戴陵，带着一支军队守在祁山东北的上邽，与祁山呈掎角之势。

此外，大将军司马懿、征西车骑将军张郃正带着主力部队，从东边的长安一路狂奔过来增援。

弄清了魏军的部署，诸葛亮不慌不忙，先把祁山围起来，按部就班地攻打。三年前，他也是这样围攻祁山的。那时候，形势看上去还要好得多，附近的天水、南安、安定郡都投降了，魏军的主力也离得很远，结果他最后却失败了。

现在形势更加严峻，敌人更加强大。

但诸葛亮率领的蜀汉军，也有更多的作战经验了。上次他把军队分散得太厉害，又用马谡去迎战张郃。这一次，诸葛亮不准备犯同样的错误。

面对诸葛亮的攻势，冀县的郭淮和上邽的费曜都不敢轻举妄动，被围在祁山里面的贾栩和魏平更是慌了神，他们一天三遍地向上峰告急，请求支援。

正往西边飞奔的司马懿得知后，命令上邽的费曜、戴陵："你们别光看戏了，留下几千精兵守上邽，其余的赶紧全部出动去救祁山！"

军令如山，费曜和戴陵只得服从。同时，郭淮的军队也南下协同行动，准备在祁山会师。

这时候，诸葛亮留下部分军队继续围攻祁山，自己带着主力，向上邽急行而去。

郭淮、费曜一看，这还了得，祁山没救下来，上邽先要丢了！他们赶紧掉头，半道来拦诸葛亮的人马。谁知这正中了诸葛亮的计策。眼看着魏军上气不接下气跑过来，诸葛亮顺势就地展开人马，迎头痛击。一仗下来，打得郭淮、费曜溃不成军。

至此，诸葛亮"围点打援"调动对手，取得了第一阶段的胜利，给雍州本地的魏军沉重打击。

然后，诸葛亮趁胜东进，一路杀到上邽。上邽的魏军吓得胆战心惊，龟缩城中，哪里还敢出来？诸葛亮也不攻城，命令手下士兵把上邽周围的麦子全部割了个干净。抢光了粮食之后，诸葛亮带着主力继续向东，迎战司马懿。

这会儿，司马懿、张郃带领的魏军主力也到了，两军在上邽东边遭遇。

时隔三年，终于再次主力面对面了。诸葛亮趁着士气旺盛，派魏延前去挑战。魏延欣然而出。他是信心十足，什么司马懿，什么张郃，来一个打一个，来两个打一双！

且看这次主力会战，胜败如何？

结果是，不如何。

因为司马懿根本不出来打。他带着大队人马，从长安跑了几百里来到上邽以东，然后就选了个险要的地方驻扎下来，安营扎寨，闭门不出。任魏延在外面骂得嗓子都哑了，司马懿在营中悠然自得。

多次挑战没结果，诸葛亮也不能老跟司马懿耗着。他把军队退到祁山，继续围攻这个据点。

这时候，张郃对司马懿说："蜀军远道而来，就是想和我们主力会战，而我们只要坚守不跟他打，他就一点办法没有。依我看，咱们大军就屯在这里，祁山的军队得知我们在这里，他们守下去也没问题。诸葛亮孤军深入，粮食并不多，就算抢了上邽的麦子也坚持不了多久，等粮食吃完了自然就退了。"

司马懿虽然在戏曲舞台上是个白胡子，其实他比张郃年轻得多，胆子也比张郃大。他觉得张郃的话虽然不错，但自己手握重兵，再走近点总是可以的。于是带着军队往祁山方向赶。

诸葛亮见司马懿主力来了，再围着祁山也没意思。他撤了祁山的围向南转移。司马懿高兴极了，赶紧带着人马紧紧追赶。结果诸葛亮走到祁山南面几十里的卤城（在今天甘肃省礼县附近）就停了下来。司马懿也赶紧抢占了一个山头，挖掘壕沟，修筑土墙，坚守不出。

科学就是力量

两军就这么陷入了漫长的对峙。诸葛亮心里很急，魏军不出来交战，就只能干耗着，粮食供应不上啊。

但司马懿的日子也不好过。他是打定主意要坚守不出，耗光诸葛亮的粮草。可是手下的将领们却不这么看，觉得咱们兵不比诸葛亮少，都到这里了，干吗不冲出去和他打？尤其贾栩、魏平几个，先前被诸葛亮围在祁山，这会儿解了围，一心要出口恶气，直接戳着司马懿的鼻子说："您畏蜀如虎，不怕天下人笑话啊？"

张郃在一边看笑话："你瞧，我就让你在上邽待着吧，你偏要逞能。走到祁山这儿来，手下这帮人的口水都能淹死你！"

厚黑大师司马懿那会儿的脸皮功夫还未臻化境，被部将这么一顿嘲讽，终于按捺不住，决定发动一次进攻。他看蜀军南面有一个营寨比较孤立，就命张郃带着一队人马去围攻那个营寨。司马懿自己带着大军在中路列阵。在司马懿看来，凭张郃的能耐，打蜀军那个营寨是手到擒来，诸葛亮非得去救援不可，等诸葛亮的主力出营了，他再拦截援军，让蜀军首尾不能救应。

对于拥有兵力优势和大量骑兵的魏军而言，这确实是个中规中矩的正统战法。

张郃也不反对这个计策。他带兵冲到了蜀军南边的营寨，开始围攻。三年前，他曾经在街亭击破马谡的部队，从而彻底埋葬了诸葛亮的第一次北伐。然而这一次，张郃没有这么好的运气了。

这次对面的敌手，就是当年与他在街亭交过手的王平。

不同的是，那时候王平被书呆子马谡压制，而现在的王平，则是一路大军的独立指挥官。而他手下，正是诸葛亮从南中民众中征集的特种部队——无当飞军。

依靠彪悍的战斗力、娴熟的作战技巧、精良的兵器和铠甲，王平打退了张郃的数次猛攻，魏军尸体躺了一地。昔日曾经跟随袁绍、曹操，威震天下的河北名将，如今被一个名不见经传的后辈挫败。

这时，司马懿带领的魏军主力，也向蜀汉方面逼近，以策应张郃的围攻。诸葛亮就等着这个机会。

"司马懿，你以为我会救王平吗？错了，我的目标是你。"

营门大开。征西大将军魏延、左将军吴班、右将军高翔等大将，带领蜀军呐喊着冲杀出去。

几年来，魏蜀两军第一次展开主力会战。刀光剑影，血肉横飞。魏军在蜀军进退有序的阵法面前，人仰马翻。之前一直叫嚷着要决战的魏军众将，个个目瞪口呆。

还是司马懿沉得住气。目睹不利态势，他立刻收兵回营，又把张郃也调了回来。

这一战，魏军死伤甚多，光是戴着头盔的精锐士兵，便被砍下了三千多颗人头。蜀军缴获的战利品，还包括五千副深色铠甲，以及三千多张弓弩。这是真正意义上的大获全胜。

但对诸葛亮而言，这一战有个副作用：

之后，司马懿坚守营寨，再也不肯出战了。

小贴士

不同的记载

关于第五次北伐的战局，西晋陈寿的《三国志》仅仅叙说诸葛亮粮尽退兵，射杀张郃。东晋习凿齿《汉晋春秋》记载诸葛亮大破郭淮、费曜、司马懿等。唐朝房玄龄《晋书》的记载则完全相反，说的是司马懿派前军进逼上邽，吓得诸葛亮不战自退；紧跟着司马懿攻破诸葛亮的卤城营寨，杀得诸葛亮大败，死伤数万。至于张郃被射死一事则完全没提。到底哪本史书说的是真相，就看读者愿意信哪本了。不过从常理推断，如果《晋书》所载的战果为真，这对魏国来说是比第一次北伐的街亭之战更辉煌的胜利，《三国志》作者陈寿没有道理对此一字不提（尤其那会儿恰好是司马懿的孙子司马炎当皇帝）。而如果司马懿是如《汉晋春秋》中写的那样吃了大败仗，那陈寿倒完全可能为当朝皇帝的爷爷讳言此事。相对来说，《三国演义》中对这次北伐的战例倒没夸张太多，只是写诸葛亮命令军队抢割麦子时用了一次"奇门遁甲"装神弄鬼。

冷兵器时代，敌军坚守营寨，你是一点办法没有的。诸葛亮一直等到夏末，汉中那边来人了。

来的是参军马忠和督军成藩。他们带来了后方的不好消息：军粮快要供应不上了。

人是铁饭是钢，没粮食了，再能打也不行。诸葛亮很郁闷，也没办法。他收拾收拾破烂，往东边退兵。

司马懿闻讯，暗中叹了一口气。但他这一次抵御蜀汉，在战场上吃了好几次亏，比起曹真前两年的战绩，可有点脸上无光。于是他就派张郃带兵追击蜀军，想着能捞一把是一把。

张郃不乐意。他说："兵法上讲，围城要给人一条路，急着回去的敌军不要穷追，你把人逼急了，人是要跟你玩命的。我看别追了，不差这一点好处的。"

司马懿道："军令如山，叫你去就得去，你敢不去？"

司马懿是大将军，张郃是征西车骑将军，官大一级压死人，张郃没法不听这个老奸巨猾的后辈的吩咐，只好不情不愿地带着军队踏上了追击之路。

勉勉强强追了几十里，没看见什么不对劲，一路就到了木门这个地方。张郃一看地势，道路狭窄，两边都是山坡，心想不妙，赶紧全军停下来！

就在这一瞬间，山谷中鼓号大作，高处布满了蜀军的军旗。接着，成百上千把诸葛连弩，发出蜂群一样的嘈杂声，短箭从两边雨点一样朝魏军将士攒射过来。

山路上，哭喊声大作。张郃中的第一箭是在大腿上，大腿并非致命的地方。问题在于，射向他的不止这一箭。

于是，白发苍苍的老将军，曹操手下"五子良将"中硕果仅存的一位，就这样稀里糊涂地死在司马懿的瞎指挥和诸葛亮的高精尖武器下。

蜀汉第五次北伐结束。这一次持续四五个月的战争，蜀军面对魏军西线主力取得了优势，并且狙杀了曹魏一流名将张郃，堪称战果辉煌。

张郃之死

张郃是当时魏国威名远震的宿将，他的阵亡，让整个魏国朝野震惊。魏明帝曹睿非常痛惜，在朝廷上当着百官的面叹息说："蜀国还没灭，张郃就死了，这下该怎么办啊！"司空陈群也说："皇上说得对，张郃确实是国家的栋梁啊。"辛毗听着君臣俩的对话，眼看他们要把人心弄得更加沮丧，赶紧出来说："当初大家也说天下不可一日无太祖，等太祖死了，咱文帝开创了大魏国；后来又说天下不可无文帝，等文帝驾崩了，咱当今皇上干得也不错。所以张郃死了就死了吧。"此外，《三国演义》中为了塑造人物形象，把故事情节改写成司马懿不让追，张郃偏要追过去自己找死。

然而，从战略态势上，依然什么都没有改变。魏军战场上的死伤，并不会对下次的行动带来太大影响。蜀军寸土未得，粮尽撤退。下一次，诸葛亮还得从头再来。

罢黜李严

诸葛亮第五次北伐，正打得顺风顺水，却因为粮食原因而不得不撤退，这事可真够郁闷的。

而留在汉中的蜀汉二号军政大员李严，第一次负责经办粮草，就出现这种局面，他心中的忐忑也可想而知。

其实，翻越秦岭给几万大军供粮食，本来就是很艰巨的任务，加上夏末大雨冲毁道路，出现运粮不济根本不奇怪。粮尽退兵虽然遗憾，诸葛亮也好，刘禅也好，不会因为这事就把李严怎么样。

然而，李严或许是之前在江州当土皇帝当惯了，自由散漫成性；又或许是面子上拉不开，想在朝廷上进一步淡化自己的责任。明明是他自己派人通知诸葛亮没粮了退兵，等诸葛亮正式退兵时，他又故作惊奇地说："哎呀，我刚想尽办法筹备了充足的军粮，怎么就退兵了呢？"

末了，大概发现这话说得太过了，李严又上表给刘禅说："诸葛丞相神机妙算，他假装退兵，其实是为了引诱魏军来追，好消灭他们。"

用这种方法找补，只会越补越漏。诸葛亮本来就因为没粮退兵而不爽，再看李严这么颠三倒四地混淆黑白，终于不能再容忍，就把李严前后的表章拿出来对照。这下子李严的东拉西扯完全露馅。运粮不济只是天灾，可是在军国大事上胡说八道，造谣生事却是大罪。李严也没办法，只能磕头服罪。

诸葛亮就势进一步清算李严先前贪图权势，假公济私，要挟上官，不配合工作等一系列毛病。这些罪状全抖出来，李严当然不可能再坐这个二把手的位置。诸葛亮和群臣联名上表，把李严的官爵给罢免了，又把他迁到梓潼郡去当个平民百姓。

不过，李严毕竟是刘备看重的大臣，也为国家做出过贡献。诸葛亮虽然罢了李严的官，但保留了他儿子李丰的官爵，而且专门对李丰说："当初我和你们父子一起为汉室出力，现在希望你能好好宽慰令尊，改正以前的过错。虽然他罢官了，但你还是朝廷重臣，你们家依然是一等一的大户，令尊也别灰心，说不定还能有重新出来做官的机会呢。"

李严被罢官后当然郁闷，但诸葛亮列出来这一堆罪名，他也是没什么好辩解的，只能怪自己先前得意忘形。听了诸葛亮的话之后，他老老实实回家闭门思过去，盼望着有一天被诸葛亮起用。

在过去，李严是居于诸葛亮之下的二把手，但他个性很强，权力欲很重，有时候还不肯好好配合诸葛亮。存在这么一个二把手，诸葛亮的工作开展起来多少有点磕磕绊绊。李严所督的江州和永安军队，过去诸葛亮也不完全方便调动。现在李严被免职了，诸葛亮的军政命令得以畅行全国。汉中的粮草筹备，诸葛亮依然交给蒋琬负责。蒋琬既长于政务，又很听诸葛亮的话，对诸葛亮而言，当然是比李严更实用的留守者。

三年准备

公元231年第五次北伐退回来，诸葛亮琢磨了一下，这次战场上没吃亏，最后功亏一篑，说到底还是粮食不够。这事不光怪李严，四川虽然是天府之国，拿一个州的地盘支撑这样大的军事行动，还得翻越秦岭运那么远，稍微有一环出点岔子就断了供应，这也不奇怪。

诸葛亮又想到前几次频繁出征，战果一次比一次好，但是每一次也总有兵力和钱粮的损耗。自己也五十多岁了，这样的机会还有几次？与其跟过去一样，稍微积蓄点家当就冲出去，不如再多攒攒吧。

于是从231年秋天开始，诸葛亮不再出师北伐，而是闭关自守。他要用三年的准备，来保证下一次北伐的成功。

诸葛亮把临时征集的民夫全放回家去从事生产，军队卸甲归田或者组织军屯，还委派各级官吏，督促民众，把各地的农田都耕种起来。

另外，他督造了大量的军事装备，尤其是用于在山地运输粮草的木流牛马。农闲时候，诸葛亮就组织训练军队，操练阵法。

休养生息的政策持续了三年。因为停战，解放出更多的劳动力，蜀汉的粮食产量大为提升，又用蜀锦到魏国和吴国换了不少财物。

从公元233年开始，诸葛亮把粮食从各地运到汉中，再从汉中往斜谷口运送，并且沿着斜谷道修筑了大量的军用城堡，用来传递消息，运输粮食，供部队歇息。

这些工作事事都需要操心。诸葛亮一直惯于自己操劳，他一个人既要从全局考虑国家战略，又要做这些细致入微的琐事。手下人劝他不止百十回了，可诸葛亮自己总是放心不下。他自己的行政能力很强，又谨慎细致，于是便什么都要自己抓，总担心手下人能力不够，或者不肯像自己一样尽心尽力。

当然，诸葛亮手下也练出了几个能人。比如当初他在刘备面前保下来的蒋琬，如今负责调度粮食的重任，正如诸葛亮当初给刘备调度粮食一样，蒋琬也做到"足食足兵"，这方面颇有诸葛亮的风范，也因此成为诸葛亮最看重的部下。诸葛亮甚至给刘禅上了一道密表，说自己一旦死了，就让蒋琬继承自己的位置。之所以是密表，当然是怕其他手下多心。

再比如费祎，他博闻强记，处理文件一目十行，加上生性风趣幽默，为人随和，心胸豁达，颇有当年庞统之风。诸葛亮给他的任务，除了参与军事出谋划策，主要就是负责外交工作和人事协调。

第一次北伐收的姜维，在带兵上颇有所长，诸葛亮就让他负责训练部队。但总的来说，诸葛亮找不到一个完全可靠、完全能够让他放心的继任者。至于手下两头冒尖的魏延和杨仪，能耐大脾气更大，这三年没打仗，又开始相互斗得不亦乐乎，全亏费祎从中协调，但这俩人争吵，始终是蜀汉军营中一道独特的风景线。

就这么着，三年一晃就过去了。

这三年中，蜀汉国内基本安宁，只有南中地区时不时乱一下，也被马忠、张翼等人平息了。

这三年中，魏、吴两国，也在各自乱折腾。

魏明帝曹睿看见诸葛亮不打过来了，他不甘寂寞，就想自己再发兵打过去，但是内部意见始终不统一，又有更重要的事，最后伐蜀还是停留在朝廷的争吵上。

魏、吴两国还竞相拉拢辽东地区的土皇帝公孙渊。孙权突发奇想，不顾群臣的劝阻，派人封公孙渊为燕王，赐九锡，又乘船从海路运过去很多财宝，想和公孙渊换马。结果公孙渊转过头又和魏国勾结，把孙权的人也杀了，财宝也抢光了。

除此之外，魏、吴两国还接连在东边开仗。虽然都是些小打小闹，但对诸葛亮而言，盟军和敌国的不断交战，既有利于吴蜀联盟的巩固，又对魏国是一种牵制，正好为自己创造休养生息的空间。

公元234年初，蜀汉老百姓休养生息得差不多了；蜀汉军队装备更加精良，兵力也扩充了；斜谷口粮食堆积如山；大批木牛流马也整装待发。

从各个方面说，经过充分准备的这第六次北伐，与以前都是截然不同的。

首先，投入的兵力达到了十万以上。

其次，从粮草储备上看，第六次远比前面几次要充足。

在此基础上，诸葛亮的战略也发生了变化。前几次北伐，多数都是从祁山方向绕过秦岭，攻击点放在雍州西部，试图蚕食那里的土地，站稳脚跟，然后往西进取凉州。

而这一次，诸葛亮选择了走褒谷、斜谷一线。

这一线出秦岭便是郿县、五丈原，距离长安百余里，是曹魏雍州防御体系的枢纽。六年前，赵云和邓芝也是从这一线北上，但那是虚张声势，分散魏军注意力。而这一次，诸葛亮是准备把长安纳入自己的攻击范围。

这意味着，他将在关中地区，与曹魏展开硬碰硬的主力会战。

此外，诸葛亮还派遣使者与东吴孙权取得联系，说"今大兵已会于祁山，狂寇将亡于渭水"，约定一起北伐。孙权正被之前的公孙渊事件弄得鬼火冒，急需找到一个发泄的出口，于是很痛快地答应了。

这样，又创下了三国时代第一次东吴西蜀同时大规模北伐的纪录。

天时，地利，人和；兵强，马壮，粮多。

这一次，或许能够成功了吧？

如果不成功，也没有关系。

公元234年春天（农历二月），诸葛亮默默地踏上了第六次北伐之路。

一个月后，汉献帝刘协去世，时年五十四岁。

同样是五十四岁的诸葛亮，此时正在斜谷的山路上跋涉，身边是他的十多万大军。汉献帝死了就死了吧，反正，从曹丕篡汉那刻，这位大汉皇帝就已经从精神上死了。诸葛亮却会继续为汉室奋斗到底。

只要一息尚存。

忍者神龟

从汉中经过斜谷穿越秦岭直到关中，路程并不算太长。直线距离不过五百里，步行半个来月差不多也到了。但诸葛亮足足走了两个月，初夏才出斜谷口，因为随军携带了大批的木牛流马转运粮食，所以行动缓慢。

出了谷口，便是关中的渭河平原。诸葛亮带着十万蜀军，在郿县西边的五丈原安营扎寨。

这时候，司马懿也带着大军，在渭河南岸布下了营寨，与蜀军隔着渭河的支流武功水，东西对峙。

看着军容严整的蜀军，魏国将领们多少心中有点发毛，唯有司马懿哈哈大笑："诸葛亮如果抢先占领郿县东边的武功山，那么长安就很危险了。可诸葛亮毕竟胆小，他在西边的五丈原扎营，没什么可怕的！"

司马懿这话是真心真意，还是鼓舞军心，现在说不准。最终耗死了诸葛亮，当然就由得他事后来吹嘘了。如果蜀军真的往东几十里到武功扎营，那前面是长安，背后就是郿县的坚固堡垒，到斜谷口的道路也有被截断的危险。诸葛亮终究是谨慎为先的，尤其在这种主力决战的关头，他依然持重。

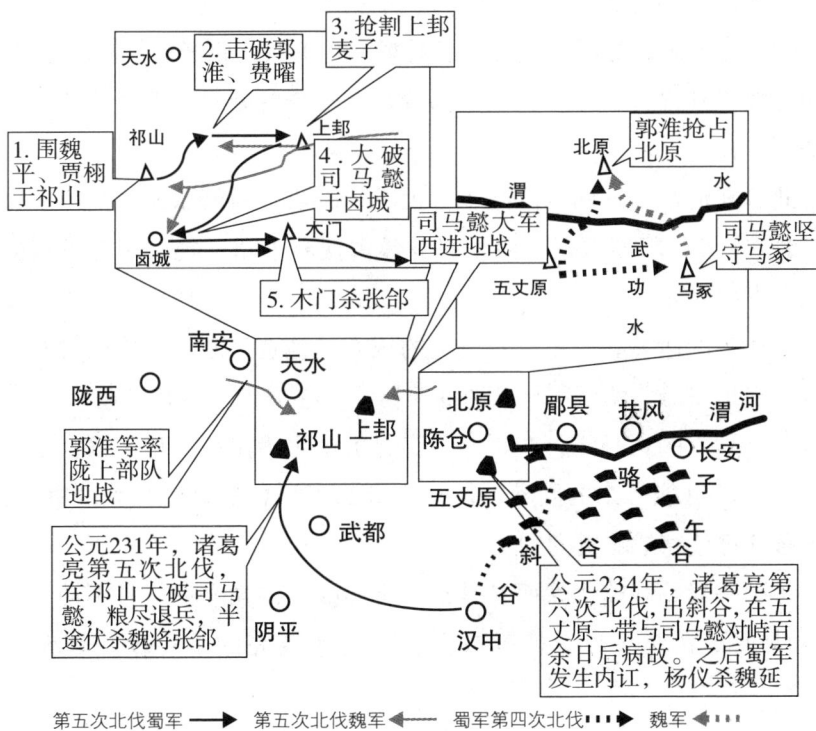

第五—六次北伐示意图

司马懿正在得意，雍州刺史郭淮阴着脸站了出来："且慢，还有一个破绽！"

"什么破绽？"

"我们必须赶紧抢占渭水北岸的北原。"

魏军众将一阵哄笑，蜀军从南边打过来，魏、蜀两军连同长安城都在渭水南岸，你抢占北原想干什么？

郭淮曾经在诸葛亮、魏延手下吃过几次亏，可不如这帮家伙一样乐观："你们想得太简单了！要是被诸葛亮抢先占领北原，渭河北岸就完全被蜀军控制了！我们的主力就会被夹在渭河和秦岭之间！整个雍州就会变成诸葛亮自由进出的天下！他甚至可以分兵堵住我们的主力，一边去打长安，打潼关！"

司马懿不是傻瓜，一点就通。他赶紧跳起来："你赶紧渡河，去抢占北原！"

郭淮带着本部人马急匆匆到北原，之后立刻催促士兵们修筑堡垒。正修得叫苦连天时，蜀军已经杀过来了。郭淮赶紧派人继续修堡垒，自己带着一部分魏兵奋勇厮杀，好不容易打退了蜀军，终于在北原把堡垒修筑起来。

司马懿得到报告，擦擦额头上的冷汗，传令各处兵营严守营寨，绝对不许和蜀军交锋！

至此，在渭水河畔的两国几十万大军，陷入了对峙状态。渭河和武功水形成"T"字形，郭淮占据上面，司马懿占据右下角，把位于左下角的诸葛亮从两个方向封死。

五十四岁的诸葛亮，承担着更重的压力，他费尽心力，屡次挑衅，试图引诱对手出来交锋，然后用自己训练的精兵，在战场上将其击败。

但五十六岁的司马懿，在耐心和隐忍上却更为出色。他不顾自己手握重兵，不顾出战可能带来的胜利，甚至不顾麾下将领们背后投来的嘲讽目光，坚定不移地把龟缩战略贯彻到底。

这是很一般的战略，然而又是很厉害的战略。司马懿一日不动，魏国在关中这支大军就能一日保持着威慑，使得诸葛亮的下一步计划无法顺利执行。

对手的兵力比自己还多，又守着坚固的营寨和险阻的地形，强攻伤亡太大，野战人家不理，怎么办？

如果不愿意撤军，那就只剩下陪着对方对峙下去了。

几个月很快过去了，双方都没怎么开打，就这么相互守着营盘对峙着。诸葛亮为了诱敌出战，派大将孟琰（南中豪强，孟获的族人）带领一支人马，向东渡过武功水，在司马懿的大本营前面安营扎寨。恰逢河水暴涨，司马懿也想捡个便宜，就派遣一万多骑兵向孟琰的队伍进攻。孟琰依托营寨，顽强抵抗。这时候诸葛亮带着大军也赶到武功水的西边，一边用强弩隔着河射对面的敌人，一面架设浮桥。司马懿一看浮桥快架好了，立马又收兵回营，打死也不出来。

这期间，孙权出动十多万大军三路北伐，已经被魏国打退了。魏明帝曹睿又派大将秦朗带着两万军队来帮助司马懿，让他继续守下去。

为了让司马懿出战，诸葛亮甚至使出了人身攻击的手段：他派人送去一套女人的衣服和装饰品，告诉司马懿，你要是个男人，就出来战个痛快吧！

其实，这种手段固然是在污辱司马懿，却也是贬损诸葛亮自己的风格。国士之风的大汉丞相，到这时是真有些急了！

司马懿拿到这套衣服，暗自冷笑，随后装出勃然大怒的模样，召集众将："你们看看，诸葛亮怎么侮辱我的！"

众将一起高呼："咱们去和诸葛亮拼了！"

司马懿喊道："就是！我现在就写表章，向朝廷申请出去和诸葛亮拼命！"随后，司马懿当众写下了请战的表章，让人立刻送到朝廷去。

而曹睿得到请战书，立刻派卫尉辛毗带着诏书来渭水大营，再次重申禁止司马懿出战！

蜀汉营中，姜维得到这个消息，报告诸葛亮说："看来，这下子司马懿不会出战了。"

诸葛亮苦笑道："他本来就不会出战。将在外，君命有所不受，打不打是由前线指挥官决定的。如果司马懿真想和我交战，他哪里犯得着千里迢迢请示皇帝啊。所谓请示什么的，那是演双簧戏给他的部将看。"

不管是不敢打也好，是不愿意打也好，是打定主意耗死诸葛亮也好，总之，司马懿在这几个月中，让诸葛亮深深体会到"有力无处使"的痛苦。

如果换成历史上白起、韩信等超一流名将，在僵局时，自然会采用大胆穿插、多路迂回、避实击虚等方式，撕开敌军的乌龟壳。遗憾的是，诸葛亮不是演义和民间传说中塑造的神仙。他在将略奇谋上并不比对手司马懿强多少，他的谨慎作风，更不允许自己进行高风险的战略冒险。

依靠训练精熟的十万精兵，他可以用堂堂之阵、正义之师在野战中取得优势，但面对敌人坚壁不出，却是无从发挥。

用木牛流马诱敌夺粮，或者在上方谷火烧司马懿，这是罗贯中编排的传奇。真实的历史中，诸葛亮费尽心血的北伐，到此走入僵局。

星殒五丈原

魏军不肯出来，诸葛亮心中焦急，但这也是没办法的事。

好在，这一次北伐，原本就做好了持久的打算。三年中积蓄的粮食源源不断通过斜谷运出，蜀军一时半会是不怕没粮食的。

司马懿愿意耗，那就跟他耗下去吧。

诸葛亮开始种地。他把军队分成几部分，一部分继续和魏军对峙，另一部分在渭水流域开垦土地，种植粮食。

防守方如果不敢和对方正面开打，就只能等待进攻方粮食吃光，自己撤退。现在诸葛亮竟然开始在本地种粮食，那么"耗粮大法"就用不上了。

蜀汉军队的营寨和关中本地居民的房屋土地交错间杂。诸葛亮又严格地执行军规，不许军人欺负老百姓。四川来的士兵和陕西本地的老乡，各种各的田，在一起相安无事，上工回家还打个招呼，或者搞搞"军民互助"什么的，渐渐弄出几分"其乐融融鱼水情"的气氛来。

魏军看在眼里，急在心上："这么下去，渭河平原岂不变成蜀汉的地盘了？"

司马懿依然不动声色："你们急什么。只要咱大军还在，雍州就不算真正姓刘。诸葛亮爱在这里种地，让他种好了。他就算在这里收十季庄稼，只要蜀汉军队一退，雍州老百姓照样得喊大魏皇帝万万岁。"

"那他要不退呢？"

"不退……那到时候再说吧。"

正如司马懿打定主意和诸葛亮耗死，诸葛亮也打定主意要咬在雍州不走。

然而，诸葛亮的身体状况，却在一天一天地恶化。

这毫不奇怪。以他那种操劳的程度，又不肯轻易把事情委托给别人，事必躬亲，就算铁打的身体也吃不消。

司马懿是不在乎的。"死守不出"本来就不需要太动脑筋，何况，再输给诸葛亮几仗，司马懿也输得起；就算输光了也是曹睿的江山，司马家有多大损失？

今日五丈原，由刘希平老师提供

然而，诸葛亮却不能这样豁达。蜀汉是刘备亲手交付到他手中的，刘禅也是刘备托付给他的。现在聚集在五丈原的这十万将士，是他一天一天训练的。而北伐的希望，也是他一点一点搭建出来的。

这不仅是他的心血，更是他毕生的理想。他注定要为此燃尽自己的生命。

诸葛亮的使者去魏营请战的时候，司马懿询问诸葛亮的日常小事。使者傻乎乎地如实回答说："诸葛丞相每天很早就起来，很晚才睡，像打二十军棍这样的处罚，都要亲自过目，每天吃的饭食也就几小碗。"

司马懿露出了笑容。等使者走后，他对魏将说："诸葛亮吃得这么少，事务又如此繁杂，怎么可能长久坚持下去呢。等着吧，咱们不需要守太久了。"

司马懿预料得很准，虽然这本来也不难预料。

等到秋天（农历八月），诸葛亮病倒了，而且病得不轻。

多年以来，他都是在透支健康，身高八尺的大个子，被山一样的事务耗尽精力，瘦成了骨架子。他完全是依靠兴复汉室的信念，在强撑着一口气，继续玩命地干活。

现在这一口气终于撑不住了，他颓然地倒卧在病榻上。

明眼人都知道，这一次，丞相怕是起不来了。

蜀汉五丈原大营中的文武官员为了稳定军心，严密控制着消息，不让士兵们知道。

可消息还是传到了渭水南畔的魏军寨中。司马懿直接把消息扔一边去了，谁知道是不是诸葛亮的诡计，想骗我出战？我给他死守着准没错！

成都的皇帝刘禅也知道了。这位安享十多年太平的皇帝，终于有些慌了。

虽然诸葛丞相在身边管教着，会让人有些不自在，但是他要是走了……

于是，刘禅赶紧派尚书仆射李福前往五丈原，探望丞相的病情。

十多年前，刘备在永安，也是这样急匆匆把诸葛亮召去。现在，轮到诸葛亮自己了。

李福被后主连哭带闹地催逼着，急匆匆从成都赶到汉中，又从汉中穿越斜谷赶到五丈原，进了大营，已经慌得话都说不清楚了。

倒是诸葛亮，虽然脸色憔悴，还是不紧不慢，给他一一交代国家大事。

交代完后，李福赶紧就转身，要回成都去复命。

结果才走两天，又满头大汗地跑回来了："哎呀，忘了！糟了！"

诸葛亮微微一笑："我正等着你呢。前两天说得太慌了。你要问的人，蒋琬最合适。"

李福一边擦汗，一边上气不接下气地说："没，没错，我就是忘了问，万一……万一您不行了，谁能继任丞相。那么，蒋琬之后，谁来接替好呢？"

诸葛亮沉吟片刻，说："费祎吧。"

李福很聪明地又追问了一句："那……费祎之后呢？"

诸葛亮缓缓闭上眼睛，再也不说什么了。

不久，诸葛亮病逝于军中，享年五十四岁。

三国中最令人伤感的一幕，画上了休止符。

身后杂事

诸葛亮临终留下遗命，全军从斜谷撤回汉中。自己既然死了，北伐中原的梦想恐怕难以实现，不能再让十万将士白白在雍州平原流血了。

考虑到在强敌面前撤退的巨大难度和复杂程度，诸葛亮任命事务能力最强的长史杨仪作为撤军的统一负责人。断后的任务交给勇猛善战的征西大将军魏延，断后第二阵则由姜维率领。

然而，魏延不愿意就此放弃这次希望巨大的北伐。他说："军中除了丞相，数我官最大。杨仪只不过是个文官，让他带着丞相的遗体回汉中好了，我带着大军留下来，非要砸开司马懿的乌龟壳不可！怎么能因为一个人死就把国家大事废了呢？"他还逼着费祎和自己一起联名写《告全军将士书》，号召大家不听杨仪的，跟着魏大将军继续北伐。

费祎的急智可比魏延强多了，找个借口就溜回中军大营，找到杨仪、姜维一合计，魏延既然不听遗命，那就不理他，咱们自己走！魏延听说中军丢下自己跑了，气得暴跳如雷，带着自己的前军抢先抄小路也往南边赶。

这时候司马懿也听说了消息，觉得这次诸葛亮可能真死了，就在部将们的撺掇之下，起兵追赶。半路上被姜维、杨仪猛杀个回马枪，做出要决一死战的样子。司马懿一看不对，赶紧勒兵后退，又跑回自家大营。

后来，附近的老百姓就纷纷说，死诸葛把活司马吓走了！司马懿听了，也就是笑了笑："我能算准活着的诸葛亮，可算不准死了的诸葛亮。"他想，就算我被诸葛亮吓走了吧，最终谁赢了？谁死了？

不过，司马懿对诸葛亮的军事才能还是相当佩服的。等确认蜀汉撤军后，他亲自到五丈原一带的蜀军营地，查看营垒的布置。看完后，他叹息道："诸葛亮实在是天下奇才！"

蜀汉第六次北伐，至此完全收尾。

魏蜀之间的战争告一段落，魏延和杨仪的内斗却没完。孙权当初断言诸葛亮一死，这两个家伙必然出事，如今都应验了。一方面，他们都向成都报告，说对方造反；另一方面，魏延带着本部人马，抢在杨仪大队前面往南跑。他一路跑，一路竟然把沿途的栈道和诸葛亮先前建造的军事设施都烧毁了，这简直是要置主力部队于死地。魏延为了一己之念，违背诸葛亮遗命，又使主力陷入危险境地，实际上已经等同于造反了。

魏延和杨仪争斗的消息传到成都，蒋琬、董允都认为是魏延不对，于是调集成都的卫戍部队准备去堵截魏延。没等他们赶到，魏延和杨仪已经打了一场内战。魏延自己站不住脚，很快兵败被杀。

小贴士

魏延之死

魏延一路烧毁栈道，抢先赶到汉中，杨仪的大队人马也开辟山路，紧跟着赶到。两军在汉中北面的南谷口遭遇，中军王平出来对阵魏延，在军前怒喝:"诸葛丞相尸骨未寒,魏延你就这么胡作非为,对得起丞相在天之灵吗!"魏延麾下的士兵们知道魏延理亏,纷纷倒戈。魏延只剩孤家寡人,带着儿子奔逃,被杨仪派出的马岱追上杀了。

杨仪杀了死对头魏延,还灭了他的三族,痛快得很。可这个心胸狭隘的家伙也没有好下场。他原本觉得自己身为诸葛亮的执行助理,诸葛亮死了,应该由自己继承丞相的位置,谁知刘禅按照诸葛亮的遗命,用了蒋琬。这下杨仪不平衡了,到处抱怨朝廷,甚至说:"当初丞相死时,我要是带着军队投降魏国,现在不至于这么委屈,真后悔死了!"这话犯了大忌讳。于是杨仪被免官为民。可他还不老实,口出怨言,终于被逼着自杀。这时候距离诸葛亮和魏延的死,也仅仅一年。

诸葛亮之死,让魏国大大松了一口气,曹睿觉得最大的威胁没了,开始放开胆子吃喝玩乐,大修宫殿,群臣再三劝谏,他也不听。魏国君臣甚至觉得诸葛亮死了,军备都可以放松了。

蜀汉国内呢?诸葛亮在世时,军政大权一把抓,皇帝刘禅只有吃喝玩乐的自由。现在诸葛亮死了,刘禅自己得开始管事,他任命蒋琬为大将军,后来又晋级大司马,作为诸葛亮的继承者;费祎为尚书令,后来又晋级大将军,作为蒋琬的助手。这哥俩都是诸葛亮的股肱,配合得不错。蒋琬当政十二年,基本没有对魏国用兵,主要在积累国力。其间倒是发生过针对魏军入侵的防御战。

公元246年冬,大司马蒋琬去世,大将军费祎成为军政一把手。费祎继承蒋琬的政策,以对内发展为主。这期间,卫将军姜维数次北伐,但费祎并不很支持他,每次给姜维的兵力不过万人左右。

费祎当政六年后,在公元253年初被刺身亡。军权从此落到姜维手中。姜维年龄比诸葛亮、费祎、蒋琬小,又是武将出身,他一心想用战争兴复汉室,北伐的规模一次比一次大,十年之中,与魏国在雍州、凉州地区交锋多次。

姜维的北伐和诸葛亮大不一样。诸葛亮是准备充分再动手,尽可能求稳求全,甚至过于谨慎,每次不一定有太大战果,但除了第一次外,通常也没多少损失。姜维呢?他是军事冒险家,敢冲敢打,打好了,一次可以歼灭好几万魏军;打差了,自己也是死伤惨重。这么反反复复的折腾,看上去战果不小，但蜀汉的国力，可也就消耗得更快了。

雪上加霜的是，蜀汉国内从董允死后，刘禅开始宠幸宦官黄皓，军政大员彼此不和，朝政走向混乱。没多久，弄得"民有菜色"。

同一时期，魏、吴两国也都开始内乱。魏国在公元249年发生高平陵之变，司马懿杀死曹真的儿子曹爽，从此魏国的权柄落到司马氏手中。十余年中，司马父子废曹芳，杀曹髦，并将曹魏忠臣一一剪除。吴国也接连发生诸葛恪、孙峻、孙綝的专权，皇帝孙亮被废黜。

三国同步衰败，预示着新时代的来临。

公元263年，司马懿之子司马昭派大将邓艾、钟会率领二十万大军分道入蜀，刘禅投降，蜀汉灭亡。姜维煽动钟会反魏，引发成都之乱，姜维、钟会、邓艾都死于动乱中。公元265年，司马懿的孙子司马炎逼迫魏国皇帝曹奂禅位，建立晋朝，并在公元280年灭掉东吴，一统天下。

诸葛丞相守护的国家，和他百计讨伐的敌人，几乎前脚紧接后脚地迈入了历史的纪念堂。

第十三章　江流万古东流去

痛杀蜀人心

诸葛亮去世后，根据他的遗命，在汉中定军山下葬。没有堆积很大的坟丘，只是靠着山坡挖了个刚刚放得下棺材的墓穴。棺材里面也就是普通的衣服，没什么陪葬的器皿。总之，对于一国丞相而言，这是相当简朴的葬礼。

汉中诸葛亮墓

诸葛亮在临终的遗表中，希望后主能够"清心寡欲，约己爱民，达孝道于先君，布仁心于寰宇，提拔隐逸，以进贤良，屏黜奸谗，以厚风俗"，依然是谆谆叮咛。遗表中还说，自己除了家里的四十五顷薄田和八百株桑树，没有其他私财，自己死的时候一定不会留下什么额外的财产。

留给子孙和国人的，只有无形的怀念。

如同所有历史人物，诸葛亮不是一个完美的人。他有优点，也有缺点。

从以"成败论英雄"的角度，诸葛亮作为一国丞相，实在算不得成功。他执政十余年，半生都在为兴复汉室努力。最终，他的六次北伐只开拓了微不足道的土地，他的信念只是梦幻，他的国家在他死后三十年即灭亡。

从军事来说，诸葛亮在治军方面颇为擅长，能够训练出精兵，但临阵打仗的水平，弱于曹操、陆逊、邓艾这样的一流奇才。他惯于用稳扎稳打的方式作战，基本按常规出牌，过于谨慎，不够果决，虽然能避免巨大风险，却也会坐失良机。《三国演义》和民间传说中的种种奇谋战术，简直像是对历史上诸葛亮用兵风格的反讽。

　　从内政来说，诸葛亮进行经济建设的水准在三国首屈一指，但他识人、用人的能力，还有不如刘备的地方。他事必躬亲的作风更是不利于人才的锻炼培养，长期为人诟病。

　　在个人私德方面，诸葛亮几乎无懈可击，他为国家鞠躬尽瘁，不谋私利，到死两袖清风。这并不影响他同时在政治斗争中冷面无情，甚至心狠手辣。他的性情也不够豁达与潇洒，不但比不上好友庞统，甚至有些地方还不如自己的继任者蒋琬、费祎。

　　在每一方面，他都不是完美无瑕的。但是当这一切的因素叠加到一个人身上，而这个人又在末世战乱中，守着一片小小的国土，为实现自己心目中的大义进行不懈的努力。因此在时人和后人的眼里，他逐渐戴上了神圣的光环。

　　诸葛亮死后，刘禅下诏书，表彰了诸葛亮的功劳，将他比拟为伊尹、周公，最后，给诸葛亮上了谥号——忠武侯。

　　得到丞相去世的消息，整个蜀汉境内，官吏、民众、士兵，哭声动地。

　　尽管这个去世的人，曾经惩治他们的过失，给他们加班派活，用严格的刑法来约束他们，逼着他们扩大生产，积累粮食，把他们训练成为战争机器，带着他们去和强大的敌军交战。

　　但是终究，这个去世的人，对这个国家，对这片土地，对这些不知姓名的人们，是有着深厚感情的。他立身以正，处事以公，奉国以忠。底层的军民，即使未必能理解诸葛亮频繁北伐的动机，却也能被他润物无声的魅力感染。

　　传说一百余年以后，东晋大将桓温进入四川，遇上一个一百多岁的老头子，曾经是诸葛亮手下的小吏。桓温是最喜欢攀附古人的，他问："诸葛亮和当代的谁可以相提并论啊？"言下之意清楚得很。

　　老头子回答："诸葛亮在世的时候，大家都不觉得有多了不起。但等他去世后，这么多年里，真的就再也找不到可以和他相比的人了。"

　　这则记载未必属实，但蜀中的民众，想必就是这样看待他们的丞相吧！

　　不但一般的官民，就连曾被诸葛亮严惩的人，也因他的去世而悲痛。

　　廖立当初因为嫌官小，胡言乱语攻击朝廷，而被诸葛亮罢官放逐到汶山。他听到诸葛亮去世的消息，泪如雨下道："诸葛丞相去世了，看来我只能一辈子在这荒凉的地方待着了。"

同样被诸葛亮罢官回家的李严，竟然因此发病而死。他原本曾希望，诸葛亮可以恢复他的官职，让他将功补过，重新回到以前共赴国难的状态。如今这希望也破灭了。

对此，史学家习凿齿评论说：诸葛亮能够让廖立、李严都为他的死而悲痛，实在是秦汉以来少有的正人君子。他秉承公正原则，遵循正道，奖赏人并非出于私欲；处罚人，被罚者也受之无怨。用这样的准则，天下也会服从的。

不过，任何群体中总会有另类。当全蜀汉人民在沉痛悼念诸葛丞相时，有一个"独立思考"的人跳出来发表了不和谐音。

这位就是著名的李邈。当初刘备入川他得罪刘备，差点被杀，是诸葛亮把他保了下来。后来诸葛亮杀马谡，他也在边上大放厥词，这些倒罢了。现在诸葛亮去世，他居然兴高采烈地上了一个报告，大意是：

"西汉时候，吕禄、霍禹最开始未必就想造反作乱，但因为他们权势太重，弄得皇帝和大臣麻秆打狼两头怕，于是就自然而然产生了不轨之心。诸葛亮身为朝廷重臣，带着军队在边境，虎视眈眈，我一直害怕他成为祸国殃民的奸臣。现在他终于死了，国家和人民因此得到保全，他的家族也不必担心满门抄斩，真是可喜可贺啊！"

刘禅一向把诸葛亮当爹看，这会儿诸葛亮死了，正哭得一把鼻涕一把泪，听到这家伙说的恶毒话，气得把李邈下监狱杀了。这次可再也没有诸葛亮来保他了。

蜀人对诸葛亮的思念，持续了千年。据一种流传甚广的说法，四川人戴白头巾，就是在为诸葛亮戴孝。现在有学者考证，这个说法是错误的。然而，能够被人附会出这样一种说法来传播，或许本身便说明了诸葛亮在民众中的地位。

立庙风波

中国的老百姓，对自己喜爱和尊敬的人物，喜欢通过立庙的方法来加以纪念。诸葛亮死后，蜀汉各地纷纷要求给丞相立庙，加以纪念和祭祀。

刘禅自己虽然也很尊敬和怀念相父，但看到各地要求立庙，还是有点犯嘀咕。这威风岂不是要大过先帝吗？他询问了负责礼仪的官员后，听说给大臣立庙是不符合礼法的，于是就驳回了。

但是，正如不给盖厕所，人可以随地大小便，朝廷管得住庙，管不住人。蜀汉各地的老百姓，包括边远地方的少数民族，总要找个方式表达自己的敬意和哀思。朝廷不让立庙，他们就自己来。逢年过节，人们纷纷在街头巷尾或者路边点蜡烛插香火，祭拜诸葛丞相。于是每到节日，路边都是香烟缭绕，有时还出现木雕泥捏粗制滥造的"孔明像"。

过了几年，有的官员觉得，这么搞不太像话。他们建议，要不就在成都给诸葛亮立一座庙，让大家有个正规祭祀的场所吧。刘禅还是不同意。

这事就这么拖着，老百姓年年在街头巷尾祭祀，有些官员也偷偷参加。最后终于有人忍不住了，步兵校尉习隆和中书郎向充（向宠的弟弟）就给刘禅上报告说：

"西周时候老百姓怀念召公，连他在树荫下坐过的甘棠树都不忍心砍伐；越王勾践感激范蠡的功劳，专门铸造他的铜像。这几百年来因为有些小善小德而被立庙纪念的人多了。诸葛亮道德足以为天下的楷模，功勋彪炳末世，咱们汉室还能保存，实在是全靠他。现在不给他立庙，使得老百姓在街头巷尾祭祀，少数民族在野外烧香，这不成体统。当然，皇上的顾虑也是有道理的，如果完全顺应民意，到处立庙，不符合礼仪；如果在成都立庙呢，又把成都的皇室祖庙给喧宾夺主了。所以我们琢磨了个主意，可以在汉中地区诸葛亮的墓地附近立一座庙，使得他的亲属可以按时去祭奠，而官员和崇拜者要去祭拜，也都必须到那个庙去，这样也是符合礼仪的。"

刘禅想了想，觉得这个主意不错，批准了。于是公元263年的春天，汉中地区给诸葛亮立了一座庙。

这个庙立得真是很"及时"。因为当年秋天，魏国的镇西将军钟会就带着大军杀到汉中来了。《三国演义》中写诸葛亮招来了几万"阴兵"，吓得魏军魂飞魄散，又给钟会托梦，让他不要伤害蜀汉老百姓，这些当然是杜撰。钟会对诸葛亮这位敌国的老前辈还是非常尊重的，亲自去庙里祭拜，并且下令所有官兵不许在诸葛亮墓地附近砍柴放牧。

汉中诸葛亮庙

随即，蜀汉就灭亡了。

当初刘禅因为害怕诸葛亮庙的风头压过蜀汉皇家祖庙（就是刘备的庙），所以没有批准在成都建庙。可他这种顾虑最后也成了笑话。

没错，诸葛亮的庙确实不在成都。

问题是，成都有汉昭烈帝刘备的庙啊。刘备的庙里面，有蜀汉大臣的像，其中也有诸葛亮的像。

成都武侯祠

于是在蜀汉灭亡后，成都一带的老百姓嫌汉中太远，就纷纷跑到刘备的庙里面去祭祀诸葛亮。时间长了，原本正儿八经的"昭烈庙"，成为成都的一处风景名胜，叫作——"武侯祠"。

刘备九泉之下，一定郁闷得紧。历史上他自己打的很多仗，什么博望坡、赤壁、成都、汉中，都被民间艺人和小说作者给写到诸葛亮头上了。现在连自己的庙也给他"霸占"去了！

这才是真正的喧宾夺主呢！

诸葛亮的子孙

史料有记载，诸葛亮共有三个儿子。

年龄最大的是养子诸葛乔，本是诸葛瑾的儿子。诸葛亮与黄夫人结婚二十年没有孩子，因此过继侄儿来当作自己的后代，在蜀汉官至驸马都尉。可惜，诸葛乔英年早逝，公元228年就去世了，年仅二十五岁。所幸，诸葛乔还留下了一个儿子诸葛攀。

到公元253年，吴国发生政变，诸葛瑾的长子诸葛恪被杀，连累诸葛瑾这一支的子孙都被杀得精光。再过几年，诸葛恪得到昭雪平反，这时候诸葛亮已经有了后人，因此诸葛攀又回到东吴，作为亲爷爷诸葛瑾的香火传人。

小贴士

诸葛恪

诸葛瑾长子诸葛恪聪明过人，但性格粗疏，好大喜功。孙权曾派他管粮草，诸葛亮专门写信给陆逊，说诸葛恪不适合这种细致工作。孙权死后，诸葛恪掌东吴大权，刚愎自用，穷兵黩武，引得天怒人怨，死于政变。相比之下，诸葛亮的几个儿子品性要好得多。

琅琊诸葛氏兄弟中，诸葛亮在蜀汉为相，诸葛瑾在东吴为大臣，他们的族弟诸葛诞也在魏国为大将，后来为匡扶曹魏皇室，讨伐司马氏兵败而死，当时称"蜀得其龙，吴得其虎，魏得其狗"。

第二个儿子诸葛瞻，是诸葛亮的亲生儿子。诸葛亮老来得子，最后一次北伐时，诸葛瞻年仅八岁。诸葛亮勤于北伐，也没工夫教育儿子。他曾给哥哥诸葛瑾写信说，瞻儿聪慧可爱，但是懂事太早，恐怕反而会因不够稳重难成大器。

等到十七岁成人后，诸葛瞻娶了刘禅的女儿，官拜骑都尉，第二年就晋升为羽林中郎将。此后，作为标准官二代和皇帝女婿，诸葛瞻不断升官。

四川老百姓狂热敬爱诸葛亮，爱屋及乌，对诸葛瞻也是推崇备至，甚至朝廷每有一项利国利民的措施，大家都在坊间传言：

——嘿，这次的政策挺实在的。

——当然了，这是诸葛大人大力推动的嘛。

——诸葛大人真是咱的父母官啊！

——没错。

就这样，诸葛瞻获得了超过其能力之上的美誉。到公元261年，诸葛瞻已经官至卫将军平尚书事，军政大权一把抓。

在乱世里面，更高的官职意味着更大的责任。公元263年，魏国大举伐蜀，邓艾带数万精兵从阴平小路杀入成都平原。诸葛瞻责无旁贷，带着成都的卫戍部队前去交战。随行的，有黄权的儿子黄崇、张飞的孙子张遵，还有诸葛瞻的长子诸葛尚等。

诸葛瞻基本没什么行伍经验，甚至当黄崇劝他赶紧进军占据险要位置时，他都犹豫不决。

而他的对手，是三国后期一流的名将邓艾。

这样的对比下，自然没什么悬念了。诸葛瞻要地尽失，被邓艾围困在绵竹。

自以为胜券在握的邓艾，派使者下书："只要您肯投降，我表奏朝廷，封您为琅琊王！"

诸葛瞻的军事才干远不及父亲，但忠肝义胆却一般无二。他杀了劝降的使者，然后再次出动，与邓艾决战。他奋勇作战，一度杀败邓艾的儿子邓忠，气得邓艾要辕门斩子，但最终还是兵败。诸葛瞻、黄崇、张遵连同诸葛尚都战死了，用自己的鲜血作为蜀汉皇朝覆亡前的祭奠。

随后，诸葛瞻的岳父刘禅投降，蜀汉灭亡。

诸葛瞻的次子诸葛京，跟随投降的后主刘禅去了魏国，后来在晋国当官，颇有政绩。他当官的地点是郿县，紧邻诸葛亮去世的五丈原。诸葛瞻的三子诸葛质，据说在亡国后逃亡南中地区，投奔孟获的儿子孟虬去了。

诸葛亮的第三个儿子叫诸葛怀。他目睹国家覆亡，哥哥殉难，自己就隐居乡里，过着平淡的生活。后来晋朝准备把前朝名臣的子孙都找出来，大小给个官爵。负责的官员找到了诸葛怀。诸葛怀表示，自己并无做官的才能，生活又能自足，谢绝了封赏，默默过着田园生活。如果说诸葛瞻继承了诸葛亮死而后已的忠贞，那么在这个很不出名的小儿子身上，发扬的是诸葛亮当初"淡泊""宁静"的精神追求。

此外，民间还传说诸葛亮有一女儿诸葛果，自幼得诸葛亮教她奇门遁甲等道术，在府中修仙坐化。但此事的可信度较低，当是后来道教繁荣后的附会。

后世的尊敬

诸葛亮的才能固然是出色的，但与中国数千年历史上的诸多能人相比，未见分外出奇之处。

若论身居高位多年，而能德才合一，忠心奉国的重臣，则诸葛亮可算首屈一指。

汉末与三国中有不少值得一书的君臣关系，比如曹操与荀彧、孙权与张昭等，相比他们，诸葛亮和刘备之间的推心置腹，可谓颇为罕见。

而对比三国中其他权臣和幼君的关系，如孙峻和孙亮、司马懿和曹芳，诸葛亮和刘禅之间的信任更是绝无仅有。

因而，诸葛亮不但在当世，在蜀汉得到崇敬，即使在后世，在敌国对手眼里，他也颇受推崇。

诸葛亮死后三十年，蜀汉即灭亡。统一天下的是晋朝。晋朝是从魏国"禅代"而来，以魏为正统，蜀汉属于"对抗历史潮流的反动派"；而晋朝开国皇帝司马炎的爷爷司马懿，当初和诸葛亮对打过两次。仅就政治立场而言，诸葛亮就更是其敌对势力头目了。

晋朝对这个"敌人"的评价，却多是褒扬之词。

西晋初年，谯周的学生陈寿编写三国历史。他专门给晋武帝司马炎上了个折子，讲述诸葛亮的故事，在里面把诸葛亮猛吹了一通，说他从小就又高又帅又有才；说赤壁之战全靠诸葛亮联络孙权，才得以打败曹操；说诸葛亮治理四川，简直就是千秋圣贤，太平盛世；最后还把老百姓对诸葛亮的怀念说得发人深省，催人泪下。总之，他对诸葛亮的称颂到了肉麻的程度。这可是晋朝官方历史学家陈寿在对西晋皇帝讲故事啊。从中也可看出晋朝官方对诸葛亮的态度。

另一位叫袁准的，担任晋朝的给事中。他在《袁子正论》中专门写了长篇大论，不遗余力地赞美诸葛亮，还就质疑诸葛亮的问题进行了一一解答。

公元4世纪初，西晋镇南将军刘弘参观了诸葛亮的故居隆中后，专门立了一块碑，并请文士李兴写了碑文，里面都是歌颂诸葛亮的话，骈四俪六，颇为华丽。碑文前面描述诸葛亮的功绩，后面更是歇斯底里地大呼"英哉吾子，独含天灵……异世通梦，恨不同生"，甚至祈祷"今我来思，觌尔故墟。汉高归魂于丰、沛，太公五世而反周……魂而有灵，岂其识诸"，希望能够和诸葛亮的灵魂交流，其敬仰之情，溢于言表。

这些晋朝官员，都是把诸葛亮当作偶像的。

晋朝统一后，很快发生八王之乱，塞外游牧民族纷纷建立政权，以及长久的南北朝分裂对峙。在这血雨腥风的时代中，争权夺利、背信弃义、翻脸噬主、涂炭生灵都成为常态，诸葛亮这样的道德楷模就显得更加神圣祥和。前秦皇帝氐族人苻坚与他的汉人谋士王猛推心置腹，他们就自比为刘备、诸葛亮。

对封建帝王而言，诸葛亮"鞠躬尽瘁，死而后已"，有能力又忠心，居高位而不谋私利，简直是梦寐以求的良臣。对士大夫阶层而言，诸葛亮淡泊明志，宁静致远，抱膝草庐，啸傲风月，最终得遇明主，一展抱负，虽大功未成，而名垂青史，堪称读书人的偶像和楷模。对广大老百姓而言，一个长于治政，执法公平，而又两袖清风，为国尽忠的丞相，当然是可亲可敬的。

在三方面的合力下，诸葛亮的地位越来越高，他的形象也越来越光辉。

甚至诸葛亮原本并不特别突出的军事能力和地位，也在后世逐渐提升。公元731年，唐玄宗建立武庙，选定的庙主是传说中兴周灭商的姜太公，又从历朝选了10个人分列两边。

这10个人包括春秋战国时的孙武、田穰苴、吴起、乐毅、白起，汉朝的韩信、张良，三国的诸葛亮，以及唐朝的李靖、李勣。这里面大部分人，要么是划时代的军事理论家，要么是胜绩无数的名将，诸葛亮作为三国时期唯一代表，得以位居其中。

成都武侯祠的诸葛亮坐像，由蒋吃货提供

等到公元782年，唐德宗对武庙"扩编"，增加祭祀古今名将64人，这才把皇甫嵩、关羽、张飞、张辽、邓艾、周瑜、吕蒙、陆逊、陆抗、羊祜、杜预等人加了进去。这些人都是从东汉末年到西晋初年一等一的名将，不少人的作战实绩超过诸葛亮，但在武庙中的位置却排在了诸葛亮后面，这就是道德评价所造成的影响。

文艺的捏造

南宋以后，中国的主流三国史观，逐渐从以曹魏为正统，转向以蜀汉为正统。这就让诸葛亮头上，除了原本的干练、忠诚、廉洁、坚韧之外，又多了"维护正统"的一道光环。

只不过，对于诸葛亮的名望而言，这顶多算是"锦上添花"。早在之前的唐朝，大小诗人们就以诸葛亮为题材进行创作，其中绝大部分都是褒扬、缅怀他的。最著名的，自然是"诗圣"杜甫的《蜀相》，还有《八阵图》《咏怀古迹·其五》等。杜甫对诸葛亮毫不吝惜赞美之词，如"三顾频烦天下计，两朝开济老臣心"，如"功盖三分国，名成八阵图"，如"诸葛大名垂宇宙，宗臣遗像肃清高"等。

进入宋元后，在宋词、元杂剧中，文人墨客和民间艺人，更是对诸葛亮进行了美化。在他们的合力下，渐渐塑造出一个与历史上诸葛亮形象差异颇大的"活神仙"来。

历史上的诸葛亮，主要是靠着自己出色的内政能力和道德水平流芳百世。就其军事能力来说，治军强于打仗，而"出奇制胜"是他的短板。

但在这些文艺作品中，诸葛亮的道德、内政能力和治军能力基本都被一笔带过，或者只是给出个抽象的符号；相反，却花了大量笔墨，描写诸葛亮用兵如神，百战百胜；而在这些虚构的战例中，花样翻新的"奇谋诡计"又变成了最重要的环节。

换言之，文艺作品中的诸葛亮，基本上和历史上的诸葛亮，在能力上颠倒过来了。

除此之外，基于民间传说的特点，作为诸葛亮"智谋"的衍生物，如"阴阳八卦""奇门遁甲""呼风唤雨""能掐会算"之类的"特异功能"也附加在了诸葛丞相身上。一位内儒外法的治政大家，在文艺作品中，居然成为身披道袍，手持宝剑拂尘，口称"贫道"，装神弄鬼的"妖道"扮相。现在很多算命先生，还打出"小诸葛""诸葛神算""卧龙推命"的幌子。

再后来，罗贯中在民间传说的基础上，写成了四大名著之一的恢宏巨著《三国演义》。《三国演义》中塑造得最好的三个形象称为"三绝"，就是奸雄曹操、良将关羽和贤相诸葛亮。其中，曹操和关羽虽然有艺术的夸张，但基本上其"能力结构"、优缺点都和历史上差别不大。

唯有诸葛亮，被罗贯中进行了全面的美化，成为彻头彻尾的第一主角。以毛宗岗删改本《三国演义》为例，120回中，有59回和诸葛亮相关，而单就在这59回的标题里，"诸葛亮""武侯""孔明""卧龙"等关键词就出现了36次。罗贯中一方面从史书中扒拉出诸葛亮严明治政、为国尽忠的感人事迹，另一方面参考民间传说和杂剧评话，杜撰了大量诸葛亮精彩绝伦的军事表现、奇谋诡计，从而写出了一个通天彻地、智谋无双的诸葛亮来。

罗贯中

古代的出版业没那么发达，更没有网络。老百姓不会查史书，只会听故事；甚至一般文人，了解那段历史也是通过翻《三国演义》，会去买本《三国志》回来研究的人不多。因此罗贯中笔下的诸葛亮，基本上也就成为国人心中的诸葛亮形象，甚至进而浓缩成中华文化中的一个符号。这么一来，一个"治戎为长，奇谋为短"的政治家，竟然渐渐演变成为"智慧化身"和"军神代表"。

于是，称赞他人聪明，就说"赛诸葛"。众人一起出主意，叫"三个臭皮匠，顶个诸葛亮"。凡是自视甚高的文人、儒将，也爱自比诸葛亮。清末湖南有三个才子，号称"三亮"（三个诸葛亮），即"老亮"罗泽南，"小亮"刘蓉和"今亮"左宗棠。其中左宗棠最为有趣。这位曾镇压太平天国和收复新疆的儒将，足智多谋，用兵果决大胆，常出奇兵，但同时脾气暴躁，嘴巴刻薄，经常和同僚吵架，和诸葛亮是截然相反的两个人。他自比诸葛亮，那当然比的不是历史上的诸葛丞相，而是《三国演义》中用兵如神的诸葛亮了。

阖棺难定论

在史实的感染和文艺的美化推动下，诸葛亮的地位千余年中如日中天。

四川、湖北、山东等省份都把他当作自己的骄傲，而河南南阳与湖北襄阳为了争夺"卧龙岗"，官司也打了许多年。

然而物极必反。一个人的位置被抬得太高了，自然会引来质疑，甚至攻击。更何况诸葛亮身上本来就背负了一些名过其实的光环。于是对诸葛亮的负面评价和争议，也是不断的。

过去多年里，流传下来的主要是一些知识分子的见解。比如明末清初的思想家王夫之就曾撰文说，诸葛亮北伐战略有问题，魏延从子午谷取长安才是正道，诸葛亮迂回陇西，偏离了主要战略方向。

诸葛亮像

毛泽东更是毫不客气地指出，诸葛亮最大的毛病就是分散兵力，隆中对的战略就犯了这条，把主力分成两路；一出祁山更是处处分兵，兵分则力弱，当然会打败仗了。

现代，随着出版业的发展、思想的解放以及网络的普及，广大群众有了更多获取知识信息的途径，于是"拿着《三国志》批《三国演义》"成为一种时尚。大家惊喜地发现，原来《三国演义》这里也是编的，那里也是假的。惊喜之下，再回首自己过去把《三国演义》当历史，不禁痛呼上当受骗，再进而，在逆反心理的鼓舞下，便开始揭批《三国演义》的最大受益者诸葛亮来。

在擦去诸葛亮"能掐会算""擅长奇谋""用兵如神"等高光之后，大家意犹未尽，遂从多个角度，开始了新一轮深入揭露。

于是，有人说诸葛亮不但不会打仗，简直是嫉贤妒能的草包，把魏延好好一条子午谷奇谋给废掉了。为了让这条罪状更具有说服力，一般会同时提高魏延的军事水平，甚至认为其强于关羽、张飞。

有人说，诸葛亮以弱攻强的北伐本来就是个彻头彻尾的战略错误，加速了蜀汉的灭亡。

有人说诸葛亮穷兵黩武，让蜀汉老百姓受尽了苦难。

有人说诸葛亮是封建帝王忠实的奴才，不顾老百姓的死活，这样的人当然受到历代统治者的推崇了。

有人说诸葛亮是逆历史潮流而动的分裂分子，阻碍了魏国的统一，使得

人民遭受更多的战乱，是历史罪人。

有人说诸葛亮北伐根本不是为了兴复汉室，而是为了自己能手握大权。

有人说诸葛亮处罚李严，杀彭羕、刘封，都是政治斗争的阴谋，目的就是巩固自己的权位。

还有人说诸葛亮压根就不是忠臣，他是有自己当皇帝的野心，只是死得早没有得逞而已。面对李严劝他称王受九锡，他回答那句"虽十命可受"就是昭然若揭的证据……

网络上或者出版物中，"把诸葛亮拉下神坛"并不少见，为了这个目的，很多人甚至乐于先自己虚构一座神坛……

站在不同的立场，对同一史料用不同的态度进行剖析，再加上不同倾向的猜测和联想，得出截然相反的结论，是毫不奇怪的。

不管这些结论看上去多么有道理或者多么奇怪，也终究不过是个人对历史人物的态度，都带有主观性。

真相存在于客观的史实之中，也存在于每个人的心中。

而位于争议中心的诸葛亮，假使泉下有知，想必是不会在意这些的。

毕竟，能够引发如此多的关注和争论，已足以说明他的历史地位。

当年，他呕心沥血，举国北伐的壮举，在今人看来，也不过是历史长河中一段普通的历史。

只是在这战事中，有一个当时的人，在历史上留下些足迹。

千百年后，蜀汉、曹魏、孙吴乃至司马晋，都成为过眼烟云。

唯有这一串足迹，在史海中闪着熠熠光辉。

尾声 老酒村言话短长

陈寿故意贬损诸葛亮吗？

现在关于诸葛亮的史料，最主要的来源是陈寿所著《三国志》。陈寿是谯周的学生，《三国志》作为"前四史"之一，是一本公认的水平和价值都比较高的史书。

然而一直以来，有人认为陈寿对诸葛家怀有私怨，在史书中故意贬损诸葛父子。

这种说法的理由是，陈寿的父亲当年是马谡的参谋，街亭之战后马谡因罪被杀，陈寿父亲也受到牵连，被处以髡刑（剃光头）。而诸葛亮的儿子诸葛瞻又一向看不起陈寿。所以，陈寿在《诸葛亮传》中，写诸葛亮不太会打仗，不善于临敌应变，又说诸葛瞻只会书法，名过其实。

事实真是如此吗？

陈家和诸葛家的恩怨确实存在，陈寿可能对诸葛父子有情绪，这可能成为贬损的"动机"，但不足以成为"证据"。

那么看看陈寿在《三国志》中，是怎样评价诸葛亮的。

对《三国志》中每个人物，陈寿除了记叙其事件，还给了一段总评。给诸葛亮的总评，从字数上是全书最多的，超过了刘备、刘禅，也超过曹操、曹丕、曹叡。那么这长长的一段话说了些什么呢？

"诸葛亮之为相国也，抚百姓，示仪轨，约官职，从权制，开诚心，布公道；尽忠益时者虽仇必赏，犯法怠慢者虽亲必罚，服罪输情者虽重必释，游辞巧饰者虽轻必戮；善无微而不赏，恶无纤而不贬；庶事精练，物理其本，循名责实，虚伪不齿；终于邦域之内，咸畏而爱之，刑政虽峻而无怨者，以其用心平而劝戒明也。可谓识治之良才，管、萧之亚匹矣。"

在这里，陈寿一直在说诸葛亮的好话，说他长于行政，赏罚分明，公正执法，使部下和民众都心悦诚服，并且称诸葛亮是管仲、萧何这一类的贤相。

只是在最后，加上了一句："然连年动众，未能成功，盖应变将略非其所长欤！"

翻译过来就是：但是诸葛亮连年出兵北伐，都没有成功，大概临阵应变、打仗不是他的特长吧!

此外,陈寿还把诸葛亮写的文章都搜集起来,献给晋武帝司马炎,并且附了一篇说明。在这篇说明里,陈寿把诸葛亮吹得天花乱坠。

说他"少有逸群之才,英霸之器,身长八尺,容貌甚伟,时人异焉",从小就是天才、高人、美男子。

说赤壁之战时,全靠诸葛亮"乃建奇策,身使孙权,求援吴会。权既宿服仰备,又睹亮奇雅,甚敬重之,即遣兵三万人以助备",这才打赢赤壁之战。

说刘禅继位后,诸葛亮执政,"外连东吴,内平南越,立法施度,整理戎旅,工械技巧,物究其极,科教严明,赏罚必信,无恶不惩,无善不显,至于吏不容奸,人怀自厉,道不拾遗,强不侵弱,风化肃然也",把诸葛亮治理下的蜀汉说得跟桃花源一样。

说诸葛亮死后,"黎庶追思,以为口实。至今梁、益之民,咨述亮者,言犹在耳,虽甘棠之咏召公,郑人之歌子产,无以远譬也。孟轲有云:以逸道使民,虽劳不怨;以生道杀人,虽死不忿。信矣!"把诸葛亮比作召公、子产这样的古代贤人。

有人觉得诸葛亮的文字不够华美,而且太絮叨琐碎,陈寿还为诸葛亮辩解说,诸葛亮的文章都是写给普通人看的,给他们交代任务,所以要讲得细碎一些,也不必太注意文采。但是,"其声教遗言,皆经事综物,公诚之心,形于文墨,足以知其人之意理,而有补于当世",评价相当高。

这一篇文字中,也谈到诸葛亮最终北伐未能成功的原因。陈寿分析说,以诸葛亮的能力来说,治理内政比打仗强,训练军队比奇谋强,而且魏国的国力和军力都远胜蜀汉,再加上他的对手也是曹真、司马懿这样的高人,所以虽然连年动兵,也没能成功。

陈寿还说,诸葛亮自己是管仲、萧何这样的贤相,但是手下却没有城父、韩信这样的名将,全靠自己独力支撑,所以才没有实现愿望,这大概也是"天命有归"吧。

由此可见,陈寿在史书中,对诸葛亮推崇备至,说了一堆又一堆的好话,甚至说到北伐失败的原因,也并没有指责诸葛亮,只是说明他独力支撑的困难。至于说诸葛亮"内政能力胜过军事能力,治军胜过奇谋",这是诸葛亮自己各方面能力的比较,也是比较客观的评价。诸葛亮执政十余年,国内政绩斐然，而对外战果不多，虽然可以找各种客观理由，毕竟成绩才是硬道理，这时候硬要说"诸葛亮带兵打仗比内政还厉害，尤其擅长奇谋"，也会显得很古怪吧！

尤其不要忘了，《三国志》是在西晋时写的，必然以曹魏为正统，对蜀汉过分称誉是可能犯忌讳的。而在这种情况下，陈寿对诸葛亮哪里是抹黑？简直是不遗余力地吹捧。陈寿完全是诸葛亮的狂热支持者。如果今天有人把陈寿对诸葛亮的评论改头换面发到论坛，只怕要被一群人狂拍："没见过这么肉麻恶心的诸葛粉，光看《三国演义》了吧，要看《三国志》！"

陈寿

可见，不管陈寿和诸葛家的私人恩怨如何，不管陈寿有没有黑诸葛瞻，至少在史书中，他应该是没有存心贬损诸葛亮的。

诸葛亮欺负魏延吗？

在关于诸葛亮的争议话题中，魏延是一团扯不清的乱麻。很多人认为诸葛亮就是存心打压魏延，魏延之死诸葛亮也有很大责任。关于这件事，在前面章节中我们也有提到，在此稍微深入一点探讨。

先看第一个问题，诸葛亮是不是刻意打压魏延？

魏延是刘备很信任的中生代武将，对他两次直升机式提拔。在诸葛亮当政后，魏延的官职并未遭到贬低。刘备临终前，魏延是仅次于诸葛亮和李严的军中三把手；诸葛亮时代，魏延从镇北将军升为征西大将军，与李严基本平级。李严被贬后，魏延更是成为全军老二。如果这样都叫诸葛亮打压魏延，那么诸葛亮只有把丞相之位让给魏延，才不叫打压。

关于子午谷之争，诸葛亮不采纳子午谷之计，是出于谨慎，并非针对魏延。魏延的战略本身是否最佳可以讨论，但不能因为诸葛亮没有采用魏延的战略，就说他打压魏延。否则，刘备在襄阳城下没有采用诸葛亮的计策干掉刘琮，叫不叫打压诸葛亮？曹操在许昌没有采用程昱、郭嘉的计策收拾刘备，叫不叫打压程昱、郭嘉？

在街亭，诸葛亮确实用错了马谡，这并非针对魏延——诸葛亮既没用魏延，也没用同样得到大众推举的吴懿，也没用吴班、高翔、马岱等其他将领。如果说这是打压，那么诸葛亮算是打压除了马谡之外的所有人。事实上，诸葛亮违背众意提拔马谡，和刘备当初违背众意提拔魏延一样，都是主帅在拼自己看人的眼光。结果证明诸葛亮提拔错了人。可以把这看做诸葛亮用人方面的失误，和打压魏延无关。

诸葛亮也并未处处限制魏延。魏延要求诸葛亮给自己一万人马，以便独立行动，诸葛亮没有同意。那是因为从第一次北伐失败后，诸葛亮习惯自己带着主力部队。这种带兵法，也确实取得了不少战绩。在诸葛亮自己认为合适的时候，他也会派魏延独立出战的。公元230年，魏延和吴懿北伐，击败郭淮和费曜就是明证。只不过诸葛亮生性谨慎，这种时机不多而已。还有人猜测，第四次北伐是诸葛亮迫于压力才给魏延机会，结果魏延干出成绩打了诸葛亮的脸。这就更是诛心之论。当时蜀汉在二次北伐斩杀王双，三次北伐夺取二郡，又让曹魏大军无功而返，这正是形势大好，哪会有什么压力？相反，很可能是诸葛亮觉得情况乐观，因此放手让魏延一搏。至于说魏延立了功诸葛亮不高兴，这更是莫须有了。

总之，诸葛亮和魏延作为上下级，工作风格冲突，导致魏延在诸葛亮手下不能尽兴是有的。但也不能完全站在魏延立场上，凡是魏延反对的就是错的，就此给诸葛亮扣上很多不必要的帽子。

再看第二个问题，魏延之死怪诸葛亮吗？

有人认为，诸葛亮平时不能协调魏延和杨仪的矛盾，临终遗命让杨仪统军，却把军中二把手魏延派去断后，而且还是暗箱操作，难怪魏延不服。明知道杨仪和魏延有仇，还让杨仪带兵，这不故意激怒魏延么？

这样的指责，也是比较牵强的。

首先，魏延和杨仪的矛盾，诸葛亮已经在尽量调和，但世上化解不开的矛盾何其多，两口子离婚都有劝不和的，何况是两个两头拔尖的文武大臣？

有人拿出孙权劝解凌统和甘宁的例子，认为那杀父之仇不都调和了么？可孙权的法子也不过是拿出君主的威严，让这两人不至于当众砍将起来，再把这俩调开不在一块而已。同时，就是这位善于用人的孙权，公然对蜀汉使臣费祎说："魏延、杨仪这两人，最好都赶紧扑杀填埋，免得后患无穷。"

相比较而言，诸葛亮因为爱惜他们的才能，已经派费祎这个老好人去劝和了。指望每天累得半死的诸葛亮再专门抽出精力去化解魏延和杨仪的恩怨，实在不太现实。

其次，诸葛亮作为统帅，有权安排最合适的人选指挥退兵，而不是必须安排官职最大的。在刘备时代，诸葛亮官不过军师中郎将，远低于关羽、张飞，也低于赵云，却在刘备入蜀时担任荆州守备的总负责人。这样的例子在蜀汉系统中比比皆是。诸葛亮只是安排杨仪主持撤军，并不是让他从此兼掌军政大权。事实上，杨仪把撤军的任务完成得相当漂亮——团结大多数将领和谋士，当机立断，在魏延起兵烧断栈道的危急情况下，从司马懿眼皮子底下把主力安然撤回。诸葛亮这一步用人是相当漂亮的。

反观魏延，军事才能是有，但他一向激进，"延常谓亮为怯，叹恨己才用之不尽。"这种态度，魏延估计不是光写进日记，而是常常挂在嘴上。诸葛亮如何敢安排他退兵？魏延后来也确实说了："丞相虽亡，吾自见在。府亲官属便可将丧还葬，吾自当率诸军击贼，云何以一人死废天下之事邪？"这证明诸葛亮安排他断后而非总领退兵，实在英明。至于说断后就是欺负魏延，那诸葛亮安排断后第一阵是魏延，第二阵是姜维，莫非姜维也受到打压了？

其中唯一可以诟病的是"密"字。诸葛亮病重时，不是把命令传给魏延，而是秘密与杨仪等众将商议，却瞒着二把手魏延，也难怪魏延生气。不过，从史料记载来看，当时魏延作为前军主帅，很可能是距离中军大营有一定距离的。主帅病重，本来就应保密。更关键的是，诸葛亮去世后，杨仪派出了费祎去试探魏延的想法，魏延果然坚决反对撤兵。这再次反证了诸葛亮秘密安排撤兵的先见之明。否则，真要把魏延也请来开临终会议，只怕他要在诸葛亮病榻前当场拔刀夺权了。

第三，安排杨仪率领退兵，并不是针对魏延，更不是逼魏延造反。杨仪本身只是一个文人，诸葛亮安排他率领撤军，他乖乖听话撤退，军队才听他的，他要乱来，就还是光杆司令。魏延因为杨仪带兵而不爽可以理解，却不会因此受到什么威胁。杨仪试探魏延，派出的是费祎，可见他对魏延还是更多表达一种暂时"和解"的态度的。只要魏延听从诸葛亮的遗嘱，带兵断后，两人依旧是战友关系；就算魏延不听话，只要别先动手，杨仪也只是想保证全军撤回。

真正害了魏延的，是他悍然起兵叛乱。

诸葛亮临终前这一道遗命，魏延的不爽完全可以理解。如果魏延听闻此事，大骂"诸葛村夫，嫉贤妒能"，并在断后战中用砍下的魏军头颅来打诸葛亮的脸；如果魏延回到汉中之后，找个机会殴打落单的杨仪；如果魏延跑到诸葛亮坟头表示不满，甚至吓唬年仅八岁的诸葛瞻，这些作为尽管上不了台面，却能给历史平添一段快意恩怨的趣闻。甚至，就算魏延一怒之下挂印封金，北投曹魏，大家还能骂骂"诸葛亮逼走贤才"。

遗憾的是，魏延不肯这么委屈自己。相反，他把凡是妨碍自己的，都看作了仇敌。发现遗命没能让自己获得军权，就企图政变夺权；政变图谋被挫败，就直接向全军开火，烧毁栈道，差点让北伐军全军覆没。

每一次矛盾升级，都是魏延自己选择的。最终走到这一步，也就怪不得别人了。

然而，诸葛亮当时考虑的重点，是在自己死后，能把北伐军完整地撤退回国。显然要完成这个任务，长期担任他的长史（执行助理）的杨仪更合适。

看看当时蜀汉朝野上下对杨仪的态度吧。

诸葛亮的继任蒋琬，脾气是相当好的。他在皇帝刘禅面前保杨仪不反，并且率领成都的宿卫营北上，准备配合杨仪围剿魏延。

费祎也是一位老好人，魏延对他是信任的。魏延想要政变，强迫费祎联署，费祎只好哄骗魏延后逃出前军营寨，并积极配合杨仪，赶紧撤军。费祎并不是杨仪的死党，后来还揭发了杨仪的胡言乱语，导致杨仪丧命。从这个角度说，费祎对杨仪其实比对魏延狠多了。

王平和魏延一样，是从基层打上来的老军头，经验丰富。按理说，他和魏延应该是最有共同语言的。可是在魏延叛乱后，王平当先呵斥魏延，义正词严。

魏延被评价为"善养士卒"，可是当遭到王平呵斥后，这些他平素里如手足般扶持的兵士，也都知道他不占理，不战自溃。一位勇猛的名将，成为孤家寡人，被马岱追斩，何其可悲。

可见，魏延确实是激起了蜀汉的公愤。毕竟，大家都在跟魏军拼命，丞相死后，正应该协力同心应对危机。这种时候，主张撤退还是进军可以算路线问题，甚至试图夺取统帅权还可以算组织流程错误，到他最后焚烧栈道，差点让全军覆灭，就已经把自己摆到了全军乃至整个蜀汉的敌对面。魏延的悲剧在死于自己人之手，可是他焚烧栈道的时候，真还当自己是"自己人"么？或者真的是"错的不是我，而是全蜀汉"？

有人说诸葛亮欺压魏延，但在诸葛亮时代，魏延至少能稳居北伐军二把手位置，屡次上阵杀敌立功。而诸葛亮一死，失去制约的魏延，却权欲熏心，自负膨胀，最终成为差点葬送蜀汉北伐军的罪人，身死族灭。

从这个角度来说，诸葛亮并非打压魏延，而是保护了魏延。

诸葛亮不会用人吗？

后世对诸葛亮的诟病，一般集中在"用兵"和"用人"两个方面。一些人认为，蜀汉人才几乎都是刘备发掘的，诸葛亮事必躬亲，要为蜀汉后期人才凋敝承担责任。

这种说法是站不住脚的。

可以简单分析蜀汉人才中，刘备和诸葛亮分别提拔的比例。取《三国志·蜀书》卷六到卷十五的人物传记的传主，对父子兄弟同传的，子、弟篇幅较大的也参加统计。对以上58个人物，分析每个人被提拔到最终高位的推手。

统计可以发现，上述58个人物中，有9人既不是刘备提拔的，也不是诸葛亮提拔的。包括3个投奔刘备之前就已经拥有高位的（马超、许靖、周群）和6个诸葛亮死后才晋升高位的（霍戈、李撰、谯周、郤正、张嶷、杨戏）。剩下49个就是刘备和诸葛亮提拔的了。

其中，主要由刘备提拔的，共有32人，包括关羽、张飞、黄忠、赵云、庞统（但诸葛亮助力很大）、法正、糜竺、孙乾、简雍、伊籍、董和、刘巴、马良、马谡（没错，马谡实际上是刘备提拔的，尽管诸葛亮最后给了他一个不适合的任务）、陈震、刘封、彭羕、廖立、李严、刘琰、魏延、霍峻、王连、向朗、费诗、许慈、孟光、来敏、黄权、李恢、邓芝、张翼。

诸葛亮提拔的有17人，包括秦宓、董允、吕乂、杨仪、向宠、张裔、杨洪、杜微、杜琼、尹默、吕凯、马忠、王平、蒋琬、费祎、姜维、宗预。

由此可知，刘备选拔的人才是诸葛亮选拔的2倍左右。考虑到刘备的军政生涯长达近40年，即使从193年入徐州算起，也长达30年，而诸葛亮仅仅执政不到12年，即使从207年投奔刘备算起，总共也才27年。那么，这个比例说明双方选用人才基本上还是比较平衡的。

刘备选拔的人才里，赫赫有名的是要多一些，比如关羽、张飞、黄忠、赵云、庞统、法正、魏延、李严等。但这些人，大多数是刘备在征战四方过程中选拔的，几乎都不是益州本地人。相反，诸葛亮执政时就是在益州，人才可选范围是有限的，基本上只能是益州本地人士，以及外地入川的人（主要是跟随刘备进来的荆州人或其二代），只有少数情况下才能获得外地优质人才，比如姜维。

再考虑刘备得到诸葛亮之前（184—207年）和得到诸葛亮之后（207—223年）的人才提拔，更可以看出诸葛亮的重要性：在得到诸葛亮之前的23年里，刘备选拔的人才只有关羽、张飞、赵云、糜竺、孙乾、简雍、刘封、刘琰、魏延，一共9个人，而且其中三分之一后来都是犯了错误的。

从统计上还能看出，刘备选拔的猛将很多。蜀汉六大猛将都是刘备提拔的。而诸葛亮提拔的文官占比较大。这也和他们各自的秉性有关：刘备半辈子刀口舔血，几度出生入死，用人方面魄力还是大多了，有气场，什么样的人都敢用，都镇得住。诸葛亮毕竟还是文人气重了些，用人谨慎为先，看重品德。

整体来说，刘备和诸葛亮这种性情、才能和风格的互补，才实现了蜀汉政权在他们结合这段时间突飞猛进的发展。风云际会、千古流芳的君臣关系，绝不只是一句虚话。

还有人指责诸葛亮（乃至整个蜀汉政权）过分倚重荆州势力，打压本土人才。这也是不客观的。

从历史来看，巴蜀之地因为地势险要，易守难攻，物产富庶，造成民风相对文弱。在宋以前的数千年里，本来就很少出军政方面的人才。战国后期，秦国于公元前4世纪末就征服了巴蜀，之后到秦统一，足有百年战火，是蜀汉政权持续时间的2倍左右，但在这一铁血征战时期，巴蜀最出名的人是做生意的寡妇清，没有涌现出一位巴蜀的名将。西汉时蜀地的代表人才是司马相如、扬雄等文学家，《后汉书》中记载东汉时的益州人才，主要也是靠做学问当上大官。

到刘焉、刘璋父子统治益州时，依靠的主要势力是外地入川的"东州派"。刘备进攻刘璋时，巴蜀本地人严颜、张任等表现出了宁死不屈的气节，但确实没给刘备带来多大损失。给刘备带来大麻烦的是刘璋的儿子刘循（守雒城射死张任），还是外地人。

而在诸葛亮治理时期，巴蜀之地的军政人才数量相比以前已经得到了较大的提升。如诸葛亮提拔的巴西人王平，228年在街亭用疑兵吓退张郃，231年在南围硬抗张郃的围攻，234年一声喝散了魏延的兵变，244年更是在骆谷用三万人击退了曹魏的十多万南征大军，几乎取得了有史以来蜀地军政人才的最高战绩。再如另一位被诸葛亮提拔的马忠，后来出任平尚书事，成为蜀汉的中枢大臣。

所以，所谓蜀汉政权对巴蜀人才不重用，可能有蜀汉政权本身是由"外来人"建立的原因，也有巴蜀本身缺乏乱世征战所需要的军政人才的历史客观原因。在选拔巴蜀人才方面，诸葛亮做得即使不是十全十美，也算相当可以了。

"羽扇纶巾"到底是谁的？

在《三国演义》及其前后的民间传说、评书评话中，为了衬托诸葛亮，周瑜被做了一些矮化处理，比如草船借箭，以及更过分的三气周瑜，处处让诸葛亮占上风。这让古往今来的周瑜支持者们很是不爽。

其中一条罪名是："罗贯中居然把周瑜的羽扇纶巾都给诸葛亮了！"这条罪名较早的出处，是在20世纪诗人聂绀弩先生所做的《三国演义·前言》里面，原文如下：

"苏轼《念奴娇·赤壁怀古》词：'遥想公瑾当年，小乔初嫁了，雄姿英发。羽扇纶巾，谈笑间，樯橹灰飞烟灭。'每一句话都是说周瑜的，《三国演义》把'羽扇纶巾'等都拿给诸葛亮了，剩下的只有小乔。"

恰好，广大读者对于苏轼这首《念奴娇·赤壁怀古》，都是上中学语文课时就背得的，看了顿时大悟：果然，羽扇纶巾是周瑜的，罗贯中太坏了！诸葛亮，放开周都督的羽扇纶巾！

问题是，拿一首宋词的句子，真能证明一部明清小说描写的某个三国事件是假的吗？

其实，所谓羽扇纶巾，就是头戴青丝做的头巾，手持羽毛扇子，算是古代时尚的读书人打扮，文士风流的范儿。不过三国那会儿还没纶巾，戴的多是葛巾（葛布做的头巾），到东晋谢安兄弟才用青丝做头巾，把葛巾换成了纶巾。当时很多人都是这个扮相。孙策征服江东，派虞翻去劝降豫章太守华歆，虞翻就是戴着葛巾去劝降，之后华歆又戴着葛巾投降孙策。后来曹操派蒋干去劝降周瑜，也是"布衣葛巾"去的。

历史上有没有"羽扇葛巾"的明确记载呢？有。而且真是诸葛亮，而不是周瑜。晋人裴启《裴子语林》说诸葛亮在渭水畔和司马懿交战时，"武侯乘素舆，葛巾白羽扇，指挥三军"。这应该就是后世诸葛亮标准形象的由来。

可见，"羽扇葛巾"的扮相，确实是属于诸葛亮的，虽然并不是诸葛亮的专利，但最有影响力的羽扇葛巾者就是诸葛亮。周瑜在史书上并未有羽扇葛巾的记录。当然，周都督儒将风范，风流倜傥，苏东坡在赤壁感慨时，给周瑜脑补上"羽扇纶巾"的扮相不算离谱，但我们绝不能凭苏东坡这一句话，就反过来说罗贯中抢了周瑜的装备给诸葛亮。

此外，还有一点，《三国演义》中的周瑜被丑化得"嫉贤妒能，人品恶劣"。其实这也是误读。

罗贯中确实把周瑜写得心胸狭隘，气量不足。但即使从《三国演义》来看，周瑜也绝非嫉贤妒能之辈。他对诸葛亮处心积虑地陷害，不是对诸葛亮个人的嫉妒，而是站在国家利益上，担心诸葛亮日后会对江东造成威胁。所以他才会让鲁肃、诸葛瑾设法说服诸葛亮投奔江东。果真如此，周瑜绝不会嫉妒诸葛亮的才能，反而会与他配合愉快——这一点，从周瑜对庞统的态度就可以看出来。按照《三国演义》设定，"凤雏"庞统与诸葛亮齐名，才能也在周瑜之上，而周瑜对他毫无猜忌，反而非常尊重。在评话杂剧中，周瑜临死还推荐庞统去辅佐孙权，可谓是敬才爱才，哪有半点嫉妒的影子？

真正被《三国演义》写得嫉贤妒能的，其实是可怜的庞统。历史上庞统开朗豁达，与人为善，结果在《三国演义》中被写得自卑心和自负心都很强，一心和诸葛亮争功，把诸葛亮的苦心劝告当作"孔明怕我取了益州，成了功"，甚至公然在刘备面前说诸葛亮的坏话，最终惨死在落凤坡。

从"半仙"到"圣人"——文学诸葛亮

对诸葛亮的崇拜，从他去世后就一直在延续发展。从宋朝开始，民间文学逐渐兴盛，诸葛亮作为一个大好题材加入，并接受民间艺人和文人的不断创造修改。

在宋朝开始的评书评话，以及元朝杂剧和《全相三国志平话》中，由于宋元时道教文化的兴盛，里面的诸葛亮纯是"仙道"形象，身披八卦袍，口称贫道，手持宝剑，不但是智慧化身，而且能掐会算，擅长各种仙术。这里面的诸葛亮形象，基本来自民间艺人的创造，"市井"味道也很浓。"民间诸葛亮"的嬉笑怒骂，远不是正史中记载的道德圣贤，很多地方颇有"市侩半仙"的风格。

比如说，刘备三顾茅庐时，诸葛亮嫌刘备家底小，再三不肯下山，说我才疏学浅，帮不了你。但过了一会儿，赵云前来报告，说甘夫人生下刘禅。诸葛亮掐指一算，刘禅福气大，是真命天子，于是立刻变了脸，表示愿意出山辅佐刘备，并当即奉上《隆中对》。

再如"七擒孟获"时，有一次孟获生了病，诸葛亮说愿意给他看病，让孟获来蜀军营，结果诸葛亮把孟获的病治好了，孟获人也被抓起来，这也算"一擒"。而且每擒一次，还勒索孟获十万贯金银财宝，这哪里是上邦丞相在收服人心，分明是黑社会大鱼吃小鱼。

还有诸葛亮北伐期间，宦官黄皓蛊惑幼主，诸葛亮于是直接"仗剑入内，直至殿上"，"高叫一声如雷，大骂官奴黄皓怎敢"，然后当着后主的面，下令把黄皓抓到街头碎尸万段，满门诛灭，吓得刘禅给他请罪。这简直是曹操欺君的风格了。

后来到了明朝初年，罗贯中写《三国志通俗演义》时，从民间文学中吸取了大量养料素材，也进行了一些修改，去掉很多市井味道过浓的内容，但依然保留了某些个性特点。嘉靖年间的《三国志通俗演义》（240回本）里面诸葛亮有些事做得还是很凶残的。

比如说诸葛亮一心认定魏延要造反，在上方谷火烧司马懿时，竟然安排马岱把派去诱敌的魏延顺便一起烧死。结果天降大雨，魏延逃脱，回来面见诸葛亮，要求诸葛亮给他一个说法，诸葛亮又把责任全推到马岱头上，还装模作样要斩马岱。接下来，诸葛亮又吩咐马岱私下去跟魏延说，是杨仪让我烧你的，由此骗取魏延的信任，主动要求把马岱调到身边。这样，诸葛亮终于成功在魏延身边安排了一个卧底，并在日后趁其不备斩了魏延。这一连串计策只为对付一个"日后必反"的自己人，实在令人胆寒齿冷。

到了清朝毛宗岗对《三国演义》进行整合时，就把这些有损诸葛亮形象的部分全部删去，形成今天市面上最普遍的120回版本《三国演义》里面诸葛亮的形象，不但从能力上智谋无双，用兵如神，而且从人品上纯是高大全的圣贤了。当然，里面装神弄鬼，"观星象知天命"，奇门遁甲，禳星借寿之类的神怪把戏还是玩得不少的，活神仙就是活神仙。

在以《三国演义》为基础的衍生作品中，还有两本不得不说。

一是民国周大荒先生的《反三国演义》。这本架空小说里面，虚构了蜀汉接连挫败魏国和吴国的阴谋，最终统一天下的大团圆进程和结局。其中的诸葛亮无须刘备三顾茅庐，关云长直接就把诸葛亮聘请到了。然后就是诸葛亮统筹全局，分路调兵遣将，让五虎上将纵横九州，最终成就大业，荣封王爵。这里面的诸葛亮是一个标准的元帅，既少装神弄鬼（装神弄鬼的活儿全分给他老婆了），又缺少出彩的计谋。唯一的亮点是善用地雷、炸药，炸死了司马懿、张郃、曹洪、曹仁等大批魏国名将。《反三国演义》中描写的诸葛亮可谓全无趣味。无他，原本"知难而进""鞠躬尽瘁"的悲剧光环全没了，就剩下一帆风顺波澜不惊的灭魏吞吴，这样的诸葛亮哪来魅力呢？

另一本是张国良先生的苏州评话《三国》。这个系列基于《三国演义》的内容拓展，增添了许多有趣的细节，人物塑造更加丰满，同时也试图对所谓"封建糟粕"进行改良。比如里面诸葛亮的奇门遁甲、掐指一算等"迷信"全给去掉了，取而代之的是诸葛亮对事情发展的精准推测。问题是，张先生作品里的诸葛亮，对细节的推测太精准了。比如周瑜去夜探曹营，诸葛亮居然能算到曹军什么时候出来抓周瑜，哪个将领来抓，敌将上船后的动作顺序如何。这种"穿越式作弊"的预测，使诸葛亮"多智而近妖"的特色甚至比原著还浓，倒不如"掐指一算"显得合情合理呢！

黄夫人的传说

诸葛亮之妻黄氏流传下来的史料寥寥无几，《三国演义》里也只说她教导诸葛瞻，并在诸葛亮死后不久去世。但民间艺人不愿放过这个人物，因此编排出许多故事。他们说，黄夫人不但机智贤惠，尤其善于机械发明，能做出自动干活的木头机器人，诸葛亮火烧博望坡、火烧新野、七擒孟获的很多机械也是黄夫人帮忙做出来的。还有人对诸葛亮娶丑妻不满，于是又说黄夫人本是一个美女，但自知青春貌美不能长久，希望找到一个真心人，于是对外自称丑陋，钓到了诸葛亮这位重德不重色的君子。在周大荒《反三国演义》中，黄夫人法力高强，孟获在南中造反，黄夫人骑着纸鸢直飞两千里到南中，然后又是奇门遁甲，又是六丁六甲，又是飞剑杀人，又是五雷大法，很快就擒了孟获，平定叛乱。

荧屏上的诸葛亮

1985年李法曾主演的14集电视剧《诸葛亮》曾造成万人空巷。这也是内地拍的第一部三国题材电视剧，从诸葛亮隐居隆中到星殒五丈原。故事的主要结构还是按《三国演义》来的，但删除了奇门遁甲、掐指一算等富有"迷信"色彩的内容，同时又引入了一些《三国演义》未提及的历史元素。例如张飞教刘禅练习书法，街亭之战时黄袭、张休、李盛等出场留名。限于当时的拍摄制作技术，没有太多的大场面，人物化妆也很简单，诸葛亮、周瑜都是圆盘大脸，看上去缺了几分风姿。但对历史人物的内心情感描绘却很细腻，也很感人。比如诸葛亮在五丈原点亮代表五虎上将的灯火，轻声呼唤关羽、张飞、赵云等，感慨国家栋梁倾倒、社稷危亡。因此有观众说，李法曾演的诸葛亮虽然剧情很多按《三国演义》编排，但展现得更像是历史上的诸葛亮，是一个背负重担和责任的普通人。

同样在1985年，香港也拍了一部40集的电视剧《诸葛亮》，由郑少秋主演。该剧发挥了港剧"脑洞无限"的特色，堪称是"惊天雷"。虽然郑少秋的羽扇纶巾扮相，颇有几分诸葛丞相风范，剧情却让人开怀捧腹。首先，这是一部武侠剧，诸葛亮武艺超群，刘备的三分天下是诸葛丞相一刀一剑砍下来的。其次，这里面诸葛亮和小乔（米雪饰）才是真爱，两人纠葛了数十年，为此诸葛亮之妻黄月英和小乔之夫周瑜都被黑化成了横刀夺爱的痴男怨女。其中的搞笑镜头数不胜数，仅举一例：在七擒孟获时，孟获抓住了黄月英，逼得诸葛亮自缚交换。这时，小乔便让赵云把自己抓住做人质，逼孟获放人。那孟获是小乔的义兄，对小乔一往情深，见状又悲又愤，大叫道："义妹，你为什么要帮他！若不是你自愿，赵子龙不是你对手的！"郑少秋版《诸葛亮》当然不能用于普及历史，不过作为一种另类的娱乐，倒也能令人开怀。

到1994年，著名的央视版《三国演义》横空出世。尽管当时被指出了不少毛病（尤其是武戏和战争场面不足），但依然不失为经典。其中公认最好的角色便是鲍国安演的曹操和唐国强演的诸葛亮。唐版诸葛无论是前半段的英姿飒爽，挥洒自如，还是后半段的鞠躬尽瘁，呕心沥血，都演绎得活灵活现。唐国强也一扫"奶油小生"的名头，而以"大汉丞相"深入人心。此外，央视版《三国演义》中，诸葛亮是唯一配了两首歌曲的角色，即出山时的《有为歌》和去世时的《哭诸葛》。在笔者看来，《有为歌》是该剧水平第二的插曲，仅次于《淯水吟》。"明朝携剑随君去，羽扇纶巾赴征尘"，"归去来兮我夙愿，余年还作垄亩民"都是极好的词。

此后诸葛亮的荧屏形象越来越多，论影响力却再难赶超李法曾和唐国强的两版。20世纪末曾拍了一部电影《诸葛孔明》（刘永主演），被观众评论为"三国演义的简略流水账"，并不受人欢迎。2008年吴宇森的电影《赤壁》中，金城武扮演的诸葛亮是一个风趣幽默的角色，终究只见小聪明。2010年高希希版《三国》（俗称《新三国》）中陆毅扮演的诸葛亮，比该剧中装腔作势的曹操和故作鲁莽的张飞要可爱得多，但缺少唐国强身上的大气，演绎出的形象更像是评话中的"妖道"诸葛亮。至于《三国志之见龙卸甲》中的诸葛亮（濮存昕扮演）和《越光宝盒》中的诸葛亮（曾志伟扮演），更是不忍细评。

2017年张永新执导的电视剧《大军师司马懿之军师联盟》，以司马懿为主角，司马懿一边的角色个个带上光环，而其余人等包括曹真等则是污水泼面。诸葛亮（王洛勇扮演）在该剧中作为司马懿的主要对手，诸多战役都被司马懿玩弄于股掌之中。空城计也变成了所谓"司马懿已经看破，为了防止鸟尽弓藏而故意不说破"。有趣的是，剧中将诸葛亮铲除李严，设计为诸葛亮当朝威逼刘禅，拿下李严之女李贵妃。而这段剧情，其真实来源是历史上曹操杀汉献帝的董贵妃和司马师拿下曹芳的张皇后——看来要"黑"诸葛亮，都得从他的对手身上找剧情。

诸葛亮的"发明"

孔明灯

孔明灯又叫天灯、文灯，其实是一种小型热气球。大致原理是将一个耐高温的纸袋子口朝下，然后在下方悬挂一盏灯并点燃。灯火加热纸袋子里的空气，热空气的比重小于外界冷空气，从而形成浮力，带动纸袋子和灯火腾空而起，顺风飘荡。

传说孔明灯是由诸葛亮发明的，主要用于传送情报。当年诸葛亮被魏军围困，无法出城求援，于是算准风向，用纸做成灯笼，把求援信绑在上面，点燃后放飞，送到己方阵营中。援军得信，前来解围，诸葛亮因而脱困。还有人说孔明灯最初的目的是用于夜间行军，给分散的各路人马指示方向用。又有人说孔明灯是诸葛亮火攻的利器之一。现代人逢年过节，在市区或郊区点放孔明灯祈福，确实有发生火灾的隐患。

另一种观点说孔明灯并非诸葛亮发明，只是因为形如诸葛亮的帽子，故而因此命名，作为对诸葛亮的纪念。

馒头

中国传统食品馒头，其出现的时间大致在汉魏晋这几百年间。传说诸葛亮平定南中时，见当地人习惯杀人用人头祭祀，为了改变这种野蛮的习俗，诸葛亮就命人用面粉包裹肉馅做成人头形状，蒸熟以后祭祀，叫作"蛮头"，后来谐音为"曼头"或"馒头"。上述说法未见于正史，但在宋明时期的很多随笔考证里面都有记载。《三国演义》也采用了这个故事，并将时间定为诸葛亮七擒孟获之后，北上班师途经泸水时，为了祭祀在战争中死去的冤魂而做成馒头。

最初的馒头是带馅的，到唐宋后逐渐出现了无馅的馒头。而到宋朝时，有馅的馒头又称为包子。

诸葛行军散

传说诸葛亮征伐南中时，当地天气暑热，瘴气弥漫，疫病流行，毒虫出没，士兵病倒的很多。诸葛亮就发挥自己的医学特长，再结合当地土著的一些土方，配出一服药方子给士兵们服用。

现今流传的诸葛行军散的主要成分包括牛黄、麝香、珍珠粉、冰片、硼砂、雄黄、硝石（精制）等，具有辟秽利窍、清暑解毒功能，适用于霍乱、瘴疠及暑热秽浊、头目昏晕、恶心呕吐、泄泻腹痛等症，并能治口疮咽痛，用行军散调水点眼，有去风热障翳作用。但孕妇忌服。

诸葛亮躬耕地之争

关于诸葛亮在荆州的隐居地，千年来争议不休。一说在今南阳，一说在今襄阳。根据专家介绍，南阳说的主要依据是诸葛亮曾在《出师表》中自言："臣本布衣，躬耕于南阳。"南阳卧龙岗的始建年代可上溯至魏晋时期。唐代已经成为著名景观，文人墨客多有咏叹佳作，白居易《咏史》中云："鱼到南阳方得水，龙飞天汉便为霖。"诸葛亮在五丈原病逝后，蜀国故将黄权亲率族人到南阳卧龙岗诸葛庵祭拜武侯。宋绍兴八年（1138年）岳飞北上抗金时，夜宿南阳，手书诸葛亮前后《出师表》。元延祐二年（1315年），元仁宗下诏给南阳卧龙岗古建筑群命名为"武侯祠"。明嘉靖七年（1528年），明世宗钦赐南阳武侯祠庙额和祭文，明定春秋二祭日期和祭品。清代，南阳卧龙岗武侯祠多次修葺。康熙五十年（1711年），知府罗景主持大修武侯祠，复建卧龙岗十景，奠定了今日卧龙岗武侯祠的规模。1996年，南阳武侯祠成为全国重点文物保护单位。

襄阳说的主要依据，则是《汉晋春秋》记载之"亮家于南阳之邓县，在襄阳城西二十里，号曰隆中"，以及《资治通鉴》记载"初，琅邪诸葛亮寓居襄阳隆中，每自比管仲、乐毅"。《三国演义》中采用了《汉晋春秋》这一设定，多次提到诸葛亮在襄阳城外二十里的隆中躬耕。

事实上，除古籍记载冲突与地名变迁，考虑到诸葛亮在荆州居住的时间长达十年，本身其居住地便可能不止一处。两地关于诸葛亮躬耕地的争论，在列举大量史料、充分辩论的基础上，本身也是在对诸葛亮研究进行不断的精耕，益处甚多。

诸葛亮年表

181年（光和四年）：诸葛亮出生，汉献帝刘协出生。

195年（兴平二年）：诸葛亮15岁，随叔父诸葛玄赴豫章。

197年（建安二年）：诸葛玄去世。诸葛亮17岁，赴隆中隐居。

201年（建安六年）：刘备兵败汝南，投奔荆州刘表。

204年（建安九年）：诸葛乔出生（诸葛瑾次子，后为诸葛亮养子）。

207年（建安十二年）：刘禅出生，刘备三顾茅庐。诸葛亮27岁，献《隆中对》。

208年（建安十三年）：司马懿出仕曹操，刘表去世，曹操大军南下，曹、刘、孙赤壁之战，刘备夺取南四郡。诸葛亮28岁，出使东吴促成联盟，赤壁之战后任职军师中郎将，督长沙、桂阳、零陵三郡。

209年（建安十四年）：周瑜取南郡，刘备娶孙权的妹妹。

210年（建安十五年）：周瑜去世，孙权借南郡给刘备，庞统出仕刘备。

211年（建安十六年）：曹操击败马超。张松、法正投靠刘备，刘备、庞统、黄忠、魏延等入川。诸葛亮31岁，与关羽、张飞镇守荆州。

212年（建安十七年）：刘备与刘璋翻脸，进兵涪城。诸葛亮32岁，镇守荆州。

213年（建安十八年）：曹操封魏公，受九锡，马超再度兵败投奔张鲁。刘备进兵雒城，李严投降，张任战死。诸葛亮33岁，与张飞、赵云分兵入川。

214年（建安十九年）：曹操杀伏皇后。庞统中箭死于雒城，马超降刘备，成都投降，刘备自领益州牧。诸葛亮34岁，晋升为军师将军，署左将军府事，治理川中内政，救蒋琬。

215年（建安二十年）：曹操平汉中张鲁，张飞大败张郃，孙、刘争夺荆州，后以湘江为界中分。诸葛亮守盖州。

216年（建安二十一年）：曹操封魏王。

217年（建安二十二年）：刘备开始进攻汉中。鲁肃去世。诸葛亮为后援支持。

218年（建安二十三年）：汉中战争升级，刘备、法正带大军进攻阳平关，曹操至长安。诸葛亮38岁，镇守成都，提拔杨洪。

219年（建安二十四年）：刘备、黄忠斩夏侯渊，击退曹操，取汉中，刘备称汉中王、大司马，刘禅为王世子，刘封、孟达攻克上庸、房陵。诸葛亮39岁，署大司马府事。关羽水淹七军，孙权派吕蒙袭荆州，关羽败亡。

220年（建安二十五年）：曹操死，曹丕继位，篡汉立魏，汉献帝退位，东汉亡。法正去世，黄忠去世，孟达叛投魏国。诸葛亮40岁，劝刘备杀刘封。

221年（章武元年）：刘备称帝，刘禅为皇太子，张飞被害，刘备东征孙权。孙权降魏，封吴王，受九锡。诸葛亮41岁，为丞相、录尚书事、假节、兼司隶校尉，镇守国内。

222年（章武二年）：刘备败于夷陵，马超去世，马良被害，黄元造反。

223年（章武三年，建兴元年）：杨洪平定黄元之乱，汉昭烈帝刘备托孤，去世，后主刘禅继位，邓芝出使联吴。诸葛亮43岁，为武乡侯，开丞相府。

224年（建兴二年）：诸葛亮44岁，领益州牧，总揽大权，促使吴蜀联盟达成。

225年（建兴三年）：诸葛亮45岁，平定南中，七擒孟获。

226年（建兴四年）：魏文帝曹丕去世，魏明帝曹睿继位。李严屯巴郡筑城。诸葛亮46岁，退回成都准备北伐。

227年（建兴五年）：诸葛瞻出生，孟达叛魏。诸葛亮47岁，上《出师表》，前往汉中准备北伐。

228年（建兴六年）：诸葛亮养子诸葛乔去世，司马懿杀孟达。诸葛亮48岁，第一次北伐出祁山，收姜维，被曹真、张郃、郭淮击败，斩马谡，自请降职，被贬为右将军；年末第二次北伐，被郝昭挡在陈仓，粮尽退兵，杀魏将王双。

229年（建兴七年）：孙权称帝，赵云去世。诸葛亮49岁，第三次北伐，派陈式夺取武都、阴平二郡，官复丞相。

230年（建兴八年）：曹魏四路大军伐蜀，遇大雨而回。诸葛亮50岁，调李严到汉中，第四次北伐，派魏延、吴懿大败魏将郭淮、费曜。

231年（建兴九年）：诸葛亮51岁，第五次北伐，出祁山，与司马懿等交锋，粮尽退兵。

234年（建兴十二年）：汉献帝刘协去世。诸葛亮54岁，第六次北伐，出斜谷，与司马懿相持于渭水南岸，病死。魏延杨仪内讧，魏延被杀。李严亦死。蒋琬为尚书令。

263年（景耀六年）：刘禅立诸葛亮庙。魏军伐蜀，诸葛瞻、诸葛尚战死，刘禅出降。蜀汉亡。

　　还没上小学的时候，父亲常在饭后睡前给我讲《三国演义》。或许是年龄太小，还无法理解金戈铁马的壮阔之美，因此当时虽然听得很是来劲，后来对这些故事却都遗忘了。只是成年后重读原著，方才拾取些许潜藏的记忆。这些记忆是支离破碎而模糊抽象的。关于其他人的，只留下寥寥几段，比如桃园结义、温酒斩华雄、三英战吕布、白门楼、周瑜打黄盖等，连官渡之战、火烧赤壁这样的经典片段，都完全想不起来。唯有和诸葛亮相关的，却还记得许多。从三顾茅庐开始，火烧博望坡，火烧新野，草船借箭，三气周瑜，七擒孟获，空城计，木牛流马，遗计斩魏延……都还有隐约的记忆。当然，稍后一点时间里，李法曾主演的电视剧《诸葛亮》对加深这些记忆也功不可没。

　　后来上了小学、初中，我开始自己看《三国演义》的连环画，乃至原著，进一步见识了诸葛亮的神奇之处。然而在完整看完此书之前，便知道了鲁迅先生所说"状诸葛之多智而近妖"的评价。再加上少年人常有的逆反心理，于是反而把诸葛亮、刘备为代表的蜀汉一系当作"假正经"的典型。宋朝小儿听评书，是闻曹操败则笑，闻刘备败则哭。我则反之，看到刘备、诸葛亮的败仗便暗中觉爽。这种逆反心理一直持续了十多年，以至于我上了大学还要写文章论证"诸葛亮的若干罪状"。在拙作《贼三国》网上版本的前期，笔下的诸葛亮也隐约带着老奸巨猾、口蜜腹剑的味道。

　　然而不觉间，见的事情多了，分析问题也不再如少时那般为逆反而逆反，为批驳而批驳。于是对诸葛亮渐渐萌生了好感。要具体列出一二三四，很容易表述，却也不那么容易表述清楚。总之，这样一个身居高位，而家产贫薄，以草庐躬耕为始，以清誉千秋为终的历史人物，在我的脑海中的印象还是正面的。我的认识，大约渐渐与桓温遇到的那位蜀汉老吏相仿：你要说他这个不好那个不好，那是可以自成道理的。然而他还是他，总有其无从超越的一面。

于是有了这一本小册子。

要在一本20多万字的书稿中写完诸葛亮，其实并不是太难。诸葛亮的历史故事并不太多。他的一生只有50多年，其中前一半更是可以寥寥数语带过。作为主要史料的《三国志·诸葛亮传》加上裴注也不过一万多字。如果目的只是讲清楚诸葛亮的大致生平，顺带插入些后人评价，那么百度百科也就差不多够了。

然而，诸葛亮身处东汉末年到三国时期这样一个剧烈变动的时代。变动不仅仅是指改朝换代，还有整个社会伦理体系的崩溃与重组。如果要讨论诸葛亮与当时各阶层的历史人物的彼此互动，以及与社会环境、社会文化、历史潮流的相互影响，那么即使以百万字的篇幅来阐述，也还稍嫌不够。

因此在本书中，是以"折中"态度来处理这个问题的：以诸葛亮生平为主线记叙，同时以主干分支的结构，讲述与诸葛亮及其毕生事业相关的其他人物事件变迁，以帮助读者在阅读的时候，能不太吃力地系统了解诸葛亮的一生。

任何作品，尤其是历史类作品，很容易带上作者自己的立场。本书并不准备做少数例外者。对同一段史料的理解本身就是多样的，在此基础上的演绎发挥就更不可绝对限制。在本书中，除基本史实阐述之外的其他内容，是带有作者的个人之见的，也欢迎读者有不同的思考和观点。所不为的，只是刻意地选择性过滤材料，或者故意曲解。毕竟，靠歪曲诡辩的技巧来维系观点，于读者固然有害，于作者也绝非什么光荣。

讲诸葛亮，或者讲任何一个"三国"人物，必然绕不开《三国演义》。而《三国演义》对诸葛亮添油加醋的描写又是最多的。在本书前半部分的小标题中，颇多是在澄清《三国演义》对读者的误导。这只是作者行文间的调侃，请勿过于在意。

诸葛亮作为妇孺皆知的人物，每个知道他的人，都会对他有不同的认识。或深刻，或浅显，或随大流，或独到，或自以为深刻，或自以为独到。本书仅仅是作者在阅读史书后，描绘出自己心目中的诸葛亮形象。也希望能与广大的三国爱好者交流见解，互相学习。

本书的写作虽则不过是几个月的事情，但积累的材料、观点，却离不开多年的阅读和讨论。甚至可以说，这本书的构思积累，花了15年以上的时间。也因此，将曾经有过沟通交流的朋友们的姓名列于其下，以表谢意：刘文韬、王琳玥、蔡悦、杨蕾煦、徐晓慧、聂志勇、王书凤、赖伟、刘宁、沈雷、舒弘毅、纪中亮、管雯、郑妍、张进、王超君、屈真。

作者的电子邮箱地址为：peneryangyi@163.com。诸位读者若是对本书或与本书相关的历史、文化问题有任何观点以供分享，欢迎不吝以邮件方式赐教。彼此积极地学习，一定能共同提升和进步。

杨益